销售这么说，顾客听你的

南勇◎著

CNS PUBLISHING & MEDIA 中南出版传媒
湖南人民出版社
博集天卷 CS-BOOKY

图书在版编目（CIP）数据

销售这么说，顾客听你的 / 南勇著 . —长沙 : 湖南人民出版社 , 2013.12
ISBN 978-7-5561-0028-6

Ⅰ . ①销… Ⅱ . ①南… Ⅲ . ①企业管理—销售管理
Ⅳ . ① F274

中国版本图书馆 CIP 数据核字（2013）第 297211 号

上架建议：市场营销 / 销售

销售这么说，顾客听你的

作　　者：南　勇
出 版 人：谢清风
责任编辑：胡如虹
监　　制：于向勇
策划编辑：杨清钰
特约编辑：楚　静
营销编辑：吴建荣
装帧设计：崔振江
内文排版：百朗文化

出版发行：湖南人民出版社［http：//www.hnppp.com］
地　　址：长沙市营盘东路 3 号
邮　　编：410005
经　　销：新华书店

印　　刷：北京嘉业印刷厂
版　　次：2014 年 1 月第 1 版
2014 年 6 月第 2 次印刷
开　　本：720mm × 1020mm　1/16
印　　张：18
字　　数：365 千字
书　　号：ISBN 978-7-5561-0028-6
定　　价：36.00 元

（若有质量问题，请致电质量监督电话：010-84409925）

前言

“天才”是可以复制的

任何一个从事营销工作的高级管理者，恐怕都会遇到这样一个令人不解的问题：为什么在同一个地区，甚至是同一家企业内部，大家在相同条件下销售同一种商品，不同销售员的业绩却有着天壤之别呢？

这样惊人的差别，到底从何而来呢？

也许你觉得这个问题很弱智：这不是废话吗？销售员的素质、水平千差万别，卖得好的销售员当然有其一套“卖得好战法”；反之，卖不好的销售员也必然有其一套“卖不好战法”。大家用的方法不一样，结果自然也会不一样。这玩意儿天经地义，成败全在自己，怨不了任何人。

这个道理地球人都懂，有什么可大惊小怪的！

呵呵，你还别说，这玩意儿还真值得大惊小怪一下。个中缘由听我慢慢道来。

长期以来，对于“王牌销售员”或“天才销售员”的存在，我们往往容易下这样一种定论——这些人身上的本事是天生的，别人根本学不来。

我们之所以这么悲观，不是因为自己太懒惰抑或太清高，懒于或不屑于向这些“销售天才”学习，所以只好用“有些人你注定学不会”这一蹩脚的理由来为自己的无能为力开脱；恰恰相反，我们对“销售天才”们一直非常关注，并付出了大量的心血希望能学到点儿窍门，可无论我们怎么努力，始终不得要领，找不到感觉，只能“望天才而兴叹”，感慨“天不我与”了。

尤其要命的是，即便是“销售天才”本人，也往往搞不清状况，不知道为什么自己可以“卖得好”。至少从表面看，他们的一切行动似乎完全出于“本能”，而不是缘于某种系统性的行为逻辑。所以，许多“销售天才”用“也许是我的口才比较好”“也许是我这个人性格比较开朗，与人合得来”等简单的说辞，来解释自己的销售天分。很显然，这样的解释并不能给其他人带来实质性的启发与教益，相反更加强化了“有些东西是天意”这种带有浓厚宿命和迷信色彩的认知，使“王牌销售员”这一群体愈加特殊、愈加神秘，俨然成为某种“天外来客”，变成了企业可遇而不可求的独门武器、核心竞争力。

诚然，对于企业而言，“王牌销售员”确实是一种珍贵的资源，但是，这一资源绝不应该被神秘化甚至神格化。不夸张地说，“王牌销售员”并不是天生的，而是可以“人为制造”的，甚至于——请务必记住我的话——是可以也必须“量产”的。

为了证明这个观点，我们把话题回溯到销售人员的成长过程。

所有“卖不好”（包括那些入行很多年却依然“卖不好”）的销售人员，都有过以下类似的经历。

经历一：随着入行的时间越来越长，经验越来越丰富，他们往往陷入一种非常顽固的“自我流”意识中无法自拔。这种一根筋的心态一旦形成，这些销售人员的所谓“成长”也就正式终止了。

举个简单的例子。

绝大部分从业时间长却总也“卖不好”的销售人员，都会有这样一种思维定式——甭管是什么样的顾客，只要见上一面，哪怕只是从我眼前经过，对于这个人买还是不买、买的意思大还是小，我就能看出个七八成！我多少年了，这点事对我来说还不是一碟小菜？

简单点说，这就是一种典型的“猜顾客成色”的做法。

必须承认，这种做法有其一定的合理性与效率。但是，这种合理性和效率对销售业绩，绝对有百害而无一利。道理很简单，人是这个世界上最复杂的生物，没有人可以读懂“人心”。每一个销售人员恐怕都有过这样的经历：你认为“成色高”“买劲儿大”的顾客，最后可能逃之夭夭，让你鸡飞蛋打、白费心思；而你认为“成色低”“买劲儿小”的顾客，最后可能拿着一摞子银行卡来成交，只不过由于你的怠慢，这样的成交往往便宜了你的同事或竞争对手。因此，“猜人”是个要命的毛病，它只能让你与更多的成交、更多的人民币失之交臂，却不会带来你所期望的效率与效益。

经历二：从不主动，乃至不屑于关注顾客满意度。

尽管每个人都会把“顾客就是上帝”这句话挂在嘴边，但是地球人都知道，这些话就是拿来骗骗老板玩儿的，傻子才会当真——明摆着，顾客根本就不是什么“上帝”，而是令人厌恶的“麻烦制造者”。销售人员怎么难受他们怎么来，什么不爱听他们说什么，哪壶不开提哪壶——要不是看在钱的分儿上，谁会把这种人放眼角？这不是有病吗！

所以，在这种敌对情绪乃至厌恶情绪浓郁的心理背景下，谁也无法让销售人员把顾客满意度这回事真正放在心里。

正因如此，所有企业都只好把“顾客满意度”做成一种“夹生饭”强行往销售人员的嘴里塞，而这种强制行为只能让后者更加倒胃口，对顾客满意度乃至顾客本身更为厌恶，与顾客关系自然更疏远。

不过，对于销售人员而言，无视顾客满意度的代价是极为惨重的。

最明显的代价就是，这些销售人员会无奈地发现：自己总是在开拓新客户，却几乎没有回头客主动找上门。与此形成鲜明对比的是，在他们使尽吃奶的力气不断地寻找新客户的时候，“销售天才”正悠闲地坐在公司的贵宾室里和络绎不绝的回头客们喝着咖啡，签着一份份回报丰厚的合同……

如果你是一个资深的“卖不好”销售人员，我相信，话说到这里，你已经能够感受到一点什么了。

但是，在那些“卖得好”的“销售天才”那儿，情况又会怎样呢？

很显然，情况大为不同。

首先，“销售天才”不会干“猜客户”这么幼稚的事儿。

因为他们明白一个道理：销售这行，真干到了“成精”的程度，反倒返璞归真了。面对“人性”与“人心”保持最神圣的敬畏之心，认认真真地承认自己的无知，扎扎实实地应对所有的顾客，才是确保销售机会不流失的唯一王道。

其次，所谓“不打不成交”，他们身上都有一种本事，能够将销售人员与顾客之间的“敌对关系”成功地转化为“朋友关系”，并能让这种关系细水长流，长久地维持下去。他们通过这样一种方式让顾客变成自己的“粉丝”，甚至甘愿为自己两肋插刀。也就是说，他们善于“以真心换真心”，用自己对顾客的忠诚换来顾客对自己的忠诚。拥有了忠诚的顾客，还怕没饭吃吗？

所以我们说，“卖得好”与“卖不好”都是有迹可循的，绝不是什么坑爹的天意。只要我们善于归纳总结，就一定能找到“销售天才”的基因，并将这些基因按照自己的意愿进行大量的复制。

我写这本书，就是为了帮助大家达到这个目的。尽管这是一本以汽车销售为主要内容的书，但是销售的本质是相通的——如果一个人可以轻松地将一辆价格高昂的汽车卖出去，我想不出来这个世界上还有什么东西是他卖不出去的。

汽车销售人员常被人们称作“销售顾问”。“顾问”这两个字大有名堂。简单说，“顾问”意味着一种高度的专业性、一种“终极销售”，它所涵盖的销售心理学与销售行为学的知识是最广、最全的，也是要求最高的。因此，参透了“顾问”的奥秘，就等于参透了销售这门学问所有的奥秘。

这也是我以“汽车销售”作为本书切入点的一个重要理由。

不过，在翻阅本书之前，请务必记住下面的话：如果你坚持沿用一直以来已经习惯的做法，那么你将只能收获一直以来习惯的结果。反之，如果你想搞定眼前的客户，不想有任何闪失的话，那就请稍微改变一下你的做法。这样的改变，也许会为你带来不一样的结果，甚至是小小的惊喜。

然后，请务必养成这样一个习惯：把这本小书放在你的公文包里，随身携带。每次与顾客正式开谈之前，至少翻上三五分钟，将书里的妙招重新温习一遍。

相信我，只要你这样做了，少则半年多则一年，世界上最强大、最牛×的销售秘诀就会慢慢渗透进你的皮肤里，变成一种本能，一种只属于你自己的DNA。

没错，那个时候，你自己也将变成一名“王牌销售员”，一个令人羡慕的“销售天才”。

目录

CONTENTS

第一章 参透顾客的“心” / 001

——深度解析顾客独有的九种心态

005 第一节 / 你确定你没有招顾客烦吗

对顾客来说，“坏情绪”要比“好情绪”更强大；“给人的印象”要比“商品”更强大。

007 第二节 / 你与顾客之间的对话有劲吗

切记：没有人喜欢自己被否定。

008 第三节 / 你确定你正在做的事情能够强化顾客的购买动机吗

信不信由你，顾客的反应只与“语言”有关，而与“事实”无关。

011 第四节 / 你的发型和服装是在帮你，还是在毁你

顾客往往是天底下最“貌相”的人。很多时候，仅凭对你的形象和态度的直觉，他们就给你下了结论。

017 第五节 / 你是否知道顾客在“逗你玩儿”

人是“跟着感觉走”的动物，对“事实”没兴趣。

023 第六节 / 你确定顾客没有敷衍你吗

"阳奉阴违"是人的本性之一。

025 第七节 / 如何才能改变顾客的冷漠

对于陌生人，人们习惯于以冷漠待之。

027 第八节 / 玩儿的就是"不正经"！

越是在有"正经事儿"的时候接触，人和人之间的心理距离就越疏远；反之，越是在没有"正经事儿"的时候接触，人和人之间的心理距离就越接近。

032 第九节 / 你是否懂得"分享隐私"的妙处

适当地袒露隐私能迅速加深别人对你的印象。

第二章 成功的销售是策划出来的 / 039

——做好充分的准备

041 第一节 / 物理距离与心理距离的奥秘

你是否知道令人愉悦的物理距离是多远？

044 第二节 / 用"二选一式提问法"抓住顾客的心

确认顾客的意向，是销售的第一步。

047 第三节 / 你是否见过自己的表情

如果你总是板着个脸，那么你的心肯定也是板着的。

050 第四节 / 让顾客觉得自己很重要是你的本分
“无视”是得罪顾客最简单的方法。

056 第五节 / 妙用“落座方式”
“请顾客落座”是一门大有讲究的学问。

060 第六节 / 关于试乘试驾的“有心”和“无心”
在邀请顾客试乘试驾方面，一定要做个“有心人”。

063 第七节 / 夯实基本功
基本功必须从头抓，事后弥补是很难的。

第三章 消除顾客的戒备心理 / 069
——其实你不懂顾客的心

072 第一节 / 每个人都有难以逾越的心理防线
大致说来，“怀疑一切”是人类的一种本能。

076 第二节 / 妙用“类似性法则”攻破顾客的心理防线
“物以类聚，人以群分”是解决戒心问题的一个绝招。

079 第三节 / 制造共鸣空间的“顺行技法”
记住，没有人会喜欢和自己步调不一致的人。

083 第四节 / 迎合顾客的“肢体语言”
学会做顾客的影子。

085 第五节 / 迎合顾客的“语言”
至少在形式上，要做到与顾客“异口同声”。

090 第六节 / 迎合顾客的“心思”
将“善解人意”体现在行动上。

096 第七节 / 迎合顾客的“愤怒”
缓和顾客愤怒最好的办法就是——迎合顾客的愤怒。

第四章 建立真正的信赖关系 / 105
——控制好你的语言

107 第一节 / 如何提高顾客的“点头率”
让顾客尽量多地点头，他就很难再摇头了。

115 第二节 / 警惕语言中的小小陷阱
语言这玩意儿是一个活物，稍不留神就会掉进陷阱里。

118 第三节 / 聪明的迎合，愚蠢的迎合
与顾客感同身受，但不要擅自“替”顾客感受。

121 第四节 / 有劲的迎合，没劲的迎合
不要止步于迎合，要往前多走一步，让你与顾客之间的对话更有劲。

124 第五节 / 妙用称呼
顾客的姓名不叫不好，乱叫更不好。

127 第六节 / 自暴其短，赢取主动
对于商品的缺点，与其等顾客自己去发现，不如自暴其短。

第五章 强化顾客的购买动机 / 133
——找准穴位，一击命中

135 第一节 / 洞悉真实的顾客需求
仅仅对应顾客的“语言”是没有意义的，你需要做的是对应顾客的“需求”。

137 第二节 / 顾客为什么要买“你的”东西，而不是“别人的”东西
顾客买东西总有一个理由，而且每个人的理由都不一样。

141 第三节 / 同行踩不得！
在销售这行里，打同行的脸，就等于打自己的脸。

148 第四节 / 顾客的不满，就是你的机会！
天下没有十全十美的东西，但永远有喜新厌旧的人。

152 第五节 / 学会提问
既然你不是顾客肚子里的蛔虫，那么多提问肯定没有坏处。

155 第六节 / 有劲的提问，没劲的提问
商谈是否有劲，和提问方式有关。

158 第七节 / 做个“有眼力见儿”的提问高手
如果连你自己都没弄清楚为什么提问，顾客就更加一头雾水了。

162 第八节 / 妙用“粘贴式提问法”
提问是为了暴露细节，而不是遮掩细节。

168 第九节 / 5W2H 法则
有些东西靠揣摩是没有用的，必须让顾客亲口说出来。

第六章 一切为了顾客的“认可” / 171
——为什么顾客会“不认可”

174 第一节 / 为什么顾客会“挑刺儿”
不是顾客喜欢挑刺儿，而是顾客没弄明白。

179 第二节 / 要“拔刺儿”，不要“造刺儿”
信不信由你，顾客身上的“刺儿”，有许多都是你帮他们“造”出来的。

185 第三节 / 不战而屈人之兵
只要钱在顾客兜里揣着，与他们正面博弈就是一件愚蠢的事。

191 第四节 / 让顾客变“话痨”
顾客说得越多，你就越主动。

193 第五节 / 千万不要忘记“眼睛会说话”
把“无意识的眼睛”变成“有意识的眼睛”。

197 第六节 / 点头与附和
用点头与附和的方式鼓励顾客说下去。

200 第七节 / 巧用笔记
“笔记”既是一种姿态，也是一种记忆，一个线索。

203 第八节 / 把话说清楚
把话说清楚，是基础中的基础。

第七章 做一个聪明的“雕虫小技达人” / 209
——给你支上几着

211 第一节 / 战胜竞争对手的“楔子战术”
把楔子打进顾客的心里，他就是“你的人”了。

213 第二节 / 用正面气场俘获顾客的心
人为地制造一个正面气场，然后诱使顾客“跳”进去。

217 第三节 / “比喻话术”的妙处
“比喻”最大的好处在于，只要它一登场，所有的枯燥都会立刻变得生动起来。

219 第四节 / 帮助顾客把“不一定”变成“一定”
“不一定”是“一定”的，“一定”却往往是“不一定”的。

227 第五节 / 温故而知新
过去的购买习惯，一定会影响到未来的购买行为。

230 第六节 / 刺激顾客的“感觉”
光靠“说”没有用，要让顾客自己去“感觉”。

233 第七节 / 不做“一锤子买卖”
销售这行的终极技巧是“乘凉”而不是“栽树”。

237 第八节 / 善用 SSI
SSI 其实很简单，因为它无处不在。它就在你的身边，就在你的眼前，在你随便伸伸手就能触碰到的地方。

第八章 完全销售法 / 247
——通往“完美销售”的王道

249 第一节 / 引子
绝对不是忽悠你——卖汽车可以和卖白菜一样容易。

250 第二节 / 两个前提
把所有东西卖给所有人，是销售的终极境界。

251 第三节 / 销售“顾问”的本职与本能
智商与情商是销售的永恒法宝。

253 第四节 / 通往“完美销售”之路
先做完美的人，再走完美的路。

后记 “技”与“心” / 270

第一章

参透顾客的“心”

——深度解析顾客独有的九种心态

问你一个问题：如果你是一个销售人员，那么你认为你卖给顾客的东西，到底是什么呢？

也许你会觉得有些莫名其妙：这还用问，当然是商品了！

如果你这么回答，我敢肯定你不是一位“王牌销售员”。因为后者的答案肯定与你不一样。就算他们中的许多人无法用语言准确地概括出来，但是他们的心里肯定都认可另一个答案：销售，卖的不是商品，而是“心情”。

没错，任何一种商品，只不过是销售工作的一个道具而已，它不可能成为销售的本质。销售的本质，永远都是“心情”。简单点说，就是让顾客高兴、觉得爽——只要你能让顾客有爽的感觉，即便不需要的东西，他也会兴高采烈地买回家；反之，如果你让顾客不爽，即便是解燃眉之急、应迫切之需的东西，他也会毫不犹豫地予以放弃。

所以我们常说“有钱难买我乐意”，这句话传神地道破了销售这码事的真谛。

大家都知道，犹太人是天生的“商人坯子”。他们之所以能得到这样的称号，很显然与“犹太人手里的商品比别人的更牛×”没有一毛钱关系；他们能有今天的地位，不在于他们手里有更好的商品，而在于他们个个都是读心高手。所以有人说，“即便是一块普通的石头，犹太人也能成功地以高价卖掉”——这才是真正懂销售的人。

那位说了：为什么人的心情会对销售工作以及顾客的购买行为产生如此重大的影响呢？

这要从人的本性说起。

俗话说：人是感情的动物。也许出乎绝大多数人的意料，我们非常容易被生活中一些不起眼的小事轻易地带进沟里——我们的情绪极易被这些无聊琐事所左右，或喜或悲，或怒或哀，或沮丧或振奋，或萎靡或激昂……

总之，人类情绪之多、之杂、之琐碎，绝对堪称生物界一大奇观。无论你的本性如何、自控力怎样，在情绪无所不在的强大气场笼罩下，你都注定无所遁形。

举几个例子。

早上上班前你对着镜子里的自己狂呼一句：“哥们儿今儿拼了！”可是刚迈进公司大门儿，你就迎头挨了上司一通训（比如：“你是怎么搞的？领带打得这么歪！”），估计你好不容易攒出来的那股“拼了”的劲头，立马会丧失殆尽，一上午都打不起精神来。

同理，假设你撅着屁股、拼了老命狂干一个月，可是到月末的时候销售业绩却依然乏善可陈，相信你一定会沮丧万分。如果这个时候忽然时来运转，有个大客户主动上门找你签单，帮你搞定了一桩大买卖，你一定会感到一种“绝处逢生”般的狂喜，恨不得抱着客户亲两口……

如果你是这样，那么很容易理解，顾客也会和你一样。

他们也是不折不扣的“感情的动物”。

销售人员不经意的一句话、一种态度乃至一个微妙的不易察觉的眼神或表情，都会极大地影响顾客的心情，让他们或高兴或愤怒，或充满希望或充斥失望，或增强购买意愿或丧失购买动机。

是的，顾客在成为顾客之前，首先是一个人，和你一样的人。

也许你会觉得这是一句废话，是小学生都懂的常识。不过我要遗憾地告诉你，往往小学生都懂的常识，成年人却未必懂。或者换一种说法，即便懂，也有太多的成年人在实践当中将这些常识抛到了九霄云外。

只要看看平时违反交通规则的是成年人多还是小学生多，你就会明白我在说什么。

所以，如果我们想成为货真价实的“销售之王”，就必须拿出勇气来让自己归零，重回人性的原点。只有这样，才能真正做到事半功倍，真正地走捷径。

下面，就让我们一起来分析一下人类共通的心理特质，你将从中学到9个心理学妙招。

如果你想大幅度提高销售业绩，更为重要的是，如果你不想让销售工作成为一个沉重的心理负担，想在一种轻松快乐的氛围中提升销售业绩，那么，让我们一起面对这门重要的学问——心理学吧！

它将助你迈出“销售之王”旅程的第一步。

第一节　你确定你没有招顾客烦吗

对顾客来说，“坏情绪”要比“好情绪”更强大；“给人的印象”要比“商品”更强大。

一般来说，每一个人都喜欢能让他们感到快乐的人和事，厌恶让他们感到难受的人和事。

所以，如果你是一个招顾客烦的主儿，那么即便你学贯东西、才华横溢、思维敏捷、巧舌如簧，顾客也不可能把你说的话当回事儿，更加不可能从你的手里买东西。

道理很简单，对顾客来说，和让自己不愉快的人打交道是一件多余的事儿——有这点闲工夫，还不如去看一场中国男足的国际比赛更有意义。

总之，千万别忘了一点——销售人员的本事再大、再牛 ×，只要出钱的是顾客，那么你们之间的买卖永远是人家顾客说了算。

许多销售人员，尤其是资深销售人员不懂这个道理。他们总以为自己才是真正的专家，掌握着真正靠谱、真正牛 × 的专业知识，尤为要命的是，他们往往对自己的商品过于自信，有一种“舍我其谁”的霸气。因此他们在与顾客的交往中表现得过于强势，以致让顾客感到不爽。可他们偏偏忘记了一个最重要的事实——钱在人家兜里揣着，你让人家不爽，人家怎么可能成全你的生意？

对于汽车销售而言，这一点就体现得更为明显。

大家都知道，汽车销售绝不是那种“一锤子买卖”，它有着很长的售后服务价值链。

你把一辆车卖给一个顾客，就意味着这辆车的年检、保养、维修这些琐事都与你挂上了钩，你必须负责到底。因此，任何一个成交客户对于你而言，都是一张“长期饭票”，既能给你带来无限利益，也会给你带来无数麻烦。总之，无论你是否乐意，你们的交情都将持续许多年。

并且，在这个市场上，你几乎没有吃独食的机会。你卖的车，别人也在卖；你的车所拥有的优点，别人的车也照样具备，甚至比你的车更牛 × 也说不定。

因此，销售人员必须牢记一个概念，那就是“车人一体”。具体地说，你销售的商品与你自己是一个“命运共同体”，一荣俱荣，一损俱损。

这就意味着，如果你让顾客不爽，那么顾客不爽的对象绝不仅仅是你这个人，必然还包括你的商品，哪怕你的商品完美无缺；反之，如果你让顾客爽，纵使你的商品不完美，在顾客的眼里它们也是完美的。

我们可以将这种心理学现象总结为：对于顾客而言，与“好情绪”相比，“坏情绪”更强大；与“商品”相比，“给人的印象”更强大。

如果想做个“王牌销售员”，你必须具备的第一个素质就是——绝不能招顾客烦。

下面列举一些比较典型的“顾客不待见销售人员”时的心理活动，不妨对号入座一下，如果感觉有点悬，还是多多注意为好。

“这哥们儿整个儿一张扑克脸，说话的口气牛气哄哄的。有什么可狂的，不就一卖车的吗？”

“这哥们儿一见面就催我买车的事儿，真是烦死了！”

“怎么又是这哥们儿的电话？一天能打八百个，他到底想干吗？！”

…………

小结：顾客买或不买的理由，往往比你想象的要简单得多，甚至只是心情的爽或不爽。

所以，你需要掌握的第 1 个心理学妙招就是：重新审视一下自己，看看自己身上有没有不招顾客待见的地方。

第二节　你与顾客之间的对话有劲吗

切记：没有人喜欢自己被否定。

请看下面一段对话：

顾客：这车要是有天窗就好了。在高速上开着天窗飙车多爽啊！

销售顾问：这两年情况不太一样，天窗版已经不太流行了。其实即便没天窗，把车窗打开上高速一样很爽的。

顾客：是吗？哦，是这样……那什么，你们这车的座椅怎么不是真皮的啊？我觉得还是真皮的座椅坐着更舒服。

销售顾问：这您可就外行了。真皮座椅坐着哪有纯棉的舒服啊！尤其是夏天，真皮座椅烫屁股不说，还有一股怪味，要多恶心有多恶心！还是纯棉座套舒服！

顾客：……

如果你是一位销售人员，相信对这段对话绝不会有陌生感。我们不妨调个过儿，换一下角色。假设你是那位顾客，你会有什么感觉呢？或者换个更简单的问法，你会觉得爽吗？

如果你是个诚实的人，一定会给出一个标准答案：不爽。

道理很简单，因为你所有的发言，都被销售人员一一否定。也许你会觉得，在对方的心里你就是一个白痴。不过这绝对是一个天大的误解，其实那个销售人员没有一点恶意，在他的心目中，他做的事情无非是一种本分——他在给你提建议，而且是特“专业”的建议。也就是说，他是一番好意，本想让你爽来着，可你的感觉欺骗不了自己，你确实很不爽，而他必须为此负全责。

看见了吧？这就是人类赤裸裸的心理活动。天底下没有人愿意被否定。

当你不断地否定你的顾客的时候，对方就会觉得意兴阑珊，不愿再继续你们之间的对话。无论你的出发点如何，顾客即便在理性上可以接受，在感性上也往往会本能地拒绝。

很显然，在这种情况下，你所提的建议是否“正确”，是否“专业”，甚至于是否“为了顾客好”，都已经不再重要。真正重要的是你的顾客很不爽，觉得自己存在的价值被否定了。

所以我们说，人是感情的动物。作为销售人员，我们不能指望顾客都能够依照理性行事（这样也许会让我们觉得更轻松一些）。一定要记住，销售与“逻辑”无关，只与“感觉”有关。当你明白了“销售无道理可讲”的时候，也许你才真正入门了。

不然的话，顾客会在听完了你的一通“大道理”之后，给你留下一句“你说的确实有些道理，我得回去再好好想想”，接着就扬长而去。相信我，以后十有八九他们不再回来。

小结：即便是无心的否定，也会伤透顾客的心。

所以，你需要掌握的第 2 个心理学妙招就是：千万多加小心，不要轻易地否定你的顾客，否则你将凶多吉少。

第三节　你确定你正在做的事情能够强化顾客的购买动机吗

信不信由你，顾客的反应只与“语言”有关，而与“事实”无关。

相信每一个汽车行业的销售顾问都会遇到这样的场面：

当你淋漓尽致地发挥自己的“专业本色”，冲着面前的顾客唾沫星子横飞、一通猛侃之后，对方却对你的神勇表现显得不屑一顾：你说的这些也忒夸张了点吧？谁不知道你们这些做销售的是靠两张嘴皮子吃饭的？为了把车卖出去，光拣好的说，不好的全藏着掖着，这不是把我们顾客当傻子吗？

这时，相信你的第一反应会是：这个人也太可恶了，爱买不买，不买拉倒，凭什么要侮辱我的人格？！

没错，你会感到很愤怒，尽管未必会将这种愤怒挂在脸上。

不知道你是否认真地考虑过，你的愤怒到底从何而来？

一句话，是顾客的语言刺激到了你，让你产生了极为强烈的、条件反射般的情绪反应。

请注意一点：顾客的揶揄（即对你的指责）未必是一种事实，但这一点并不重要。你不会因为顾客所说的话不是事实而感到丝毫的宽心，因为你的情绪反应全部集中在了对方的语言上，而与这些语言是否代表了事实没有一毛钱的瓜葛。

再说一遍：人类的情绪反应往往只与“语言”有关，而与“事实”无关。

明白这一点很重要，压倒一切的重要。

要知道，你的顾客也和你一样，相对于事实，他们往往会对你的语言本身更感兴趣，反应也更为强烈。

因此，作为一个销售人员，你的语言能力非常重要。选择和使用好语言，是你必须练就的一个基本功。

不夸张地说，你不经意的一句话，既能轻松地成就一桩生意（如果你让顾客高兴），也能轻松地毁掉一桩生意（如果你让顾客不爽）。

只要你能充分地理解语言强大的影响力，并能切实做到善用、慎用语言，你就能成功地强化顾客的购买动机。

一个小建议：不妨从现在开始重新审视一遍你惯用的语言，看看这些语言到底是增强了顾客的购买意愿还是适得其反。如果结论是后者，你可要小心了。

我可以给你帮点小忙，在这里列举一些销售顾问惯用的语言方式。不妨对号入座一下，为自己好好把把脉。

案例一：

销售顾问：这车最近挺有人气的，杨幂在××电视剧里开的就是这车，这两天每天能走三五辆呢！

顾客：最近？你是说以前人气不如现在是吗？我可不想赶时髦，我只想买辆自己喜欢的车。

（话术［说话的艺术］分析：用社会热点话题拉近与顾客的心理距离，这一手法本身没有任何问题，问题在于使错了对象。要知道，并不是所有顾客都有“追星”或“赶时髦”的兴趣，相反，许多人也许会把这种事视为一种“掉价”“失身份”的表现。所以，这种话术一旦使错了对象，反而会对对方造成一种冒犯，激起对方的反感情绪。）

案例二：

顾客：你们这车和 ×× 车（竞争品牌相同车型）相比，各方面性能怎么样？

销售顾问：他们那车比我们的车重 200 多公斤呢，特费油！

顾客：可人家的车空间大呀，坐着多舒服啊！

销售顾问：您光图舒服哪儿成啊，现在油价这么高，一般人更重视使用成本！

顾客：好吧，那我就去找一辆空间又大还省油的车。

销售顾问：这绝对不可能。鱼与熊掌不可兼得，您不可能两头都顾得着！

顾客：那不一定。现在科技这么发达，也许我就能找得到呢？

（话术分析：“扬长避短”的话术技巧本身并没有问题，问题出在太伤顾客的自尊心，让顾客觉得自己被轻视，甚至是被歧视。所以，顾客最后的反应开始有点“矫情”，甚至是“死磕”的意思了，而我们可怜的销售顾问却丝毫没有察觉，还在一厢情愿地“摆事实讲道理”，试图“教育”顾客，期盼顾客能够“幡然醒悟”“回头是岸”，那么他能有好果子吃，才叫活见鬼了。）

小结：对于顾客而言，“正确的语言”与“正确的知识”一样重要，甚至更重要！

所以，你要掌握的第 3 个心理学技巧就是：与“展示知识”的冲动相比，请把更多的注意力放在你的“语言”上面！

第四节 你的发型和服装是在帮你，还是在毁你

顾客往往是天底下最“貌相”的人。很多时候，仅凭对你的形象和态度的直觉，他们就给你下了结论。

一般来说，对于员工的形象，几乎所有公司都或多或少有些专门的规定。比如：不许留长发、不许戴耳环、不许化浓妆，等等。

为什么要做这些看似十分琐碎的规定呢？因为通过长期的实践，公司管理者切实意识到了员工形象对企业经营所具有的重大意义。

举个非常简单的例子。

假设你是一位顾客，到一家商店（尤其是销售昂贵商品的高级商店，比如汽车 4S 店）买东西，你是愿意和一位衣冠不整、不修边幅、表情冷漠的销售人员做这笔对你很重要的买卖，还是希望和一位衣着得体、整洁干净、笑容可掬的销售人员搞定这桩生意呢？

相信你的回答不会让大家有任何意外。

一、所谓“第一印象”，在三秒钟之内就能形成。

我们对陌生人的判断，往往是在瞬间完成的。也就是说，在陌生人开口说话之前，其实我们已经对他有了一个大体的判断。而且，除非对方是个语出惊人的主儿，一般情况下这种判断很难改变。

同样的道理，尽管“嘴皮子上的功夫”是销售人员的看家本领，遗憾的是，在他们开口说话，亦即施展这一本领之前，顾客对他们已经有了一个先入为主的大致印象了。

所以有人说，“第一印象”在三秒钟之内就能形成。具体地说，在构成“第一印象”的所有要素当中，“形象”占 60%，“态度和说话方式”占 30%，“说话的内容”只占区区 10% 而已。

“人不可貌相，海水不可斗量”是一句我们从小就听腻听烦的说教，不过正因如此，这句话反倒证明了我们人类是多么“貌相”，多么喜欢以貌取人。

而且，正如我们在前面提到的，一旦我们“貌相”了某个人，对他产生了某种形式的“第一印象”，这一印象将很难改变。即便能够改变，付出的成本也将十分高昂。

总之，对于销售人员而言，如果你想事半功倍，让你的买卖做得更顺利，那么，请务必在“第一印象”上下足功夫，千万别让自己摔倒在起跑线上。

二、突破“四堵墙”！

国外有位心理学家曾经做过一个有趣的研究。他的结论是：如果一个人想要得到另一个人的信任，就必须突破人际关系的“四堵墙”。

到底是哪四堵墙呢？让我们一一看来。

第一堵墙：形象。

发型、服装、表情、目光……这些就是第一堵墙。

对于擅长“以貌取人”的顾客来说，任何一个小闪失，都不会逃过他们的法眼。

所以，对于销售人员而言，通过“造型”来展示鲜明的个性，绝对是不合时宜的。“个性”这玩意儿不是不能展示，但请务必展示于自己的私生活中，而不是公司里。

第二堵墙：态度。

站姿、坐姿、名片的递法……这些都是态度的表现，也是你需要面对的第二堵墙。

除了形象之外，给顾客递名片的方式、与顾客商谈时的坐姿甚至落座的位置等方面，也有基本的游戏规则，违反这些规则，就没法让顾客带你玩儿。

员工的形象和态度，其本质与公司的广告完全一样，因为这些东西都是暴露在顾客视线范围内的可视物。所以，对于一个销售人员来说，如果你的态度吊儿郎当，你的工作状态也会给人留下这样的印象；如果你的态度蛮横无理，那简直就是“状况外”。

令人遗憾的是，存在严重态度问题的人，并不一定是那些人品有问题、不招人待见的主儿。许多人品正、人缘儿好的人，也会存在非常严重的态度问题。

2013 年 4 月，一张韩国总统朴槿惠会见美国首富比尔·盖茨的照片，在韩国国内甚至国际上引发了轩然大波。

原来，盖茨在与这位女总统握手时，左手还在兜里揣着。

其实，这一失礼的举动并非针对女总统本人，而是盖茨的一个习惯。在之前与法国总统萨科齐握手时，盖茨也曾公开展示过这个习惯，只不过随性的法国人并不介意而已。但这回情况不同，盖茨身处的是视礼仪如命的韩国，而且面对的还是一国元首。因此，韩国人的怒不可遏也是可以理解的。

其实，盖茨也挺冤枉。天性善良的盖茨做出这样的举动绝非有意，而且握手时其神情格外恭顺温厚，并没有丝毫盛气凌人的意思，可偏偏就是这样一个简单的动作，毁掉了包括当事人在内的所有韩国人的好心情。

不只是盖茨，美国总统奥巴马将双脚跷在办公桌上听取下属工作汇报的照片，前一阵也在网上引发了强烈争议，成为另一个相当经典的案例。

我们每个人在日常生活中都会遇到类似的问题。

比如，有个小伙儿德才兼备、英俊潇洒、干净爽利、笑容可掬，总之，哪儿都挺好，是那种让人一见就喜欢的“好孩子”。可他偏偏有个坏毛病——喜欢背剪双手和人说话，让人有一种“聆听领导教诲”的感觉，心中很是不爽。这个时候，恐怕你会产生一种冲动，恨不得伸出手把他的动作纠正过来——不是因为讨厌他，恰恰是想帮他维护他在你心目中的完美形象。

古人云“己所不欲，勿施于人”。如果你是个有正常感知能力的人，如果你也讨厌别人在这些细节上有意无意地挑衅你的尊严，就请务必时时刻刻注意你自己的态度。

第三堵墙：说话方式。

是否使用了礼貌用语、声音的大小、语速、语调、说话的抑扬顿挫……这些就是你的说话方式，也是你必须要面对的第三堵墙。

“大哥，您来了！”“大姐，您看车啊！”——这些“不见外”的称呼方式，作为顾客你是否经历过？如果是，请实话告诉我，你的感觉如何？是否有一种“宾至如归”的感觉呢？

相信如果你够诚实，你的答案会是否定的。因为你真实的感觉会是尴尬与不自在。之所以会有这样的感觉，是因为你觉得自己的“私密空间”被人侵犯了——连我媳妇儿对我都没这么亲过，你凭什么跟我起腻？还不是为了我的钱！

同理，这两年已经泛滥成灾的“帅哥”“美女”的说法，恐怕也未必像大家想象的那样招人待见。除了太腻以及有侵犯私密空间的感觉外，这样的称呼方式还很有可能冒犯人——如果对方只是一个相貌平平甚至其貌不扬的小伙儿（姑娘），你的这种叫法，对他（她）而言可能意味着极其失礼的讽刺！

所以我们说，尽管“尽快缩短彼此的心理距离”是一个销售人员必须掌握的基本技能，但是如果发力过猛或发力不当，就很有可能适得其反，引起对方的反感或警惕之心，反而让双方在心理上更加疏远。

因此，即便你迫不及待地想与对方的关系熟稔起来，也要掌握一定的节奏，万万急不得。尤为重要的是，你必须充分尊重对方心理上的私密空间，小心翼翼地维持住必要的底线。不然稍有闪失，你就会彻头彻尾地得罪对方，让自己结结实实地摔倒在起跑线上。

还有一点要特别注意。有些销售人员也许认为自己会“看人下菜碟”，就是说，他们感觉自己有把握根据顾客的不同个性来掌握亲热程度。总的来说，这一招未尝不可，但要慎之又慎。因为和你一样，其实许多人的外在表现和内在性格是有很大区别的，有些人看起来热情奔放，其实极度保守。反之亦然。所以，必要的节奏感和分寸感，以及洞若观火的眼光和精准的判断力，绝对都是不可或缺的。

总而言之，如果你觉得自己的道行还不够，那么，谨慎稳妥一些总比冒失冒进要好。

记住，下回再见到一个陌生顾客，千万不要开口就叫“大哥”，还是从“先生”叫起的好。

除了不要过早起腻之外，还有一点务必要注意，那就是你的声音。

如果你的声音比蚊子声还细还小，而且没有任何的抑扬顿挫，如何让顾客相信你对自己的商品有信心？如果你自己对商品都没信心，如何让顾客对你的商品有信心？

总之，如果想让顾客发自内心地愿意带你玩儿，认真地倾听你的说话，你至少需要突破前三堵墙。只有做到了这些，你才有资格正式打开话匣子，开始谈你们的正经事儿。

第四堵墙：语言的内容。

你的论点是什么，论据是什么？你想强调的重点是什么？你的语言结构是怎样的？你想传达信息的性质是什么？……这些就是语言的内容，是你需要突破的第四堵墙。

很显然，你的顾客只愿意倾听他们自己感兴趣的内容，而不是你感兴趣的内容。如果你只是单方面地狂侃自己喜欢或擅长的东西，而丝毫不顾及顾客的感受（或一厢情愿地认为顾客也会感兴趣），那么，毫无疑问你正身处“状况外”，不会有搞定买卖的任何机会。

令人万分遗憾的是，在现实生活中我们太多的销售人员不懂这个道理。在与顾客打交道的过程中，他们太多地顾及自己的感觉，却完全忽略了对方的感受。而且重点在于，许多销售人员将“谦卑的态度”与“照顾顾客的感受”混为一谈，明明将顾客得罪了个底儿掉，却一厢情愿地认为顾客一定会为自己的“诚意”打高分，实在是叫人哭笑不得。

举一个比较常见的例子：

顾客：我想买一辆后备厢大一点儿的车。我们家的人都喜欢外出旅游，后备厢大一些可以多放行李……

销售顾问：您看这车怎么样？

顾客：这车后备厢太小了，看上去连个行李箱都放不下啊。

销售顾问：可是这车性价比高啊！又有天窗，又是无级变速，还有两个侧气囊，这种价位的车一般都不可能有这些配置，您买这车绝对值！

顾客：可是后备厢太小了……

销售顾问：可您不是说您家里的人都喜欢旅游吗？这车正适合

您啊！您想啊，您在高速上开车，要是打开天窗换换气，小风一吹多爽啊！

顾客：可是后备厢……

销售顾问：不只是天窗，我们这车还是无级变速，您家里的女性成员开也没有任何问题。一家人外出旅游要是老一个人开车得多疲劳啊！大家轮着开，又能享受驾驶的乐趣，又能减少疲劳，降低交通事故的概率，一举两得啊！

顾客：可是后备厢……

销售顾问：对了，说到交通事故，您更得买我们这车了。我们这车有两个侧气囊，一般的车很少有这种配置。可是据有关部门的调查数据显示，侧面撞击发生事故的概率一点不亚于正面撞击发生事故的概率。所以您买我们这车就等于降低了发生事故的一半风险。对于您这样喜欢携家出游的顾客而言，这样的配置绝对称得上贴心，简直就是为您和您的家人量身定做的车！

顾客：可是后备厢……

类似这样的对话相信你绝对不会陌生，无论你是卖东西的，还是买东西的。

很明显，对话中的两个人都在自说自话，双方几乎没有任何交集。对于销售人员而言，这个情况是非常危险的。因为这意味着即便你说的话再正确、再有价值，对方也绝不可能听得进去。就算你谈兴再浓、灵感再多，就算你说话妙语连珠甚至天花乱坠，到头来也只能是白费唾沫。

因此，在与顾客打交道的时候，“说自己想说的话”固然没有问题，“说对方想听的话”才更为重要。这就意味着，如果前者与后者发生了冲突，那么你就需要毫不迟疑地放弃前者，优先确保后者——只要是顾客想听的话，即便你不想说，也必须说；反之，只要是顾客不想听的话，即便你再想说，也一定要控制自己的嘴巴，绝不能只是为了自己痛快而说个不停。

好了，至此我们已经将“人际关系的四堵墙”完整地介绍了一遍。如果你想成为一名“王牌销售员”，这四堵墙必须无条件地全部突破。而且，有资格向你出示“合格证书”的，只有顾客。

必须强调一点：这四堵墙一定要按照顺序突破，绝不能偷工减料玩儿“跳级”的把戏。因为即便你想“跳级”，顾客也不会买账。没有哪个顾客会忽视你的形象与态度，直接把注意力放到你的话术上，这完全不可能。只要顾客的感性认知方式是循序渐进的，那么，所有的程序、所有的细节你都不能怠慢，否则将前功尽弃。

由于突破这四堵墙的训练不可能仅由你一个人完成，所以，让你的上司、同事或公司外部的专家来帮帮你，未尝不是一个好主意。

小结：和对话的内容相比，顾客更在意的是你的形象、态度和说话方式。

所以，你需要掌握的第 4 个心理学妙招就是：好的开始是成功的一半。多多留意一些“形式主义”的东西，让你的外在与内在一样完美，甚至更完美。

第五节　你是否知道顾客在“逗你玩儿”

人是“跟着感觉走”的动物，对“事实”没兴趣。

稍微上点儿年纪的中国人，都会对一首老歌记忆犹新。这就是 20 世纪八九十年代风靡一时的《跟着感觉走》：

跟着感觉走
紧抓住梦的手
脚步越来越轻越来越快活
…………

现在想起来，这首歌当初之所以流行，是因为它激起了绝大多数人的共鸣。这个共鸣就是，尽管我们总以为自己很理性，其实我们所有的言行都深受感性的支配，甚至是情绪的支配。

也就是说，我们对事物的判断，往往是“跟着感觉走”，而不是“跟着事实走”。

明白这一点很重要，压倒一切地重要。

因为这就意味着当我们的销售人员全心全意地对待顾客时，也许对方并没有付出等值的真诚，而是在逗我们玩儿。

举一个例子。

汽车行业的每一个销售顾问恐怕都遇到过这样令人郁闷的事：那些总是抱怨“质次价高”，令你觉得“绝对没戏”的顾客，最终却出人意料地与你成交；而那些轻易就能被你说动，信誓旦旦要在你这儿提车的主儿，最后却总是逃之夭夭、音信皆无，让你一个劲儿地发愣。

无论你是否愿意承认，很明显，事情的真相是：你被顾客当羊肉涮了。

顾客涮你，并不一定是故意的，毕竟你们之间无冤无仇，他犯不着这么做。事实上，恐怕连他都弄不清楚，自己的言行为什么如此不靠谱。其实答案很简单：与理性相比，顾客往往更喜欢“感觉”，而感觉是瞬息万变的，所以顾客的言行举止必然也会瞬息万变，让人摸不着头脑（包括顾客自己）。

我自己就曾经碰到过这样的事。我在决定买车之前，曾经花了大半年的时间研究各种车型，最终锁定了一款车，甚至连定金都交了。可是一个偶然的机会，我在一家 4S 店见到了另一款车。这款车有一个功能我十分喜欢，尽管在其他方面这款车远远不及已选定的那个车型，我还是瞬间推翻了之前的决定，最终将这款车买了回来。

现在想起来，其实我下这个新决定十分仓促，留下了许多遗憾。不过，当初做决定时确实有种鬼使神差的力量左右着我，令我不能自已。

连我这种“职业人士”都会做出如此随性、如此不靠谱的决定，其他普通顾客也就可想而知了。

为什么我们的举止会如此随性、如此不靠谱呢？

这里面有着深刻的心理渊源。

问你一个问题：你喜欢什么类型的异性？

请在心里默默地回答。

然后是下一个问题：为什么你会喜欢这样的异性？

我的猜测如果没错的话，第一个问题应该难不倒你，你会异常轻松地回答出来。问题出在第二问上，相信很少人能够给出一个明确的答案。道理很简单，没人知道自己为什么会喜欢一个人。“因为喜欢，所以喜欢上了”，尽管这是一句废话，却是绝大多数人的心声。

这就雄辩地证明了一个道理：“喜欢与否”从来不是一个理性问题，而是一个感性问题。在对这个问题的判断上，没有所谓的“理由”一说。

有些人也许不服气：我这人就是一个超级理性的人，做任何事情都需要一个理由，没有理由的事情从来不做！

也许你是对的。但我还是要说，至少在决定“喜欢抑或讨厌一个事物”这件事情上，你不可能做到理性，也不可能预先给自己准备一个靠谱的理由。即便有这样的理由存在，恐怕也是你在事后找到的。

打个比方，当你喜欢上一个女孩子的时候，不可能有任何的理由存在。你完全是随心而动，自己都不知道这件事为什么会发生，下一步会走向哪里。当你们正式成为恋人之后，你才会一条一条地为自己总结“理由”，以此证明自己喜欢她这个事儿完全正确，你们之间的缘分是“上辈子注定的”。

仅此而已。

所以说，我们中的绝大多数人都过高地估计了自己的理性。其实我们每一个人都是感情的动物，在做决断甚至是至关重要的决断的时候，都喜欢“跟着感觉走，紧抓住梦的手”。

哪怕事后后悔不迭，我们也照样矢志不渝，从来就没打算改变过。

这才是人性的本来面目。

请看下面的对话：

顾客：实不相瞒，你们这车我特喜欢，就是价格高了点儿。要是能再便宜两万块钱，我下午就来买。

销售顾问：两万块？怎么可能！优惠一万已经是极限了，再优惠我们就要赔钱了！

顾客：开玩笑，赔钱的买卖你们哪儿会做啊！不是有这么一句话吗——“会买的不如会卖的”，我们买车的再聪明，也斗不过你们这些卖车的啊！

销售顾问：真没骗您，优惠一万真的是极限，再优惠我们就得赔了！

顾客：别开玩笑了，我已经在别的店问过了，他们说只要我三天之内提车，就给我优惠两万五！只不过那家店没有我喜欢的颜色了，我才到你们这儿来的！

销售顾问：那好吧，您稍等，我去请示一下我们经理。

对于这样的对话，你一定不会陌生。

问一个问题：你相信这位顾客真的曾经到别的店咨询过价格吗？

甭管你怎么说，反正我是不大信。无论是优惠两万还是两万五，这两个数字绝对是那位顾客拍脑门想出来的。也就是说，这是凭感觉臆测出来的数字，并没有任何根据。

退一步讲，即便那位顾客真的到别的店咨询过车的价格，对方也绝无可能向他提示过“优惠两万五”这个交易条件，“两万五”这个数字依然是顾客凭感觉拍脑门想出来的。

其实，这段对话中的销售顾问对此也不可能完全没有察觉。只是出于搞定一桩买卖的迫切心理，他还是决定“向经理请示一下”。这就等于向顾客发出了一个错误的信号，让顾客觉得自己歪打正着——这事儿有戏！

一旦顾客形成了这样的心理，销售顾问就要倒霉了。因为这就意味着，当你请示完毕，回来对顾客说“不好意思，我们经理不同意这个价格”，你将无法彻底说服顾客。他会想：“这个销售顾问一定和他们经理串通好了忽悠我，我可不能轻易中招！”然后，他会一次又一次地逼你就范，甚至要求直接与经理面谈——一通折腾之后，顾客往往会扬长而去，不可能跟你成交。

其实，如果那位销售顾问能够改变一下谈判的战术，情况就会有所不同。

顾客：实不相瞒，你们这车我特喜欢，就是价格高了点儿。要是能再便宜两万块钱，我下午就来买。

销售顾问：两万块？怎么可能！优惠一万已经是极限了，再优惠我们就要赔钱了！

顾客：开玩笑，赔钱的买卖你们哪儿会做啊！不是有这么句话吗——“会买的不如会卖的”，我们买车的再聪明，也斗不过你们这些卖车的啊！

销售顾问：真没骗您，优惠一万真的是极限，再优惠我们就得赔了！

顾客：别开玩笑了，我已经在别的店问过了，他们说只要我三天之内提车，就给我优惠两万五！只不过那家店没有我喜欢的颜色了，我才到你们这儿来的！

销售顾问：如果是这样，您肯定是中招了。因为优惠一万真的是底线，如果您说的那家店经营的车型和我们完全一样，照理是不可能优惠那么多的。所以，如果对方真的对您做了这样的承诺，建议您还是小心一些。正如您所说“会买的不如会卖的”，您想啊，怎么会有这么傻的店家，会主动做赔本的买卖！所以，这里面肯定有猫儿腻，您可得小心了。别的不敢说，我以前确实听说过有些店将一些剐蹭过的新车维修后以相当大的优惠幅度卖给顾客。其实这样做本来无可厚非，可问题是如果不向顾客明说，就有欺诈的嫌疑了。这样的做法在我们这里是绝对不会发生的。

顾客：哦，可不是吗，确实是这样……不过我还是觉得你们的价格里有水分。要不这样，你把经理找来，我直接和他谈。

销售顾问：呵呵，您多虑了。我们经理不负责谈业务，谈业务是销售顾问的职责和本分，公司不允许经理插手。而且，即便是和我们经理谈，他也只能对您这么说。因为这是事实。您想啊，如果经理出面谈就能便宜，那要我们这些销售顾问干什么？我们还不都得失业啊？所以，既然我接待了您，就请您绝对相信我的诚意和能力，相信我一定能服务好您。反正我本人对这一点是充满了自信！

顾客：不可能！其他店可不是这样，只要我想见经理，经理就一定会出面！

销售顾问：是这样，每家店的情况都不一样，我们店确实有这样的规章制度。这是为了更好地实现专业化服务，并为顾客提供更高质量的专业化服务。所以我们这些人才叫作“销售顾问”啊！说句不谦虚的话，我觉得我们店的做法才是真正正确、真正高水平的做法，相信您一定会赞同和支持我们的做法的。因为别的店只有经理才能做到的事，我们店普通的销售顾问就能做到。这就说明我们店的员工专业素质更高，个个都能独当一面，和其他店经理级人物有一拼，因此也更有能力让顾客获得高质量的服务。您说是不是这样？所以您尽管放心吧，我有信心能接待好您，让您真正满意！

很明显，销售顾问按照这样的话术去谈，绝对是技高一筹。

首先，他没有当面戳穿顾客的鬼心眼，而是将计就计把矛头直接指向了顾客所称“答应优惠两万五”的那个店家。这样做，一来保全了顾客的自尊心，不至于让顾客下不来台（否则，顾客很有可能恼羞成怒，彻底翻脸）；二来分析得有理有据，也让顾客无从反驳，只能认栽。

其次，他巧妙地拒绝了顾客“想和经理直接谈”的要求，从而将谈判权牢牢地掌握在自己的手中。要知道，一旦销售顾问误上贼船，将经理请出来的话，顾客将得寸进尺，一路猛追猛打，从而使销售顾问陷入一种更困难被动的境地。所以，从一开始就不给顾客这样的机会，实在是一个高明之举。

总之，“尽可能买便宜货”是每一个顾客的本能，我们一定要充分理解，见招拆招，千万不可轻易被顾客带进沟里，使自己的生意还没开始就陷入“价格战”的泥潭。

切记！切记！

最后，我们来做个总结：一般来说，“太贵了”“便宜点儿”“我还没决定好”“容我再想想”“今儿下午就来提车”，等等，都是典型的“感性语言”。当顾客把这些话挂在嘴边的时候，这往往意味着他们正在“跟着感觉走，紧抓住梦的手”。也就是说，他们正在“逗你玩儿”，你千万不能当真，一定要把握好自己的节奏和感觉。

记得有这么一句话：销售，是从被拒绝后正式开始的。

这句话等于告诉你：如果被顾客表现出来的种种假象所迷惑，你很有可能输在起跑线上，被顾客“玩儿死”；只有彻底看透顾客的心理，将计就计，和他们一起玩儿，你才能稳操胜券。

而这具体的“玩法”，就是本书要教给你的。相信在读完一遍之后，你一定会有所收获。

小结：一定要记住，顾客是一群“没常性”的动物，他们的语言、想法、行动总是在不停地变化。

所以，你需要掌握的第 5 个心理学妙招就是：有些东西千万不能当真，一当真你就败了。一定要学会将计就计、以不变应万变的谈判之道，将顾客拉进你的沟里，而不是相反。

第六节　你确定顾客没有敷衍你吗

“阳奉阴违”是人的本性之一。

请看两个对话案例。

案例一：

销售顾问：这车是今年的新款，和老款相比油耗降低了至少五分之一；而且，您可以上车感受一下，内部空间也比老款大多了，就算坐上六七个成年人也不觉得憋屈。

顾客：哦，是吗？确实不错，真的，挺不错的……

（话外音：你真的认为顾客发自内心地觉得不错吗？如果你这么想，你肯定错了。事实上，顾客也许在心里想：每家店都会说自己的车“油耗低”，其实真开到大街上去，都半斤八两，哪辆也不是省油的车。可是一旦回去和店家理论，对方一定会说："油耗不仅和汽车的性能有关，还和驾驶员的技术有关，和路况、拥堵程度什么的有关，总之很复杂，一言难尽。"也就是说，真到了事儿上，店家一准儿会一推三六五、翻脸不认人。再说了，"内部空间大"又能大到哪儿去？撑死差个几厘米，顶多能多放一条狗或一只猫罢了。多放一个大活人？想什么呢！可能吗？）

案例二：

销售顾问：这车的导航设备是今年最新版的。您看，这屏幕多大，画面多清晰！而且，这一版导航功能也升级了不少。您按一下这个按钮试试……看看，连这些功能都给您加上了，这要搁去年绝对不可想象啊！

顾客：可不是，确实不错。现如今的高科技确实厉害，不服都不行。

（话外音：你真的认为顾客发自内心地觉得"不错"吗？如果你这么想，你肯定错了。事实上，顾客也许在心里想：这个新版导航确实看上去挺牛 × 的，可是，操作方法也肯定不简单，估计说明书能比《新华字典》还厚，学导航的难度能和学开车有一拼，我哪儿有那闲工夫啊！现如今这些高科技的玩意儿越弄越花哨，越弄越复杂，真让人头疼！这哪儿是方便消费者啊，整个儿是给消费者添堵！）

这两个对话案例有一个共同点：销售顾问嘴里说的都是有关汽车和设备"好的一面"；而顾客虽然嘴上应承着，心里想的却都是汽车和设备"坏的一面"。

任何事物都具有两面性。

即便是同一个车型，从某个角度看哪儿哪儿都是优点，可是如果换一个角度看，那些优点也许就都变成了缺点。重点是，卖车的人眼里看到的都是车的优点，而买车人的眼里看到的往往都是车的缺点。

所以，销售顾问越是强调"我的车要多牛 × 有多牛 ×"，顾客就越会想"这无非是王婆卖瓜自卖自夸，只不过是忽悠我尽快掏钱的伎俩罢了"。

考虑到绝大多数顾客对于汽车这种商品远不如销售顾问内行这一点，他们的这种逆反心理就更容易理解了。

对于销售顾问而言，真正的麻烦在于，如果顾客将这种心理活动用语言明确地表现出来，还相对好应付一些，毕竟销售顾问也不是吃素的，嘴上的功夫绝对不输人；可如果顾客只把这种心思埋在心里，嘴上什么也不说，即便说出来，也都是一些应承销售顾问的模棱两可的话，那么事情就不好办了。作为职业销售人员，你一定要有察言观色的本事，在这种时候，用你敏锐的洞察力去捕捉顾客说话声调或者表情中那些稍纵即逝的微妙线索。

小结：天底下没有一个顾客，会在第一时间拿出你所希望的真诚来与你打交道。

所以，你需要掌握的第 6 个心理学妙招就是：当顾客异常草率地对你说“真不错”的时候，你要多留一个心眼儿。

第七节 如何才能改变顾客的冷漠

对于陌生人，人们习惯于以冷漠待之。

请看下面的事例。

在拥挤的地铁车厢中，你的脚被旁边一个男人狠狠地踩了一下，疼得你直咧嘴。可是踩你的那个人只是不经意地瞟了你一眼，好像什么都没发生。这让你十分愤怒，忍不住嘀咕了一句：什么素质！

本来你想忍忍就算了，可是越想越生气，终于没忍住，准备走过去和那厮理论一番……

你这种心情完全可以理解。换了我也一样，绝不会轻饶了那家伙。不过先别急，如果场景换成下面这样：

当你走上前去，正准备将那厮痛扁一顿的时候，忽然发现那厮原来是你睽违已久的发小。你们从小一起光着屁股长大，可谓亲如兄弟，可是小学毕业以后就天各一方，二十多年没见面了。这时，猜猜会发生什么？

相信不用我说大家也能想象得出来：在短暂的惊愕之后，你们会紧紧地拥抱在一起，在对方胳膊上重重地捶上一拳。那感觉绝对不亚于久别重逢的恋人。

当然，在这个时候，踩脚这点儿小事早已随空气飘散，就好像从来没发生过一样。

谁能告诉我，同样一件事，在前后两个场景中，到底有什么不同？

在第一个场景中，涉事双方完全是陌生人。踩脚的人对被踩的人漠不关心，而被踩的人则对踩脚的人充满了愤怒。

可在第二个场景中，涉事双方的角色摇身一变，从陌生人变成了亲如兄弟的发小。在角色变化的瞬间，漠不关心也好，愤怒也罢，这些负面情绪全都烟消云散，好像它们从未存在过。

这就证明了一个道理：人们只有在陌生人面前，才会呈现出冷漠和极富攻击性的一面；反之，在熟人面前，则往往表现得更富善意、更加温良。

对于销售顾问而言，明白这一点非常重要。

长期以来，许多销售顾问都对如下现象充满了不解与苦恼：明明我和某个顾客打了大半年交道，照理关系相当不错了，可是这位顾客对待我还是很不客气。他一有不满意就大发雷霆，让我在公司里下不来台；动不动就对我提出非分的要求，令人进退维谷、左右为难。总而言之，这些顾客好像都是变态狂，专以折磨我为乐，真真“是可忍，孰不可忍”！

其实，这种现象一点儿都不难解释。你也许认为和顾客相处的时间不短了，你们已然是哥们儿了，但你的顾客可没这么想，在他们心里，你依然是个不折不扣的陌生人，所以他们一点儿都不害怕得罪你。

试想一下，如果他们真的像你想象的那样，没把你当外人的话，他们一定会有所顾忌，在和你打交道的时候变得分外谨慎小心，生怕哪句话没说对而让你不愉快。毕竟对于他们而言，“熟人”和“陌生人”是不一样的。后者可以用完就扔，反正大家是一锤子买卖，完事儿后下半辈子也不一定再见面了；而前者则不同，是“长期饭票”，大家抬头不见低头见，下半辈子还得继续打交道，所以这样的人千万不能得罪，否则无异于自断后路。

所以，与其成天价抱怨顾客不把你当人看，不如好好分析一下顾客为什么会这样。毕竟销售顾问这碗饭你是要吃一辈子的，不能老做冤大头，活得那么憋屈。

小结： 顾客的语言和态度，是衡量你们之间亲密程度的指标。

所以，你需要掌握的第 7 个心理学妙招就是：不要让顾客仅仅把你当成销售顾问，而要让顾客把你当成“朋友”，至少把你当成“熟人”。

第八节　玩儿的就是“不正经”！

越是在有“正经事儿”的时候接触，人和人之间的心理距离就越疏远；反之，越是在没有“正经事儿”的时候接触，人和人之间的心理距离就越接近。

不知你是否发现了这种心理学现象。

当你越是一本正经的时候，你的人际关系就越僵冷、越紧张；反之，当你越是“不正经”的时候，你的人际关系就越融洽、越轻松。

俗话说“男人不坏，女人不爱”，估计就是这个意思。

其实，这句话反过来照样成立——“女人不坏，男人不爱”。没人会否认这一点。

为什么会这样呢？

道理很简单。当一个人“坏”（即“不正经”）的时候，会让身边的人感觉更放松更舒适，这种状态就是我们常说的“不设防”“不累”“自由自在”。当一个人处于这种状态的时候，他心中更容易萌发爱意，迅速地爱上能让他获得这种感受的人。

反之，当一个人“不坏”（即“正经”）的时候，情况则截然相反：与其在一起的人会觉得拘束、不舒服，感到很累，从而在心理上对他敬而远之。

这一心理学现象，对于销售工作也同样重要。

我们的销售顾问在和顾客打交道时常犯的一个毛病就是：无事不登三宝殿。

只要给顾客打电话，内容一准儿是“正经事儿”，即卖车——

“怎么样？您和夫人商量的结果如何？什么时候来提车啊？”

“我是 ×× 店的小李啊，您不记得我啦？上回您到我这儿看过车。我们这儿昨天又上了一款新车，我想请您过来看看，包您感兴趣！”

“您不是说周三就过来提车吗？怎么还不过来啊？您要是不方便，我可以开车去接您！”

……

相信这样的场景你肯定不会陌生。

但是，正因为你总在说“正经事儿”，你和顾客之间的关系永远也不会真正亲密起来。你们之间将始终弥漫着一种挥之不去的古怪的紧张感，既让顾客讨厌（这家伙怎么老提这事儿，真是烦死我了！），又让你自己很别扭（其实我也不想上赶着给你打这个电话。谁愿意整天看别人的冷脸子啊！这不是为了生计，实在没辙了吗！）。

你看看，这“正经事儿”的电话打得有多纠结！

这种电话，你越打顾客就越反感，对你越“设防”。你们之间本来可能只隔着一层窗户纸，如果这种电话你打上十几二十个，也许就隔着一堵墙了。

那位说了：那你让销售顾问怎么办啊？总不能不谈“正经事儿”吧？

这个问题问得很奇怪。哪条法律规定销售顾问给顾客打电话必须说“正经事儿”？不说“正经事儿”难道还有枪毙的罪过不成？！

所以，我的回答很简单。办法只有一个：和顾客交流时一定别说“正经事儿”！

必须从“不正经”开始和顾客打交道，只有这样才能成功地消除顾客的戒心，让他慢慢地对你“不设防”，甚至在不知不觉中把你当哥们儿。

当你们之间真成了“哥们儿”的时候，你还怕“正经事儿”会被耽误吗？

所以，下回再与顾客打交道的时候，不妨彻底绕开车的话题，聊一些“不正经”的事情。

举几个例子。

案例一：

销售顾问：我是××店的小李。上周三您和夫人到我们店来过。记得那天您夫人胃痛，脸色不太好，我还到药店给您夫人买了一瓶胃药。

顾客：哦，我想起来了，那天真是多亏你了。谢谢啊！你今天打电话是问我买车的事儿是吧？

销售顾问：呵呵，买车的事儿不急，什么时候都能买。我今天给您打这个电话主要是想问问您夫人的情况，她的胃好点儿了吗？

顾客：好多了，真是太谢谢你了。那什么，过两天我和媳妇儿还想到你们店去一下，看看上回你介绍的那款车。

销售顾问：好的。那我就在店里恭候您和夫人的光临了。不过，千万别着急，等什么时候工作不忙，夫人身体好一些的时候再过来，也没关系。

顾客：真不好意思，还劳驾您惦记着我媳妇儿的身体。以前从来没有哪家店的员工这么贴心过……

销售顾问：瞧您说的，既然我接待过您，就说明我们有缘分，我就把您当成我的朋友了。买不买车无所谓，关键是交了您这个朋友，我很高兴，也很荣幸。以后有什么需要帮忙的，您只管开口。如果我做不到，那肯定是我没本事，绝对不是我没尽力。

顾客：好的，谢谢你，我也很高兴交了你这么个朋友！

（话术分析：这是一场高智商的话术示范。从头至尾销售顾问都没有主动提起“买车”的话题，而是用自己的细心、贴心和诚心成功地打动了顾客的心，让顾客自觉欠了他一份人情债，不还就太不仗义了。所以，顾客通过主动提示买车话题的方式，在一定程度上还了这笔人情债。这就是超典型的“有钱难买我乐意”的现象，是销售技巧的最高境界。）

案例二：

销售顾问：我是 ×× 店的小张，上次您到我们店来看过 ×× 车。

顾客：哦，你是问我买车的事儿是吧？

销售顾问：不是，您误会了。我今天在展厅的一个角落里发现了一把伞。问了一遍我的同事，他们都说不是自己的。我忽然想起那天您来的时候外边下着雨，您好像是拿着伞进来的，后来您离开的时候雨已经停了。所以我估计这把伞是您的，就给您打个电话，想和您确认一下。

顾客：那真是太谢谢你了，还能惦记着这件事。不过那把伞肯定不是我的，我确定那天我把伞拿回来了。

销售顾问：是吗？那就好，打扰您了，再见！

（话术分析：这把伞，既有可能真实存在，也有可能只是这个高明的销售顾问杜撰出来的一个小道具。可甭管是哪种情况，这套话术都是相当精彩的。它极大地消除了顾客的戒心，增加了顾客对销售顾问的好感。只要这位销售顾问如法炮制，再进行几次类似的接触，这位顾客必将被顺利拿下。）

总之，“欲擒故纵”是纵横商场永恒的“必杀技”。

不只是卖车，任何一种商务谈判甚至政治谈判都绕不开这一绝技。

我们在电视上经常可以看到这样的场面：当一场异常艰苦的谈判陷入僵局时，谈判双方总会摆一个饭局，然后故作潇洒地说：“今天只聊私事，不谈公事！”

一般情况下，在这个看似“不正经”的“闲扯淡饭局”之后，局面就打开了。

这就是“不正经”的威力。

不过，必须承认，让销售顾问和顾客交流时尽量多谈“不正经”的话题，并不是一件容易的事儿。一来销售顾问为生计所迫，一般都有一种强烈的谈“正经事儿”的本能动机。二来公司里的氛围也不允许他们这么做，别人都在说“正经事儿”，只有自己谈“不正经”的事，难免显得有些怪异。再说了，公司领导也未必买账，会认为这是销售顾问在利用公家的资源谈与工作无关的闲事，一般都会出面制止，甚至会处罚这些“不务正业”的员工。

所以，为了让销售顾问能够更加理直气壮地与顾客谈“不正经”的事，公司领导一定要为他们创造一个宽松的环境。说句不夸张的话，将“与顾客多谈不正经的事”作为一个硬性指标，纳入公司的考核体系，强制性地增强销售顾问这么做的动机，也完全是一件“可以有”的事。

相信我，只要公司里大谈特谈“不正经的事儿”能够蔚然成风，你们的成交率与回头率一定会急速飙升的。

当然，如果你的公司里销售顾问将这种“不正经”的电话打给了自己的女朋友，而不是他的顾客（或潜在顾客），事情的性质就变了。不过，处理这点儿小事不算什么难题，相信你一定能想出 100 个妙招轻松将其解决。

最后，还有一点要重点强调一下。

“不正经”不代表没章法。恰恰相反，正因为“不正经”是一种非常规的销售手段，我们一定要从一开始就为其设计一套完整的章法。

这样的章法包括如下几个要点：

要点一：牢记每一个顾客的独特性，哪怕这种独特性极为微小，甚至是微妙到不易为人察觉。

“看人下菜碟”是“欲擒故纵”的前提。在这种事情上，来不得半点儿懒惰和侥幸心理。只有抓住对方的独特性，你使的招数才能准确地戳中对方的穴位，给对方带来惊喜，从而使对方对你产生深刻的印象，迅速地拉近你们之间的心理距离。

要点二：每一次的见面（或电话接触）都要有意识地为下一次的“不正经交流”寻找一个线索和由头。

一粒药、一把伞，乃至对方的一个表情或不经意的一句话，都可以成为这样的由头。关键看你是不是有心人。

要点三：千万不要弄巧成拙。

并不是所有的事情你都可以看破，都可以随便“不正经”对待。有些事情是禁区，绝对不能碰，否则可能适得其反，彻底得罪你的顾客。打个比方，一个 50 岁的秃顶老男人和一个 20 岁的妙龄靓女一起来买车，而靓女并不是这个老男人的女儿。很显然，这个时候如果你“哪壶不开提哪壶”，还想冒冒失失地玩儿“不正经”的话术，后果将可想而知。

要点四：一定要持之以恒，积少成多。

甭管你使的招有多“不正经”，也一定要持之以恒。要知道，就算你能够在某一次接触中成功地给某位顾客留下好印象，但仅凭这一次好印象就想让对方把你当哥们儿、毫不迟疑地为你慷慨解囊，这无异于痴人说梦。千万别干那种“狗熊掰棒子”的事儿，既然盯住了一个目标，就要一追到底，不达目的决不罢休。只要你肯兢兢业业地将“不正经”持续下去，不停地积累对方对你的小小好感，迟早有一天你会钓到真正的大鱼，甚至为自己找到一张“长期饭票”（不但搞定你的目标客户，而且还能通过他的介绍推广，找到更多的新客户）。

小结： 1.“正经”的人招人烦，“不正经”的人惹人爱；

2. 小小的好感积少成多，就能成哥们儿——这就是“从量变到质变”的规律。

所以，你需要掌握的第 8 个心理学妙招就是：不停地用“不正经”的手法积累顾客对你的好感，让对方成为你的哥们儿，为你提供“长期饭票”。

第九节　你是否懂得“分享隐私”的妙处

适当地袒露隐私能迅速加深别人对你的印象。

汽车是一种典型的“货比三家”甚至“货比三十家”的商品，因为对于普通人而言它过于昂贵，很少人会只凭一时冲动就轻易出手购买。一般来说，人们总会逛上十几二十家店，才最终下购买的决心。

顾客的这种消费行为，对于销售顾问构成了一个大问题。因为顾客在买车的整个过程中，见过的销售顾问实在是太多了，根本不可能记得你是谁——别说姓名，甚至可能连你的性别都记不住。

所以，为了增加你的销售机会，你必须想个办法，至少让顾客能记住你，对你留下比较深刻的印象。

给你支上一招：四个字——分享隐私。

一般来说，当一个人在一定程度上接触到另一个人的隐私的时候，会对这个人产生一种莫名的亲切感。如果你能主动将自己私生活中的某些方面暴露给你的顾客，就能成功地给他留下深刻的印象。

举几个例子。

案例一：

销售顾问：实不相瞒，我是一个新人，进这家公司还不到三个月。之前一直在广州打工，家里的事儿根本无暇顾及。钱虽说不少挣，可心里总是空落落的，老是踏实不下来。所以干脆一狠心，辞了广州的工作回来了。虽说现在的收入只有在广州时的三分之一，可这心里踏实多了，饭也吃得香，觉也睡得香。那句话怎么说来着，“儿不嫌母丑，狗不嫌家贫”。这句话以前不觉得怎么着，可现在觉得实在是太精辟了！确实是这么回事，在外边待上几年才会明白：还是家乡好啊！

顾客心里想：这个人有情有义，是个实诚人，和他打交道肯定错不了！

案例二：

销售顾问：我闺女今年就要中考了，可最近几次模拟考试她的成绩都不太理想，真让人担心！

顾客心里想：真是个有责任感的好父亲。和这样的人打交道，肯定能放心！

另外，即便不是“纯隐私”，下面这些话术也能起到相当理想的效果，可以在行云流水般的自然语境中让顾客真切地触碰到你的“人性”。

案例三：

销售顾问：（打了一个哈欠）不好意思，昨儿晚上没睡好。夜里12点有个客户来电话，说他的车坏在路上了。我赶紧开着公司的救援车赶到现场，里外里折腾了好几个小时才处理完，凌晨5点才回的家，打了个盹儿就到公司上班了。

顾客：是吗？你们也真够不易的。

销售顾问：也不能这么说，毕竟车是我们卖给人家顾客的，所以我们就得对人家负责任不是？

顾客心里想：这家公司的人责任感挺强，值得信赖。要是买了他们的车，有朝一日碰到同样的问题，估计他们也能用这样的态度和效率帮我解决。

案例四：

销售顾问：其实我以前是维修车间的技工，因为想趁着年轻多尝试一些别的工作才主动向公司提出申请，调到销售部当了一名销售顾问。所以，干销售这行我还是个新人，有什么不到的地方请您多担待。不过您放心，您买车之后的维修保养之类的杂事儿全包我身上了。这些事我可是内行，绝对能服务好您！

顾客心里想：新人更好。要是碰上一老资格的销售顾问，我哪儿能斗得过人家啊！而且，这个人看起来挺实诚，不像那种一肚子花花肠子的主儿。何况人家还是维修保养的专家，从他手里买车一准儿能放心。毕竟买车是一时的事儿，用车才是一世的事儿，认识一个用车方面的专家绝对吃不了亏！

案例五：

销售顾问：实不相瞒，今儿上午才得到的消息，我获得了公司上个季度“顾客满意度综合考评”的冠军，作为奖励，下个月我将和几位同事一起去泰国旅游。不过您放心，我的手机到时候会开通漫游功能，您要有什么急事尽管给我打电话，我一定帮您处理好，绝不会当甩手掌柜的。毕竟咱今天脑袋上也算有个光环了，不能再用一般标准要求自己了不是？

顾客心里想：这人既然是“顾客满意度”冠军，服务质量应该错不了，不妨试试他。如果名不副实，就向他的上司投诉。毕竟得一次冠军能去一趟泰国，估计他不会等闲视之。而且，到目前为止我对此人的印象还不错，应该不至于言过其实。

总之，人们在偶然的机会下触碰到别人的隐私时，会对对方产生一种莫名的好感和亲近感。所以，销售顾问在貌似日常会话的语境中“不经意”地向顾客袒露一些隐私，能够迅速拉近自己与顾客的心理距离，让顾客产生比较深刻的印象——因为在顾客的眼里，你的角色已经从一个职业的销售人员还原为一个有血有肉、活生生的普通人。因为大家都是人，你与顾客就会从带有某种敌意的“对立关系”成功地转化为不带任何敌意的“同类关系”。

反之，如果你拒绝向顾客袒露隐私，从头至尾都摆出一副公事公办的架势，你就会人为地加深自己与顾客之间的心理隔阂，不可能给顾客留下任何鲜明的印象，彻底沦为顾客曾见过的几十名销售顾问中的普通一员了。

但是，必须着重强调一点：袒露隐私是有分寸的，一定要适度。绝不能逾越一定的底线，否则将适得其反，会引起顾客对你的反感。

以下是一些注意要点。

要点一：学会选择正确的话题。

1. 尽量避免过度的自我吹嘘。如果可能，多选择一些自己的糗事做话题。

过度的自我吹嘘会让听者感到厌恶。即便是无心的，你表情中不经意的得意神色也会招来对方的反感。反之，谈谈自己的糗事却会有意外的效果，因为这些话题会让顾客觉得你是一个活生生的普通人，反而会对你产生好感和亲切感。

2. 多谈谈“未来的理想”和“小小不言的烦恼”。

“因为将来也想当老板，所以现在正拼命学习管理和财务方面的专业知识”；“和女朋友又闹别扭了，不知道该怎么哄她”……这样的话题效果肯定不错。

不过，切记有关烦恼的话题不能太沉重，否则会让顾客感觉到一种负担。可能的话，最好能让顾客在愉快的笑声中轻松地为你支一招，这样的分寸感才是无可挑剔的。

3. 多谈谈家人、朋友和故乡的话题。

“时间过得真快，比我小 10 岁的表妹今年都要上大学了！我刚离开家乡那会儿，她还没上小学呢！”“怎么这么巧？我二叔也是那所学校毕业的，您二位曾经是校友呢！”“听您的口音咱们是老乡啊，我也是山东人！”

只要别太生硬，别太突兀，这样的话题一定能让顾客对你一见如故。

要点二：学会选择正确的话术。

1. 一定要适量、适度。

2. 看准时机，不动声色地将这些话题有机地掺和到你们的对话中去。

3. 一定要适可而止、见好就收。切忌啰啰唆唆说个没完没了，否则会引起顾客的反感。要知道顾客是来买车的，不是来听你“痛说革命家史”的。

要点三：学会选择正确的时机。

一般来说，如果能提前准备好几个预案，在正式的销售谈判开始之前用这样的隐私话题做铺垫，效果最好。（做到这一点并不难，只要你平时多观察、多锻炼，这样的预案绝对可以信手拈来。）根据销售谈判的进展状况，在谈判过程中再适度插入一些这方面的对话，也能起到很好的缓和气氛、提高谈判成功率的效果。

最后，让我们重新捋一遍思路，做一下总结。

没错，我们和顾客一样，都有七情六欲，都是“食人间烟火”的普通人——在公司里是销售顾问，一旦回到家里，我们的角色就会瞬间发生变化，成为丈夫、妻子、父亲、母亲、儿子、女儿、兄弟姐妹……

我们的生活中不只有卖车这一件事，我们还有许多爱好，有许多想学的、想见识的东西，也想体验多彩的人生。我们也会因为一些小事甚至琐事而极大地影响到心情，感到莫名的快乐或烦恼，有时斗志昂扬，有时意志消沉……

只要你稍微讲一些这样的事儿给你的顾客听，就会轻松地获得顾客的好感，一种莫名的温暖气息会立刻充盈在你们之间。

总之，如果你只扮演销售顾问的角色，对于顾客而言，你将永远是一个不折不扣的陌生人。我们已经知道，对陌生人，顾客会毫不迟疑地披上冰冷的铠甲，露出锋利的牙齿，淋漓尽致而又心安理得地展示他们令人心寒的冷漠和强烈的攻击性。反之，如果你能适时适度地脱去销售顾问的外衣，将你有血有肉、人性的一面展示给顾客，他们将瞬间改变态度，以充满人情味的温良善意对待你。

是为“人之常情”。

小结：当一个人知道了你的隐私，就等于上了你的“贼船”，想逃都逃不掉。

所以，你需要掌握的第 9 个心理学妙招就是：学会适时、适度地袒露一些你的隐私，让顾客在不知不觉中中招，心甘情愿地坐上你的“贼船”。

第二章

成功的销售是策划出来的

——做好充分的准备

相信每个人都有过这样的体验：明明是第一次造访某家店，可是在进店的一刹那，你就能大致嗅出这家店的“氛围”，并能大体预测你在这家店的经历是一次愉快的体验还是相反。

所以，即便没有任何的刻意，你的嗅觉、听觉、视觉或者味觉也都会忠实地向你提供某种关键信息，让你在完全无意识的状态下迅速对某个事物做出判断。

这就是所谓“第一印象”的逻辑。重点是，第一印象的形成往往与理由无关——印象好就是好，不好就是不好，全部都是当事人的直觉。

幸运的是，尽管当事人好像说不出任何理由，可对于旁观者而言，研究“第一印象”形成的逻辑是完全可能的。

只要我们充分掌握了“第一印象”的形成机制，并能够从善如流、顺势而为，人为地“策划”出一个能让顾客产生好印象的商谈环境，一切都将事半功倍、水到渠成。

那么，为了让顾客产生好印象，我们能做的事情都有哪些呢？

这一章，我们将重点讲述这方面的问题。

你将通过本章的学习，再掌握几个实用的心理学妙招。

第一节　物理距离与心理距离的奥秘

你是否知道令人愉悦的物理距离是多远?

我们评价人与人之间的关系时，常喜欢使用“近”或“远”这类表示距离的字眼。“张三和李四走得很近”“王五是赵六的远房亲戚”，基本上仅凭一个“近”或一个“远”字，我们立刻就能明白他们之间的亲疏关系。

这就意味着，在现实生活中，人与人之间的关系在很大程度上由他们之间的距离所左右。这样的距离包含了两个方面：“物理距离”和“心理距离”。

打个比方，如果是恋人或发小关系，就算对方和你勾肩搭背甚至耳鬓厮磨，你也不会觉得别扭；如果对方只是个上门送快递的业务员，即使对方只是拍拍你的肩膀或凑到你的耳边说句话，都会让你感到浑身不自在，如果那个人是个异性，恐怕你打电话报警的心都有了。

显然，上述两种情况有着巨大的区别。

这个区别就是：在前一种情况下，涉事双方的心理距离很近，所以能够轻松地接受，甚至是享受极近的物理距离；相反，在后一种情况下，涉事双方的心理距离很远，如果在这种情况下贸然拉近彼此的物理距离，就会引起当事人极大的反感甚至是戒心。

不过，有一个非常诡异的现象：如果你能在对方毫无察觉的情况下，神不知鬼不觉地拉近与他（她）之间的物理距离，那么，你们之间的心理距离也会立刻被拉近，从而使他（她）在一瞬间减弱对你的戒心。

就拿前面那个快递员的案例来说，假设为你送货的快递员旁边还跟着他的上司，而这个快递员趁他上司不注意，迅速凑到你耳边小声说：“我刚才偷偷给你优惠了两块钱，千万别声张！”你会做何反应?

不出所料的话，你会立刻对这个快递员产生好感。这不只是因为快递员给你优惠了两块钱，更重要的是他以不让你讨厌的方式极其自然地拉近了你们的物理距离，令你对他产生了一种莫名的亲切感。

我们可以用一句话概括这个有趣的心理学现象：只要你能想方设法拉近与某个陌生人之间的物理距离，就会让他（她）产生心理距离也很近的错觉。记住，是“错觉”。这两个字很重要，明白这两个字的奥秘，将对我们的销售工作产生极其现实的指导意义。

我们也要向那个聪明的快递员学习，抓住每一个稍纵即逝的机会，在不冒犯顾客的前提下有意识地拉近与他们之间的物理距离。

有位外国学者曾经做过一个有趣的实验，得出了一个结论：如果希望在较短的时间内拉近与某个人之间的心理距离，那么，你们之间的物理距离一定不可以超过 120 厘米。换言之，只有将彼此的物理距离控制在 120 厘米之内，两个人才可能产生真正的亲密感。

但是，就像我在前面提到的，缩短物理距离谈何容易！稍有不慎就会引起对方的戒心，令你功亏一篑。

那么，销售顾问如何才能有效缩短与顾客之间的物理距离，又不会引起对方的反感呢？

这里面关键是一个时机把握的问题。

举几个例子。

1. 递名片的时候。

递名片，是与初次见面的顾客拉近物理距离的第一个好机会。这个时候，你们之间的距离将只有区区一臂之隔，所以，此时一定要直视对方的眼睛，用不失力度又恰到好处的声音清晰地介绍自己，为成功地获得顾客的好感打下一个坚实的基础。

2. 给顾客讲解宣传资料的时候。

讲解宣传资料时，你与顾客将很自然地并肩而立，不只是如此，你们头部也会靠近，两双眼睛共同瞄向一张薄薄的纸。这是个千载难逢的好机会，不过要切记一个动作要领：你不能只是闷头看宣传资料，而是要抓住时机不停地与对方的眼睛对视。不到 5 分钟，你们之间的心理距离就会大幅度拉近。

3. 和顾客一起坐在展车里，给顾客做讲解的时候。

坐进展车里，你们之间的物理距离就被固定住了。你们都显得更为自然、更加放松。有意识地拉长这个时间，顾客就会自然而然地放松对你的戒心。

4. 向顾客做电脑演示的时候。

坐在电脑演示间里，你与顾客之间的距离不会超过 30 厘米。

5. 试乘试驾的时候。

试乘试驾的时候，你与顾客之间的距离不会超过 50 厘米。

总之，这样的机会无处不在，关键看你是不是个有心人，能不能够把握得住。

最后，还有一个小细节需要提醒我们的销售顾问多加注意。

一般来说，只要店里来了顾客，在场的所有销售顾问（手头暂时没有其他工作的人）都会异口同声地喊一嗓子："欢迎光临！"

这本来是一件好事，至少比顾客进店十来分钟都没人搭理的那些垃圾店强得多。不过其间有一个细节容易被我们的销售顾问忽略，那就是：在大家异口同声地喊完"欢迎光临"之后，负责接待的销售顾问走上前来，往往会直奔主题，直接询问顾客来店的意图。其实这样做是非常失礼的。这个销售顾问漏掉了一个非常关键的待客环节——和顾客打招呼。

那位说了：顾客进店的时候，不是大家异口同声地喊过"欢迎光临"了吗？为什么还要再打一次招呼？

这种看法是不对的。大家一起喊是大家的事，不代表着具体的接待人员可以不喊。也就是说，当大家一起喊"欢迎光临"的时候，那位具体的接待人员与顾客之间存在着相当远的物理距离，而这种物理距离又带来了非常明显的心理距离，在这种心理距离没被有效拉近之前，负责接待的销售顾问就十分生硬地直奔主题，这对顾客而言不啻是一种非常失礼的冒犯行为。

因此，要想让顾客消除对你的戒心，你就要在走到顾客面前时说"欢迎光临"这四个字，并且一定是看着顾客的眼睛，充满诚意地说一遍。

小结：如果把你的生意比作“舟”，那么，你与顾客之间的距离就是“水”。而地球人都知道，“水能载舟，亦能覆舟”。

所以，你需要掌握的第10个心理学妙招就是：主动制造机会，在不被对方察觉的情况下巧妙地拉近你们之间的距离。

第二节　用“二选一式提问法”抓住顾客的心

确认顾客的意向，是销售的第一步。

请看两个对话案例。

案例一：

销售顾问甲：欢迎光临！有什么可以帮忙的吗？

顾客：哦，来看看车。

销售顾问甲：您决定好买哪款车了吗？

顾客：还没有，所以今天过来看看。

销售顾问甲：好的，这边请。您看，这辆展车是昨天才上市的最新款……

顾客：先不急着看展车，你这儿有各种车型的宣传资料吗？我想先看看资料和相关数据，和我以前在别的店看过的车型比较一下。

销售顾问甲：哦，好的。您稍等，我去给您拿。

案例二：

销售顾问乙：欢迎光临！有什么可以帮忙的吗？

顾客：哦，来看看车。

销售顾问乙：您决定好买哪款车了吗？

顾客：还没有，所以今天过来看看。

销售顾问乙：好的。那您是想先看看展车，还是先看看相关资料呢？

顾客：先看看资料吧！我想对比一些关键数据，看看这两天看过的车型到底哪一款性价比最高。

销售顾问乙：好的，明白了。您稍等，我去给您拿。

请你凭直觉回答一个问题：如果你是一位顾客，这两个案例中哪位销售顾问给你留下的印象更好一些？

相信不出所料，你一定会选择销售顾问乙。

道理很简单。销售顾问甲疏漏了销售流程中非常重要的一环——他没有确认顾客本人的意向，而是自己“替”顾客做了决定：看展车。

他很有可能是这么想的：既然顾客进了店，当然是为了看展车，我这么做也没有什么不妥。

没错，他也许是对的，确实大多数顾客到店里来都会第一时间去看展车。但是，对于销售顾问而言，忽视少数顾客的存在是极其愚蠢的。在成交率高于一切的世界里，任何一个销售机会的错失都是不被允许的。

显然，在这一点上，销售顾问乙要老练得多。他并没有强制顾客按照他自己的意志行事，而是通过“二选一”的提问方式，让顾客选择自己喜欢做的事。

这种“二选一式提问法”的优势在于：

第一，体现了销售顾问的专业与贴心。

既然人家到你的店里来，地主之谊是一定要尽的，所以一定要掌握必要的主动权，体现自己的专业素养。同时，完全开放式的提问方式也会让顾客感到无所适从，因此，和“您想要什么”相比，“您想要 A 还是 B”这种提问方式更能减少顾客的不适，让对方感到放松。

其实，这种心理学现象在生活中并不罕见。比如，你到一个朋友家做客，如果对方只是笼统地问你“想喝点儿什么”，你一定会感到无所适从，只能脱口而出说“随便”。反之，如果对方用“二选一”的方式问你“来点儿茶还是咖啡”，这个问题顷刻间变得简单多了。

同理，当你用开放性的语言回答“随便”的时候，对方也会感到很困惑，不知如何是好，如果这时你以“二选一”的方式告诉对方“茶和咖啡都行”，对方也会立刻轻松起来。

那位问了：为什么非要“二选一”？为什么“三选一”“四选一”“五选一”不行？

答案很简单。一般情况下，“两个里边挑一个”是一种让人最舒服、最没有压力的选择方式。只要备选对象超过了两个，就会让对方感到茫然、错愕乃至产生一种难以名状的心理负担。

同样是饮料的例子，经典情景喜剧《我爱我家》里有这样一个爆笑桥段：老傅到“死对头”老胡家串门，胡太太客气地问道：“傅先生喝点儿什么呀？红茶、绿茶、花茶、咖啡、橘汁、矿泉水……”老傅立马蒙了，只好敷衍一句：“随便，随便。”老胡不干了，在旁边插话：“你最好说具体一点儿，要不然她不好准备。”老傅依旧很茫然，竟然脱口而出：“那就每样都来一杯吧！”老胡气坏了，高声抗议道：“每样都来一杯？你可还真不怕累着我太太？你当我们家这儿冷饮店呢！”

这个桥段看似夸张，其实极为精准地捕捉到了日常生活中普通人的一种心理状态。可见，即便你出于一片好心，给对方提示的选择对象也不宜过多，否则将置对方于进退维谷、尴尬不堪的境地，他不但不会领你的情，反而会在心里抱怨你。

所以，一些小小的语言差别，往往会带给对方截然不同的心理感受，这里面的奥秘值得我们再三品味。

第二，体现了顾客的自主性，让顾客觉得自己很重要、被尊重。

尽管表面上看是销售顾问在提问，对于顾客来讲，做决定的主体却是自己，这就会让顾客觉得自己的重要性得到了充分的尊重和体现，从而容易获得较大的心理满足。

那位说了：我觉得你这样说有点儿小题大做。不就是一两个话术方面的小问题吗，有什么大不了的？人家销售顾问甲又没有和顾客打起来，至于给顾客留下什么坏印象吗？

你说的没错。现实中人与人之间确实不可能因此生出什么深仇大恨，不过，彼此间的印象与感觉确实都是一点一滴小细节积累的。

有句话讲：千里之堤，溃于蚁穴。正因为你对这些小细节不屑一顾，才永远得不到顾客的垂青，永远当不了“销售之王”。

因此，一定要记住：销售没有什么捷径可言，即便有，这个捷径也只能是两个字——细节。长期忽视细节，你必然会喝下自己亲手酿制的苦酒。

小结： 设计话术的要领——给顾客留一个台阶，让他觉得自己很重要，事情的主导权掌握在自己手里。只要你能做到这一点，真正的主宰者就是你。

所以，你需要掌握的第 11 个心理学妙招就是：用“二选一式提问法”，迈出商谈的第一步。

第三节　你是否见过自己的表情

如果你总是板着个脸，那么你的心肯定也是板着的。

问一个问题：你见过自己的表情吗？

也许你会觉得这个问题很奇怪：当然见过了，照照镜子不就看见了吗？

呵呵，就知道你会这么说。不过很遗憾，你错了。实际上，你从未见过自己的表情，也不可能见到自己的表情。

照镜子不算。照镜子的时候，你的表情一定是假的，是“表演”出来的。即便不是刻意为之，出于本能你也会在镜子面前情不自禁地“表演”某种表情，然后把这个看作“真实”的自己。这是人之本性，你也不会例外。

所以我们说，人类的行动九成以上都是无意识的。作为销售顾问，我们都知道顾客对接待人员的表情很敏感，都懂得在顾客面前一定要多微笑，可在销售实践中并没有几个人能做到这一点。为什么会这样？就是因为没人知道自己的表情如何。许多销售顾问在日常工作中都习惯于板着一张扑克脸，让顾客心里不爽，他们自己却对此毫无察觉，认为一切都很正常，自己没有什么不妥之处。

这是一个要命的大问题。这个问题不解决，我们的许多销售顾问将永远摆脱不了“总是摔倒在起跑线上”的厄运。

其实，我们的销售顾问有时也是太死性。他们没有弄明白一个简单的道理：表情真的是个好东西。在许多时候，它能让你轻松地达到事半功倍、化险为夷，甚至是“投机取巧”的目的。

打个比方，就算你用词不当伤了顾客的自尊心，但是只要你一脸笑容，让对方备感亲切，他就很难发火，即便发了火，火气也会很快下去。

同理，即便你的专业知识不过关，商品介绍的环节做得一塌糊涂，但是只要你自始至终脸上挂满了讨人喜欢的笑容，你的顾客也会轻易地原谅你，并乐意继续与你打交道。

…………

当然，我这么说并不是鼓励你无视话术技巧锻炼和专业知识学习的重要性，只是想强调一个常常被忽略而又异常明了的事实——一个表情、一个微笑，对于销售这个工作真的很重要。如果一定要在“灿烂的微笑”和“高超的销售技巧”之间做一个选择，真正的聪明人一定会选择前者。

不过，就像我在前面所说的，人的行动九成以上都是无意识的，在这样的情况下，让我们的销售顾问保持理想的表情谈何容易！

所以，解决问题的办法只有一个：既然我们对自己的表情往往无意识，却又需要经常性地展示出一种理想状态的表情，那只有强制性地让自己“有意识”起来。

具体的操作方法如下：

第一，训练。

“台上一分钟，台下十年功”，要想让销售顾问把展现良好的表情变成一种惯性、一种本能，刻苦训练这一关是绕不过去的。

既然你认可表情对于销售行业的重要性，那么对这样的训练就应该可以接受。

不要以为奥运会上礼仪小姐那甜美的微笑是爹妈给的，一天咬八个小时筷子的滋味，只有她们自己知道。

第二，监督。

既然你自己无意识，就在你身边安排一个有意识的人来督促，这样就不愁你做不出漂亮的表情，亮不出沁人心脾的微笑。

所以，在销售部门形成一种“彼此监督，共同进步”的浓厚氛围，是有效改善销售顾问“表情僵硬症”的一个良方。

当然，这一招的目的不是为了处罚，而是为了让大家都能养成一种习惯，之后监督就越来越没有必要，直到最后完全取消。

也许有人会说，你说的这些道理我都懂，问题是许多顾客素质实在是太低，你就算给他再多笑脸，也是“热脸贴冷屁股”，人家根本就不领情！所以，明明心里不想笑，可还要强装笑容，这种笑法实在是太累了！

坦白说，这种心情我完全能理解。在从事销售工作的人当中，甚至在所有服务行业的从业人员当中，这是一种非常普遍、非常典型的心态。

即便如此，我还是建议你多多展示灿烂的笑容——哪怕这种笑容是强装出来的，哪怕你会为此感到很累心。

这样做不是为了老板，而是为了你自己。

因为你的笑容越多越灿烂，喜欢你的人就会越多。顾客是很可爱的，当他们发自内心地喜欢一个人的时候，往往会将这一点大大方方地表现出来，也许是通过语言，也许是通过神情，也许是通过某种行为。总之，这样的表现一定会被你捕捉到，而这一点对你很重要，因为它能够有效地帮助你抚平所有的伤口和委屈。

正因为生活中素质低的人很多，不愉快的事情很多，我们才更要提高自己的素质，并通过这种积极乐观的方式为自己争取更多的粉丝和更多的愉悦。

而且，当你真正愉悦起来的时候，你会发现，微笑这件事对你而言已经不再是一个负担，因为你的笑与你的心已经不再背道而驰，而是彻底融为一体了。

最后，再给你支上一着。

恰到好处地扮个鬼脸，往往能收到奇效。

尤其是当你的接待工作出现某种闪失的时候，如果你能在真诚地表达歉意的同时，适时地扮个鬼脸、吐下舌头，一定会让气氛迅速融洽起来。

有意思的是，这一招不但适于那些性格活泼的销售顾问使用，对于那些性格古板甚至死板的销售顾问同样适用，甚至更适用也说不定。正因为这些人的性格很古板，所以偶尔淘气地扮个鬼脸会给人留下更深刻的印象，收到出奇制胜的效果，绝对百试不爽。

有一张蒋介石摄于20世纪50年代初的黑白照片前一阵在网上广为流传。这张照片之所以会火，是因为它很独特：照片上的老蒋极为难得地冲着镜头吐舌头、扮鬼脸。这一极其生活化、极富戏剧性的瞬间极大地改变了蒋介石在人们心目中残酷、阴冷的固有印象，给这位政治人物注入了浓浓的人情味，令人印象深刻，久久不能忘怀。

但是必须注意，同样是扮鬼脸，做法不同效果则会有天壤之别。比如说，吐吐舌头代表着“可爱”，挤眉弄眼则有“挑逗”之嫌。前者招人爱，后者讨人嫌。一定要把握好分寸，切不可弄巧成拙。

小结：与高超的销售技巧相比，灿烂的微笑更重要。

所以，你需要掌握的第12个心理学妙招就是：哪怕是硬装出来，也要让自己笑口常开。

第四节　让顾客觉得自己很重要是你的本分

“无视”是得罪顾客最简单的方法。

每一个人都强烈地渴望得到别人的重视，成为别人关注的焦点，在人际关系的舞台上扮演一个绝对的主角。这就是我们常说的“存在感”或“重要感”——只有当这两种感觉不断得到确认、得到维系、得到强化，我们才会感到安心、愉悦，感到有继续活下去的理由。

而最容易对存在感与重要感造成致命伤害的，非“无视”莫属。

打一个比方。

假设你到某家店看车。刚一走进店门就有一个销售顾问满面笑容地迎上前来，热情地打招呼："欢迎光临！"可当你正想回应他时，却发现他并没有招呼你，而是正招呼在你身后进店的另一位顾客。这时你会有什么感觉？不出所料的话，你会有一种被对方忽视的感觉，觉得很不爽甚至恼羞成怒。这就意味着，从你进门的瞬间，这家店就结结实实地得罪了你，除非发生奇迹，你是不可能把自己的钱留在这家店的。

这就是无视顾客存在感的恶果。

其实，话又说回来，那位得罪顾客的销售顾问很可能是无辜的。一般的销售店都有所谓"接待顺序"的说法（即每一位进店顾客由哪位销售顾问负责接待，在店内往往是有明确排序的），也就是说，你可能并不"属于"那位销售顾问，他只是不想加塞儿，抢同事的生意而已。

但现在的问题是，这些销售店内部的规定与操作规范是店家自己的事情，与顾客无关。对于顾客而言，只有高兴与不高兴、满意与不满意之说，没有对销售店内部的做法表示理解的义务。这就意味着，在顾客的眼里，只有"店"的概念，没有"人"的概念。甭管是谁得罪了顾客，最终的替罪羊都将是整家店。而顾客一旦对整家店形成了某种认知，这种认知将异常顽固，极难改变。

所有销售顾问必须明白一个道理：即便排序是为了提高工作效率，但是在顾客面前，每一个员工都是主人，都代表着公司的门面，都有尽好地主之谊、把顾客照顾好的义务，而绝不能对"与己无关"的顾客表现出任何的冷漠与忽视。每一个顾客都是公司的宝贵资源，是属于全体员工的公共财富，从这个意义上讲，他们全都"与己有关"，容不得自己得罪和浪费。

其实在上述案例中，只要那位销售顾问稍微改变一下自己的行事方式，事情就能得到圆满的解决。比如，他可以先对迎面而来的顾客打招呼，并礼貌地将对方引荐给负责接待的销售顾问，然后再去接待应由自己负责的顾客。整个过程可能仅仅需要半分钟而已，却能让事情有个最完美的结局。这才是真正老练的做法。

必须承认，就像这个案例中那位无辜的销售顾问的忽视一样，在真实的工作环境中，绝大多数对顾客的忽视都是无心的。不过也正因如此，这种忽视才更为可怕。一般来说，受到忽视的顾客虽然会感到不悦，但并不一定将这种不悦表现出来，这就让我们的销售顾问无法意识到自己的缺失，也无从弥补行为方面的不足。顾客将带着你给他的伤害以及他对你的不满离开，除非发生奇迹，他将不会再回来。

所以，就这个问题而言，“事后弥补”几乎是不可能的，唯一的办法是强化危机意识，尽量做到“防患于未然”。

那么，到底都有哪些场面容易引发对顾客的无视呢？

下面是一些具体的案例。

1. 与顾客对话时注意力不集中。

在接待顾客或与顾客对话时注意力分散，是最让对方头痛的事情。相信每个人都有过这样的经历：你急于向一个销售人员了解某种商品的具体信息，可是你们之间的对话却频繁地被各种琐事打断——一会儿某个同事走过来和他耳语两句；一会儿手机铃响了，他又要接电话……总之状况不断，让你不胜其扰。

当然，销售人员也有自己的苦衷——无论是同事的耳语，还是电话的内容都是非常重要的事儿，他也身不由己，不得不回应一下。

但是不要忘了，这些事再重要，也不如你面前的顾客重要。只有顾客才是你的衣食父母，得罪了顾客，你的一切将化为乌有。

所以，除非是那种不立刻回应天就会塌下来的事，销售人员一定要学会拒绝琐事的干扰，将所有的注意力都集中到眼前的顾客身上。

而且，从我二十多年的职场经验来看，真正“不立刻回应天就会塌下来”的大事往往不会超过1%。绝大多数情况下，无论看似多么要紧的事情，将其往后顺延一下绝对是可以的。

其实换一个角度考虑，有其他琐事干扰的时候，往往反而是你给顾客留下好印象的绝佳时机。

打个比方。你可以想象一下，如果你自己是一个顾客，接待你的销售人员的手机铃声响了，而他只是看了一眼就把手机收了起来，继续专注于对你的接待，你会有什么感觉？又或者，即便他接了这个电话，却对电话那头的人说：“不好意思，我正在接待顾客，半个小时之后我会再给您打回去。”然后礼貌地挂断电话，继续专注于对你的接待，你又会有什么感觉？

事实上，你对他的好印象会骤然加码。因为人家为你推掉了自己的事情（或许这件事情对他很重要），这一幕就发生在你的面前，可见对方对你多么重视，你在对方的心目中有多么重要——这让你获得极大的满足感。而且，这份满足感里还会掺着浓浓的感激之情。

你看，同样是一个小小的举动，带给顾客的感受却有着天壤之别！

2. 莫名其妙地消失。

接待自己的人莫名其妙地消失，也是一件让顾客极为头疼的事情。而“莫名其妙地消失”主要分为两种情况：

其一，没有对顾客做任何说明，在对方完全不知情的情况下忽然消失不见。

其二，对顾客做了说明，却没有向顾客明示具体的等待时间；抑或即便明示了具体的等待时间，在实际操作中却发生了过长的延误，又没有针对这一延误向顾客进行任何解释与说明。

打个比方。恐怕许多人都有过这样的经历：当你去某家汽车销售店办理购车或维修保养的手续时，负责接待你的工作人员往往会突然消失不见，让你一头雾水、不明就里；就算工作人员会向你说明“有一个手续需要去××部办理，我先失陪一下”，可在他起身离开之后就再也见不到人影，让你枯坐苦等两三个小时……

这样的案例在实际工作中可谓俯拾即是、屡见不鲜。

显然，在这种情况下顾客会有一种被放鸽子的感觉，心中一定会充满愤懑情绪。

其实，甭管你会让顾客等多久，只要你将顾客需要等待的时间以及必须做这一等待的理由明确地告诉他，一般情况下都会得到谅解。可就是这样一个小小的动作，往往被我们的工作人员忽视，实在是太遗憾了。

那位说了：也许人家销售人员也有自己的苦衷，那就是根本无法预测顾客需要等待的时间。毕竟谁都不想故意拖延，只是在办事过程中总会发生一些意外，而这些意外是工作人员所无法左右的。俗话说“理解万岁”，这种事儿除了相互理解没有别的办法！

也许你是对的。确实，提前预测等待时间不是一件容易的事，不过这并非意味着我们完全无计可施。

你可以这样做：

首先，如实地告诉顾客你所预测的等待时间（既不要夸大也不要缩短，必须是你真实的预测）。

其次，当意外发生时，你要及时赶到顾客那里，将事情的进展情况如实地通知顾客，明确地知会对方“也许等待时间会发生变化”并求得对方的理解。一般情况下，只要你及时与顾客做过沟通，对方都能欣然地接受这种情况的变化。

最后，如果等待时间过长，你要拜托手头工作不那么忙的同事间或关照一下你的顾客，陪他们聊聊天，或者给他们端上一杯饮料。总之，千万不能让顾客觉得自己被冷落，在整个等待过程中没人愿意搭理自己。

要知道，真正完美的销售一定是一种“团体战术”。在这一战术里，每个员工都是其他员工的后卫和助攻。互相补位、协同进攻既是一项基本功，也是一招非常厉害的撒手锏。所谓“人人为我，我为人人”，在这样的团队里，每一个成员都有可能成为“销售之王”，得到最大化的实惠。

3. 无意识的“差别化待遇”。

别人面前有杯茶，我面前却没有；别人桌子上有烟灰缸，我桌子上却没有；别人身边有销售顾问做讲解，我身边却没有……

没有什么比“感觉自己受到了歧视”更糟糕的事情了。尽管这种“歧视”并非出自店家的本心。

所以，“一碗水端平”真的很重要。大多数时候顾客即便受了委屈也不会直接表现出来，这就意味着有些事情只能通过高度的情商去解决，而这样的情商绝对是可以锻炼出来的。

4. 自说自话，擅自行动。

每个人都会有以下的经历。

销售顾问侃侃而谈，一脸得意地向你展示他高超的专业知识和话术技巧时，却往往忽略了你的感受，甚至没有兴趣打探一下你的意向。也就是说，对方已经完全沉浸在一种强烈的自我表现中无法自拔，从而彻底忽视了你的存在。

这是一个非常典型也非常致命的老问题。

许多外表看似老到的高手，业绩却总是一般般，其根本原因往往就在这里。

所以，一定要牢记一个基本事实：你的工作是销售，而不是炫耀。

5. 完全而彻底的“无视”。

这是一种糟糕透顶的“终极无视”。一句话说死：任何一家有这种无视现象的店家，都是货真价实的烂店、破店。令人遗憾的是，如此夸张的无视，在中国的汽车销售行业却是家常便饭，一点儿都不鲜见。从这个意义上讲，至少在中国，一半以上的店家都是不折不扣的烂店、破店。

这么说绝不过分，恐怕还有些保守。

不信的话，我们可以一起回忆一下。

你是否经历过，进入一家店十分钟之内一直没人搭理你？

也许你会说：别说十分钟，有好几次我都待了半个多小时，也没见到一个工作人员的影儿！

这还算好的，还有更夸张的。

如果你走进一家店，转悠了半个小时也没人搭理你，这时你举目四望，却发现展厅里有许多工作人员，可他们并不想招呼你，而是兀自聚成一团肆无忌惮地聊天，好像你是隐形人。你会有什么感受？

相信除了“垃圾”这两个字，你不可能找到一个更贴切的字眼来形容这家店。

小结： 哪怕是下意识或无意识的“无视”，都会给你的生意带来灭顶之灾。

所以，你需要掌握的第 13 个心理学妙招就是：想方设法让自己“有意识”起来，以便防患于未然。要经常性地整理、总结有可能发生“无视”现象的细节，然后在日常工作中对这些细节予以高度关注。

第五节　妙用“落座方式”

“请顾客落座”是一门大有讲究的学问。

如果你有过购车的经验，相信对如下场面一定不会感到陌生。

看完展车和相关资料之后，你与销售顾问进入了正式谈判的程序。这时，销售顾问会把你领到一张谈判桌前请你落座。但是，销售顾问的一声“请坐”，却会让你产生一丝犹豫：座椅不止一把，而对方并没有特意为你拉来一把椅子，那么你应该坐在哪里？

当然，销售顾问的意思也许是“随便坐”，就是说，他恰恰是为了让你更方便，本意是为你好。但是，很显然销售顾问失策了，因为你心里划过的那丝犹豫对他而言绝不是什么好消息，而是意味着印象分的损失。

其实，这个销售顾问也是太死性。他本可以利用“请顾客落座”这个小细节，使商谈向着更有利于自己的方向发展。可是他错失了这个大好机会，实在是太可惜了。

俗话说，人是环境动物。这意味着我们每个人都极易受到周围环境的影响。在这个案例当中，谈判桌就是环境，顾客在哪里落座，销售顾问又在哪里落座，这些细节都是有讲究的。因为落座位置以及坐姿的不同，商谈的氛围也会随之发生重大变化。

所以，聪明的销售顾问一定会巧妙地利用这种环境的影响力，让它为自己服务。道理很简单，引导顾客落座的毕竟是销售顾问，他有充分的机动性把顾客的座位安排到最有利于谈判的位置。何止如此，说不定这样的安排还会得到顾客的赞赏，给自己赚来更多的印象分。

我在前面说过，物理距离的变化可以给心理距离带来极其微妙的影响，所以，下面我们就利用这个原理，来探讨一下落座方式的奥秘。

一、对面而坐。

面对面，直视对方的眼睛——这种落座方式大家并不陌生。我们经常会在电视新闻中看到这样的场面。无论是大型商务谈判还是国与国之间的外交谈判中，这样的落座方式经常被采用。它给人的第一印象是“正式而严肃”。谈判双方分别代表了泾渭分明的两个立场，给人一种绝不轻易妥协、“武装到牙齿”的感觉。

简而言之，“对面而坐”所释放的信息是直接而强烈的，那就是两个字：对立。双方以绝对的对立为前提，寻找彼此妥协的微弱空间与可能性。

可见，这种谈判方式的优点和缺点都是非常鲜明的。

优点：可以有效地“秀”强硬，轻而易举地让对方明白自己的立场，不至于发生误判。

缺点：由于双方都强硬，这样的谈判往往很难拿出具体的成果，从而容易沦为一种单纯的“走形式”。双方各说各话，极难达成妥协。

因此，我们经常可以在电视新闻中看到这样的有趣场面：明明隔着一张宽大的谈判桌对面而坐，谈判双方的代表在对话时却往往刻意避免直视对方的眼睛，而是将目光移向别处甚至是四下张望，以这种姿态继续与对方进行对话。这就是当事人试图缓和气氛的典型做法，有时是刻意为之，有时则是下意识的姿态。而且，越是陈述不可妥协的原则性问题，从而导致话不投机的沉重氛围时，这种姿态就越频繁。因为在这样的状态下，直视对方的眼睛会成为一种巨大的心理负担。反之，越是涉及非原则性问题或令人感到轻松愉快的话题的时候，这种姿态就越少见。因为在“酒逢知己千杯少”的状态下，人们会更放松，从而更容易也更愿意直视对方的眼睛。

这样我们就很容易理解，为什么真正能“成事儿”的谈判总是发生在饭桌上或高尔夫球场中，而会议室里的谈判则往往止步于“走过场”了。

所以，甭管怎么说，对于服务行业来讲，这种面对面的落座方式以及剑拔弩张的谈判氛围显然是不利于成交的，销售人员应有意识地予以避免。

二、对面而坐，略有偏移。

这种落座方式显然比上一种要优越得多。可以有效避免过度对立的紧张气氛，在涉事双方之间形成一个舒适的“心理缓冲带”，彼此都能更为放松。

另外，在一种相对轻松的氛围里，当事人更容易袒露心扉、直奔主题，省去了不少相互试探甚至是钩心斗角的麻烦，对于快速达成商业协议是极为有利的。

至于具体的分寸把握，落座后销售人员与对面的顾客刚好错开一个身位，或重合半个身位，就应该差不多了。

不过，在实际操作时必须要高度注意两个细节：

其一，切忌将身体靠在椅背上和顾客对话。这是极其失礼的行为。正确的做法是：在对话时将前臂自然地放在桌子上，身体略微前倾，面带微笑，用柔和而专注的目光注视顾客的眼睛。

其二，切忌在与顾客对话时，手指不停地摆弄圆珠笔之类的东西，这也是极其失礼的行为。即便这种行为是下意识的，也要想办法杜绝，否则不但会开罪于顾客，还将严重分散顾客的注意力，使其无法集中精力认真倾听你的发言。

三、侧面 90 度落座。

如果你想和顾客更亲密一些，使谈话氛围更自然一些，可以采用这样的落座方式。

这种落座方式极大地缩短了你与顾客之间的物理距离，因此你们之间的心理距离也会被骤然拉近。

为了更好地做到这一点，请向你的上司提一个建议：尽量把展厅里的谈判桌换成圆桌。因为和方桌相比，圆桌更有利于不露痕迹地调整位置。

但是，对于有些敏感的顾客而言，这种落座方式显得过于亲密，也许会令他们感觉不适，觉得自己的私密空间被对方侵犯。这种时候，他们往往会本能地做出一些反应：或者身体微微后倾；或者将自己的面部错开，避免与你过于接近。当你意识到顾客的这些反应时，一定要及时调整自己的坐姿，与顾客保持一个适度的距离。

当然，你没有必要放弃，还可以寻找机会再做尝试，想方设法拉近与顾客之间的物理距离。但切记不要“霸王硬上弓”，要根据顾客的反应及时做出调整，否则将适得其反，前功尽弃。

四、并排而坐。

这是一种“终极亲密”的落座方式，即以最短的物理距离达成最近的心理距离。甚至有人把这种方式称为“感情关系”的体现。也就是说，但凡当事人之间没有一定的情分（无论是亲情、爱情还是友情），绝无可能以这样的方式落座。

所以，如果你能把这样的落座方式成功地带到谈判中来，这桩买卖基本上就是“板上钉钉”的事儿了。

不过，走到这一步是一件异常困难的事。这种落座方式几乎“消灭”了你与顾客之间的物理距离，如此大胆的亲密举动也许会吓到你的顾客，极易激起他们强烈的自我保护心理，反而让你们之间的心理距离变得更为遥远。

因此，在一般情况下，这样的落座方式只适用于你的老顾客或至少有过数面之交的顾客身上。

但即便如此，对于初次谋面的顾客，这一方式也并非绝对不可能。所谓“人上一百，形形色色”，每个人的个性与敏感度都不一样。对于销售顾问而言，大胆的尝试还是应该被鼓励的。只要肯尝试，就有一线机会，而一旦成功，你将事半功倍。

不过还是那句话：这种尝试一定要循序渐进、顺势而为，切忌“霸王硬上弓”，否则将得不偿失。

总之，落座方式很重要，绝对不能等闲视之。因此，你需要做的第一件事情就是：彻底改变一直以来的无意识状态，从今天开始，有意识地关注它、利用它，让它为你的生意服务。

小结：区区一个落座方式，关键时刻能帮你搞定大问题。

所以，你需要掌握的第 14 个心理学妙招就是：想方设法坐得离顾客近一些，再近一些，同时尽量避免引起对方的反感，引起对方的不适。

第六节 关于试乘试驾的“有心”和“无心”

在邀请顾客试乘试驾方面，一定要做个“有心人”。

俗话说“是骡子是马，拉出来遛遛”。对于汽车销售而言，不亲自让顾客驾驶一番是绝难使他认识到车的好处的。

从这个意义上讲，每一个进店客户都应该试乘试驾。或者说得夸张点儿，但凡没有试乘试驾的顾客，你都不应该放他走。

许多销售顾问不明白这个道理。在他们的意识里，存在着一些异常顽固的误区。具体表现在如下几个方面：

第一，试乘试驾应该由顾客主动提出要求，销售顾问照办即可。如果顾客本人没有这个意思，销售顾问又怎么能强迫顾客呢？

第二，顾客都是会开车的主儿，也许在别的店或朋友那里开过这款车才会对它感兴趣，所以没必要非得再来一次试乘试驾。

第三，试乘试驾一定是顾客购买动机比较强烈时才适合做的事儿。如果顾客只是进来随便看看，并没有什么具体的购买动机，试乘试驾就是一件无意义的事儿。

第四，试乘试驾成本太高：既占用销售顾问大量的时间，也容易发生磕碰剐蹭之类的麻烦事。所以，除非顾客决定购买，试乘试驾这个环节还是能免则免。

对于第一条，我的回答如下：

假设你现在正追求一个女孩子，想请她看场电影。那么，你是否认为那个女孩子必须首先对你说“我想看电影”，你才能顺利完成这个邀请呢？

相信你会觉得这样的假设很荒谬。

如果你这么想，那就对了。

所以，你的顾客也一样，他既可能愿意试驾，也可能完全没有这样的想法。不过，他的想法对你并不重要。现在的问题是，你自己希望对方试驾一次，因为这样能够增加你的成交概率。因此，在这件事情上你必须采取主动，没有别的选择。

当然，在顾客拒绝的情况下你绝不能够强迫，而且绝无可能强迫。事实上，也没有人会要求你这么做。关键在于，你必须向顾客提出这个请求（尽管这个请求是以“建议”的方式提出的），而不能坐等顾客这样做。

只要顾客不提，自己也不提，然后试乘试驾这个环节便会自然缺失——在现实生活中，相当多的销售顾问就是这样做的。

如果你提一下这个建议，顾客会否欣然接受呢？

当然，提了之后顾客也许会拒绝。但如果压根儿不提，所有的概率就是零。

而且，即便在你提出请求后顾客表示了拒绝，你若就此急流勇退、完全无所作为，也是不能够被接受的。

千万别忘了你是干什么的。你可是堂堂的销售顾问！开玩笑，你以为销售顾问是靠什么吃饭的？嘴皮子不好使在道儿上怎么混啊！

其实，你完全可以尝试利用自己的三寸不烂之舌去说服顾客，让对方接受你的建议。

别忘了，整个销售的过程，从本质上讲就是一个不断“说服”的过程，如果连这个基本功都不具备，那还是趁早别干这行了。

对于第二条，我的回答如下：

也许你的推测是靠谱的，但仅仅是“也许”而已。当你没有百分之百的把握时，尝试一下绝对没有坏处。

再说了，即便对方在别处开过你向他推销的这款车，也并不意味着他对这款车的性能已经有了全面而深入的了解，真正做到事无巨细烂熟于心了。

千万别忘了谁才是真正的专家。对于这款车而言，没有人比你更有发言权。这就意味着，只要你能和顾客一起坐进车里试驾一次，你将会有大把的机会告知他原本没意识到的这款车的许多优点。这是个千载难逢的好机会，你怎么能轻易错过呢？

对于第三条，我的回答如下：

没错，试乘试驾这个环节确实有那么一点儿“瓜熟蒂落”的意思。也就是说，是谈判进行到一定阶段后才适合做的事情。

不过，这件事也可以反过来理解：只要顾客亲自上阵，试乘试驾过一次，理论上说，这位顾客距离“成熟顾客”就会更进一步，购买动机就会强化一分。

而且，你可能还忽略了一个更为关键的事实：顾客的购买动机往往具有极大的弹性和随机性。越是大件商品，越是昂贵商品，越是让顾客诚惶诚恐、患得患失、吹毛求疵的商品，顾客反倒越善变，越容易因为一两个微不足道的理由而彻底改变自己的决策。

这是一种非常微妙的消费心理学现象，在现实生活中极其常见。

所以，我们就要很好地利用这一点，尽最大可能增加自己的销售机会。

在试乘试驾这个环节上，别说“随便看看”的顾客，即便只是进店上厕所的顾客，你也要尝试着邀请他们试乘试驾一次。这个小小的因缘，说不定能促成奇迹的发生。

总之，销售尤其是昂贵耐用消费品的销售，是一个比积累、比耐力的行业。在这个行业中，任何一个微小的机会都值得你分外珍惜。只有那些凭借超凡耐力不断积累“小机会”的人，才能成为笑到最后的“销售之王”。

关于第四条，我的回答如下：

试驾车是用来干什么的？当摆设的吗？

如果怕东怕西，还是彻底取消试乘试驾这个环节好了，这样就可以确保万无一失。当然，前提是你要承受无生意可做的落寞和损失。

退一万步讲，就算试乘试驾不能有效强化顾客的购买动机也不打紧，因为通过这个环节，你还收获了更宝贵的东西——与顾客在一个相对狭小的空间里单独相处的机会。

这可是个千载难逢的好机会。我们已经反复论证过物理距离与心理距离的关系原理。其实，只要你利用好这个机会，从车里出来时你与顾客很有可能已然是哥们儿关系了。

只要你能做到这一点，为自己争取一个哥们儿，那么生意这件事，就一定会变成一个大概率事件。

这里的关键在于：你要做一个“有心人”。

总之，销售这行是一个“拼心”的行当。对有心人而言，哪儿哪儿都是机会，到处都是财源。你可以看到，真正的“王牌销售员”工作状态是极为轻松的。不夸张地说，即便他们不来店里上班，在家睡大觉都会有人上赶着给他们机会，给他们钱赚。可对“无心人”而言，他们会发现自己的四周永远都是墙壁，怎么走都是死路。这些人将面对一个无比尴尬也无比残酷的职场现实：当别人坐享其成、靠着络绎不绝的回头客舒舒服服地吃着“从天上掉下来的馅饼”的时候，他们却总是不停地从零开始，使尽吃奶的力气去一个又一个地开拓新客户。

所谓“可怜之人必有可恨之处”，说的恐怕就是这个道理。

那么，从现在开始，到底要做哪种人，你要好好想一想。

小结： 对销售顾问来说，试乘试驾不是“可选项”，而是“必选项”。

所以，你需要掌握的第 15 个心理学妙招就是：发挥你的聪明才智和过人口才，无论如何也要把顾客“忽悠”进你的试驾车里。

第七节　夯实基本功

基本功必须从头抓，事后弥补是很难的。

打拳不练功，到老一场空。

这句话有以下两层意思。

第一，基本功很重要。

如果基本功不扎实，再多的经验、再多的花哨技巧都是空中楼阁，不可持续。

第二，基本功必须从头抓。

必须在入门阶段就把基本功做扎实，因为基本功这个东西只能在开始阶段训练才真正有效，事后弥补是行不通的。

对于第一点，相信大家不会有任何异议，可以轻松接受。问题出在第二点上。

一个非常令人遗憾的现实是：绝大部分人都忽略了第二点。他们固执地认为在职场生涯的任何一个阶段都可以进行基本功的训练，所谓“活到老学到老”，没必要刻意给出一个时间的限制，将学习的过程贯穿于整个职场生涯反而是一种“高境界”。

诚然，如果说学习其他方面的知识，“活到老学到老”绝对是一句真理。但是，这个世界上只有一样东西，即基本功，是不可以活到老学到老的，而必须是你在职场生涯迈出第一步的时候，甚至从严格意义上讲，在职场生涯迈出第一步之前，就必须彻底搞定的。

没错，是“彻底搞定”，没有任何商榷的余地。

道理很简单，如果你不能第一时间彻底搞定基本功，就将为自己未来的职场之路留下无穷后患——你迟早会发现，“事后弥补”是一件无比痛苦、无比纠结而又无比艰难的事情。甚至从某种意义上讲，事后弥补几乎无限接近于不可能。

中国足球就是一个最经典的例子。

无论中国球员的技艺有多高超、多花哨，也无论请来多牛 × 的世界级大师做指导，为中国队设计出多厉害的战略战术，如果你连起码的传接球都做不好，起码的射门技术都不具备，总是接不住队友的妙传，或总是在面对一扇空球门时将球高高地踢向月亮，把妙传给你球的队友气得直想头撞墙，那么，纵使你有再花哨的脚法、再高明的战略战术又有什么意义呢？

职场中的基本功道理也一样。如果你不从新人阶段开始就彻底夯实基本功，基本上再过十年二十年，当你成为一个不折不扣的“老江湖”之后，你身上的那些基本功方面的缺陷依然会顽固地伴随着你，几乎没有被矫正的可能。

那位说了：你说得也太绝对了吧？别忘了，经验可以弥补一切！说得不好听点儿，即便基本功不扎实，可是只要你在一个行业里混的时间久了，即便生生地靠“泡”也能把基本功泡出来！

必须承认，这样的认识很典型，也很普遍。

但是，这种观点其实是极其坑爹的。正因为有太多人过于迷信这一点，所以这个世界上才会出现这么多基本功不扎实的庸才和蠢材。

没错，“泡”，即所谓的摸爬滚打，确实能给人带来经验。但经验不完全等同于能力，甚至不完全等同于技术。

不夸张地说，能力低、技术差的人，在长期的摸爬滚打中不一定能充分地弥补自身能力和技术的不足，相反倒很有可能积累许多靠小聪明蒙混过关或忽悠领导的“经验”。而这种经验的大量获得，反而会进一步制约他们技术和能力的提高，巩固他们作为一个“庸才”或“蠢材”的地位。

道理很简单。一旦这些人成了“蒙混过关”方面的高手，掌握了大量“蒙混过关”方面的技术，他们提升自身能力与专业技术的动机就会大大减弱，乃至于完全消失——既然基本功不咋地日子也照样过得挺滋润，为什么还要费劲巴拉地去磨炼什么劳什子基本功呢?

这也就是我要如此强调“事后弥补无用论”的理由。

打个比方。有一个不爱学习的小孩子，因为惧怕老师的批评和家长的责骂，在长期实践过程中摸索出了许多忽悠老师和家长的“经验”，从而成功地获得了自己渴望的安全感。

试问，这样的孩子，是否还有进步的空间呢?

当然有。但前提是，老师和家长必须足够敏感，能够迅速意识到孩子身上的坏毛病，并及时出手予以纠正。

千万不要觉得这个案例离题万里，其实在我们的日常工作中这样的“问题孩子”一点儿也不少见。

我本人就亲历过不少类似的案例。

无论我到哪家销售店做管理工作或进行管理方面的咨询，都会发现这样一种员工：他们的基本功极差，产品知识无限接近于零，却也能在竞争激烈的销售部门占据一席之地，甚至能取得不错的业绩。

不是说笑话，有一位工作了三年多的男性销售顾问，居然弄不明白“奥拓”和“奥迪”的区别！真不知他这三年是怎么干下来的！

可更为吊诡的是，就是这样一位员工，在销售部门的业绩排名居然长期位于中游，甚至偶尔还会位列前三名!

怀着极大的好奇，我开始了对这些员工的观察。

经过一段时间的贴身跟踪，我终于弄明白了这里面的奥秘。

原来，这样的员工往往有个优点：脑子反应极快。他们总是能够在遭遇尴尬时迅速岔开话题、顾左右而言他，或者干脆利用顾客的不专业（许多顾客的专业知识也无限接近于零，尽管这是一个可以理解的现象）胡编乱造出一些所谓的“专业知识”来忽悠顾客，居然总能顺利过关、搞定生意。

正所谓“堤内损失堤外补”，当一个人在某些方面碰了壁，势必会使出吃奶的力气在其他方面找补回来。这也许是人类的一种本性。

但是，可想而知，靠这样的“个人能力与经验”搞定的顾客，其满意度一定不会很高，而且此举往往后患无穷，招致许多顾客的投诉，让管理层头疼不已。

不过，令我大惑不解的是，既然这些员工有苦心钻研这方面“经验”的时间与精力，为什么不从一开始就好好地夯实基本功呢？

可见，中国人绝对是有智慧的，可惜很多时候都没有用对地方。这些人到头来反而会自讨苦吃，得不偿失。

那么，对于销售顾问而言，到底有哪些基本功需要从一开始就要彻底夯实呢？

主要分为两个方面。

第一，产品知识。

丰富而扎实的产品知识是所有销售行为都绝对无法绕过的一个必然前提。如果不从一开始就掌握足够多的产品知识，你之后所有的销售过程都会成为无源之水、无水之舟、无本之木。

这是一个老大难问题。在现实中有太多这样的销售人员，他们无论从业多少年，产品知识始终处于一种“半吊子”的水平，连最起码的“一加一等于几”都搞不清楚。这种产品知识的不足绝对是一个硬伤，这种缺陷也许只能靠“小聪明”和“忽悠”去弥补了。

这个问题害人不浅，一定要引起我们的高度警觉。

第二，流程。

对于汽车这样的耐用消费品，销售店甚至生产厂家往往会规定一系列的销售流程。

而这些流程常常得不到销售人员的充分理解，甚至会遭到他们或明或暗的抵制。

他们的理由很简单也很直接：销售流程这种理念实在是太僵化了。销售这件事儿是活的，不是死的，怎么可能有所谓的流程？

我们是销售员，是销售“顾问”，不是机器人，销售这件事儿需要靠我们随机应变和现场发挥，怎么可以靠这些脑残的固定流程去解决？这不是开国际玩笑吗！

没错，销售的现场瞬息万变，随机应变和现场发挥绝对是不可或缺的。

但千万不要搞错一个概念，我这里强调的是基本功，和随机应变没有任何的矛盾冲突。

这就像踢球。球场上的情势千变万化，确实不能墨守成规，必须随机而动。但即便如此，谁又能否认传接球技术和事前的战术安排很重要呢？这些都是最基本的道理。

难不成就因为球场形势千变万化，就干脆不要传接球技术和赛前的战术安排了吗？

一个明白无误的事实是：正因为销售现场的情势变化多端，要求销售人员拥有极强的现场发挥与应变能力，才更需要夯实基本功。因为基本功越扎实，你现场发挥的能力就越强，空间就越大。反之，如果你的基本功一塌糊涂，那么一旦遇到瞬息万变的复杂现场，你的表现一定是抓瞎，而不可能是随机应变与挥洒自如。

这里面的辩证关系一定要搞清楚，否则你是没有资格在销售这个圈子里混饭吃的。

从本质上讲，所有的销售流程都是无数前辈在漫长的工作实践中总结出来的销售秘籍，是他们通过自己的辛勤劳动留给我们的宝贵财富。因此，熟练掌握并应用这些流程，一定可以大幅提高我们的成交率，让我们的工作更出彩，顾客满意度更高，自己的钱包也变得更鼓。

从另外一个角度说，之所以会有许多销售人员觉得这些流程是一个障碍，妨碍了他们的自由发挥，恰恰证明了他们对这些流程不熟悉，基本功不扎实。也就是说，如果他们能够尽快夯实基本功，把这些流程变成一种本能，一种血液里的 DNA，到了那时，甭管多枯燥无味的流程也不可能阻挡他们的自由发挥，甚至是神勇发挥了。

总之，销售工作是不允许“僵化”这两个字存在的，在这个领域里，“灵活”是永恒的主题。

只有一点例外，那就是基本功。

在夯实基本功这件事情上，绝对需要“僵化”的思维，甚至要将“僵化”进行到底。

非如此不能从根本上解决基本功问题。

但必须承认，做到这一点不容易，需要公司的管理工作真正发威才行。

在现实生活中，永远不要过高地估计人的自觉性，否则一定会自食其果。因此，只有通过管理的手段才能迫使员工在第一时间夯实基本功，永久性地解决后患。关于这方面的话题，有兴趣的朋友可以参考我的另一套管理书《给你一个公司，看你怎么管》中的相关文章，这里就一笔带过了。

打拳不练功，到老一场空。

千万别嫌烦，就是现在，请再一次把这句地球人都知道的老生常谈过一遍脑子，好好想一想。

小结：基本功这个东西，一旦你不能在职场生涯的入门阶段便彻底搞定，这辈子都没有弥补的可能了。

所以，你需要掌握的第 16 个心理学妙招就是：拿出超级“僵化”的思维来，在第一时间夯实你的基本功。

第三章

消除顾客的戒备心理

——其实你不懂顾客的心

问一个简单的问题。

如果你正在接待的顾客是一个令你讨厌的人，你会觉得销售工作的难度骤然增加了吗？

你可能会脱口而出：难度可能会增加一些，但基本上不会对我的状态有太大影响。道理很简单，干我们这行什么人没见过啊！实不相瞒，我们平时接待的顾客十个有八个都是不招人待见的主儿，动不动就龇牙咧嘴、吹毛求疵。要搁平时，我才不想伺候这些人呢！我又不是受虐狂。但现在谁让咱干上这行了呢？既然干了，就不能挑顾客。遇到难缠的家伙就把他看成一堆钱好了，脑子里只想着“这厮是给我送钱的主儿，不用和他一般见识”，心里就会好受多了。

你的话非常靠谱，也非常接地气，我愿意给予充分的理解。

看得出来，你是以一种无可奈何的“职业心态”看待这件事情的。所以，你用尽浑身解数平衡自己的心理，千方百计地让自己想开点儿，使自己至少还能撑得下去。

下面我再换一个问法，看你怎么回答。

如果你正在接待的一位顾客非常讨厌你，你觉得他会用与你相同的办法克制抑或调节自己的情绪吗？

这个问题对你而言也许就没那么容易回答了。不过我可以非常肯定地告诉你：不会。

因为作为一个销售顾问，你有忍耐顾客的动机——一切看在钱的分儿上；而对于顾客而言，他却没有忍耐你的任何动机。

这就是本质的区别。而这就意味着一旦顾客开始讨厌你，你便再也没有机会翻身了。所以，你必须在顾客讨厌你之前做点儿什么，以便有效地预防这种情况的发生。

我们常常会说，“××顾客让人很舒服”“××顾客很难缠”。

那么，让人舒服的顾客和难缠的顾客都是些什么样的人呢？

同时，到底是哪些地方让我们感觉舒服，又是哪些地方让我们感到难缠呢？

本章将会一一回答这些问题，并在如何应对不同顾客的技法方面做一些具体的示范。相信这些妙趣横生的话题，一定会让你有所收获。

第一节　每个人都有难以逾越的心理防线

大致说来，“怀疑一切”是人类的一种本能。

请看下面的几个案例。

案例一：

你上了一辆公共汽车，车里空空荡荡，顶多有三成乘客。你挑了一个靠窗的座位坐下，正要低头想想心事儿，忽然有一个乘客走了过来，紧挨着你坐下。这个时候你会怎么想？

回答 1：这人有病啊！为什么偏偏坐这儿，车里不是有很多空座儿吗？

回答 2：爱坐哪儿坐哪儿，管他呢！

案例二：

你走在上海的大街上，忽然迎面走来一个人拦住了你。此人从兜里掏出几部崭新的苹果手机，神色诡秘地小声告诉你这几部手机绝对是正品，而且每部只卖区区两千块钱，问你是否感兴趣。要知道，正规商店里的价格至少得四五千，而你刚好想换一部新手机，并且恰恰看中了苹果。所以，今天大街上的偶遇，对你而言好像是天意。

这个时候，你会怎么做？

回答 1：礼貌回绝，扬长而去。

回答 2：二话不说，掏钱拿下这部手机。

面对这两个案例，你会选择哪种回答？

不出所料的话，对于这两个案例，绝大多数人都会选择回答 1。

道理很简单——对于陌生的人、物和场所，人们会本能地持有一种戒心。

具体地说，对于我们不熟悉的东西和事物，我们不可能表现积极，一般来说都会下意识地选择敬而远之。

这就是一道典型的“心理防线”。

既然如此，就让我们试着扒开这道心理防线，看看所谓的“戒心”到底是个什么东西。

第一，繁衍种族的本能。

远古时代，人类的生存环境极为恶劣。人们四周充满了凶险，稍不留神就会命丧黄泉。所以，神经永远保持高度紧张，不轻易相信任何事物，就成为人类一种自我保护的本能。

从某种意义上讲，这种“怀疑一切”的本能是古人的一种生存智慧，而这种智慧绵延千万年，遗传到了所有后人的身上，包括生活在今天的我们的身上。

所以，我们今天才会有这样的表现：

对熟悉的人和事——安心。

对不熟悉的人和事——戒心。

第二，本能地关注别人与自己的不同之处。

如果人类天生地缺乏安全感，那么，这个世界上是否存在让我们感到绝对安全的东西呢？

答案是肯定的——存在。这个东西就是“自己”。

既然“怀疑一切”是我们的本能，那么，唯一能够让我们不怀疑的，也就只有自己了。

如果“自己”是一个象征安全的标准符号，那么任何一个与自己不同的人或事，对我们都将意味着不安全。

举个例子。你刚进一家公司没两天，就可以对周围同事能否与自己合得来有个大概其的感觉了：“张三挺上道，估计能成为我的哥们儿”“李四这个人不上道，将来肯定和他处不到一块儿去”……

为什么你会有这样的直觉？

因为你以“自己”为参照物，一一衡量了周围的同事。

和自己相同的人，就是“上道”，会给你留下个好印象；而和自己不同的人，就是“不上道”，会给你留下个坏印象。

可见，我们总是本能地关注、寻找别人与自己的异同，然后以此为依据对对方做出判断，划分敌友，确认地盘，盘算今后对待他们的方式。

总之，人们的判断基准永远是自己。而且重点是，自己永远正确，这就意味着任何与自己不同的人和事全都是“错误”。

所以，我们才会有这样的判断和心态：

对于与自己相同的人和事——正确、安心。

对于与自己不同的人和事——错误、戒心。

一般会有如下两种情况：

第一，本能地与过去不愉快的体验对号入座。

有些不愉快的体验，即便你自以为已经完全忘掉，其实却顽固地保留了下来，深埋在你内心的某个地方。一旦遇到合适的土壤，它们还会顽强地冒出来，不断地骚扰你的身心。

打个比方。半年前你曾经在大街上和某个陌生人大吵了一架，引来无数路人围观，让你觉得自尊心受到了极大的伤害。虽然这个事情已经过去了半年之久，好像你已经忘记了那些不愉快的记忆，但是那个人的五官、表情、动作、说话方式等，其实都已经深深地烙在了你的脑海中，只不过你自己没有意识到而已。

有一天，你来到一家汽车销售店，忽然发现负责接待你的销售顾问很像半年前与你吵架的那个人。也许是表情像，也许是说话方式像，总之，他让你想起了那次不愉快的经历。这个时候，恐怕你会下意识地产生一种“此人不好对付，是个不招人待见的主儿”的感觉。

尽管这个销售顾问很无辜，你也不是故意的，但是人确实很容易将不愉快的体验对号入座，本能地产生戒心。这个销售顾问成了你糟糕记忆的替罪羊，也只能自认倒霉。

第二，本能地认为“销售顾问都是为了我的钱”。

问你个问题：如果你有了买辆车的想法，想找个人商量、咨询一下，第一个会想到谁？是销售顾问吗？

不出所料的话，你的回答是：No（不）！

道理很简单，只有真正的傻子才会第一时间跑到一家店里去找销售顾问做咨询。一般情况下，绝大多数人先找家人和朋友商量，然后上网自己查看。实在没辙了，才会跑到店里去找销售顾问。

看见了吧，如果排序的话，在顾客（或潜在顾客）的心里，专业销售店以及店里的专业销售人员，往往排在最后一位。

这真是一个尴尬的“倒数第一”！

也许有人会说：这也没什么大不了的啊！和销售顾问相比，毕竟家人、朋友离自己更近，也更贴心，而且与大老远跑到销售店相比，在网上查阅资料也更方便。所以，销售店里的销售顾问排在最后一位很正常，这并不能说明这些专业人士不招顾客待见啊！

表面上看，你说的似乎很有道理，也很合逻辑，貌似无懈可击。但是往深里想想，这种说法就未必站得住脚了。

我们可以做一个简单的推理。

好吧，我承认家人、朋友和你更亲，上网查阅也更方便，那么，在你与家人朋友商量完毕，上网查阅也告一段落之后，相信你应该走进一家销售店了。

可当某个销售顾问真的来到你面前的时候，你能否像对待家人、朋友那样向他敞开心扉，将自己的心里话和盘托出呢？

恐怕你的答案是否定的。

这就意味着，除了便利这一点之外，之所以你不想找销售顾问咨询，是因为你对他们有戒心。在你的心目中，这些人不可能如实回答你提出的问题，不可能对你掏心掏肺，他们一准儿会将自己的商品吹得天花乱坠，同时把别人的商品贬得一文不值。总之，他们是一门心思想让你尽快掏钱。而这一点是你非常忌讳的，使你在销售顾问面前本能地收紧防线，之后的行动只能是步步为营。

这才是你把销售顾问放在最后一位的根本原因。因为对于你而言，销售顾问属于那种不到万不得已，能不见就不见的主儿。

经过以上分析，我们已经确认一个事实：当顾客走进你的店门时，他的内心一定穿上了厚厚的铠甲，浑身上下充溢着对你的敌意。

在这种情况下，什么“顾客就是上帝”“顾客的利益就是我们的利益，顾客的满意就是我们的荣勋”之类的漂亮话都是不折不扣的谎言。这些幼稚到学龄前儿童智商水平的调调儿，估计不只是顾客不信，连你自己说起来都心虚。

必须强调一点，因为戒心这种东西属于不折不扣的潜意识，所以完全不可能通过理性去控制。也就是说，尽管令我们的销售顾问备感头痛，但是顾客身上的这层铠甲和浓浓敌意并不是有意为之，而是一种下意识的行为。这无形中极大地增加了应对这种戒心和敌意的难度。

因此，尽管不容易，可是解决问题的钥匙或许就隐藏在“潜意识”这三个字当中。

小结： 要想让顾客对你敞开心扉说真话，首先要对“心理防线”的存在有个清醒的认识。

所以，你需要掌握的第 17 个心理学妙招就是：有意识地培养自己对于“潜意识”这件事的敏感度。

第二节 妙用“类似性法则”攻破顾客的心理防线

“物以类聚，人以群分”是解决戒心问题的一个绝招。

先问你一个问题：你的朋友都是一些什么样的人？

答：老乡、发小、同学、同事、球友、牌友……

那么，让我们分析一下这几个概念，看看它们有什么相同的构成因素：

老乡——出生在同一个地方；

发小——从小在一个院子里长大的；

同学——在一所学校上过学；

同事——在一家公司工作过；

球友——都是好球之人，经常在一起踢球；

牌友——都是好牌之人，经常在一起打牌；

…………

显然，这些人与你总会有一个（或多个）极为鲜明的共同点——正是这个（些）共同点，让你们有了朋友关系。

从上文知道，对于那些和自己相同或相近的人和事，人们往往容易抱有亲近感，从而自然而然地放松警惕。这种心理学现象，我们可以称为“类似性法则”。所谓“物以类聚，人以群分”，说的就是这个道理。

这个法则的存在，对于销售顾问而言不啻为一大福音。

既然顾客也是人，那么“类似性法则”对他们也一定适用。只要销售顾问充分理解这一点，顺势而为，就能轻松地攻破对方的心理防线，瞬间瓦解（或大幅削弱）顾客对你的戒心。

接下来的问题就是，如何迅速地找到你与顾客之间的共同点。

对于一个情商高、生活经验丰富的人来说，这绝对是一件轻松的差事，因为这样的共同点简直俯拾即是，你完全可以做到“信手拈来”。

举几个例子。

案例一：

销售顾问：（看到顾客在摆弄一部苹果手机）哎呀，您的手机真漂亮，实在是太酷了！我也一直想买一部苹果，可惜没攒够钱，只好用 ×× 牌暂时凑合一下了。

（话术分析：这段话既突出了你与顾客之间的共同爱好——都喜欢苹果手机，又凸显了顾客的优越之处——他比你有钱，可谓一举两得，令顾客分外受用。不出所料的话，接下来他会慷慨地把手机递给你，让你仔细端详抑或随意把玩一番。）

案例二：

销售顾问：（看到顾客在摆弄一部 ×× 牌手机）您的手机也是 ××？呵呵，太巧了，我的手机也是这个牌子！这牌子哪儿都好，屏幕清晰度高，色彩也鲜艳，就是不禁摔，好歹碰一下就出问题。

顾客甲：可不是！ ×× 的手机哪儿哪儿都挺好，就是不禁摔。

我只摔过一次，可是已经修过八回了！

顾客乙：没那么夸张吧？我的手机摔过好几回了，照样好好的，一点儿问题都没有！

（话术分析：和“开心事”相比，聊一些“窝心事”往往效果会更好——如果顾客和你有同感，会收到“同病相怜”的效果，迅速拉近你们之间的心理距离；如果顾客和你的感觉正相反，则刚好突出了他的优越与幸运，这也会给他带来好心情，让他觉得你是一个可以亲近的人。）

总之，这样的对话机会很多，绝对能让你尽情发挥——比如，你们恰巧是老乡，你们都是王力宏的粉丝，你二叔恰巧与对方是校友……

人的感情是很奇妙的，往往一个很小的共同点就能激起极大的共鸣，骤然拉近彼此的距离，增加彼此的好感。所以，你根本无须挖空心思寻找多么醒目的话题，编织多么惊人的语言，只要看似不经意地略施小计，就能收获丰硕的成果。

特别需要强调的一点是：如果你是个已经做了母亲的女销售顾问，那么我要恭喜你，面对女性顾客，你拥有一个男同事们绝对没有、天然的巨大优势——母亲的身份。

任何一个为人妻、为人母的女性顾客，都将被你轻松拿下。只要你把话题扯到孩子身上，对于女性顾客，你们之间将发生一种神奇的“化学反应”，角色瞬间一致起来——从销售顾问与顾客，变成两个“孩儿他妈”。

不出所料的话，当顾客离店时，你们已经成为姐们儿了。对于那些情商极高的女销售顾问而言，将对方变成闺密也绝非不可能。

事情到了这个份儿上，生意还会是一个问题吗？

小结：对于与自己类似的人和物，人们往往很难抗拒。

所以，你需要掌握的第 18 个心理学妙招就是：迅速寻找共同点，让你与顾客之间的对话变得更自然、更热和。

第三节　制造共鸣空间的“顺行技法”

记住，没有人会喜欢和自己步调不一致的人。

对于那些情商不太高，不太擅长寻找与顾客之间共同点的销售顾问来说，还有一个技法可以尝试一下，那就是“顺行技法”。

打个比方，你与某个人并肩而行，边走边聊天。那么在以下哪种情况下，你会聊得更舒服、更开心呢?

甲的速度比你快。

乙的速度和你一样。

丙的速度比你慢。

很显然，正解是和乙聊得更舒服，因为对方的速度（步调）和你一样。无论是甲或丙，你们都不可能真正聊得起来，因为你们的对话会不停地被“你就不能走快点儿，跟蜗牛爬似的”，或“你走那么快干什么，我都跟不上了”之类的抱怨声所打断，让双方都觉得很扫兴。

所以，“步调一致”很重要。这是一种让双方心情愉悦、感觉放松，从而更容易产生强烈共鸣的重要行事方式。

我们姑且把这种赢得共鸣的方法称为“顺行技法”或“顺行方式”。

显然，步调不一致的做法可以被称为“逆行方式”。

下面是几个具体的对话案例。请仔细地思考一下在不同的语言氛围中，步调一致与否，在对话双方之间会引发怎样不同的“化学反应”。

案例一：

顾客：冬天吃火锅最爽了！

销售顾问：可不是，大冷的天要是能吃上一回火锅，那绝对过瘾！光想想就直咽口水！

案例二：

顾客：这两年也不知怎么了，北方的夏天比南方都热，天上就跟下了火似的！

销售顾问：可不是，石家庄的气温都赶上武汉了！我有个同学，刚开始在武汉工作，因为怕热去年辞职回石家庄了。可前两天在QQ上聊天，他说现在人在唐山呢！呵呵，整个儿一候鸟迁徙啊！

如果你是那位顾客，相信对这样的销售顾问一定会产生好感。因为对方和你完全步调一致，所以无形中你们之间产生了共鸣，发生了奇妙的“化学反应”——你会放松对他的警惕。在你的心目中，他会从“潜在的敌人”变成“潜在的朋友”。而这样的立场转换，对销售顾问而言意义重大，意味着后面的谈判会轻松、顺利许多。

这就是“顺行方式”的经典案例。

好的，接下来，我们再看看几个相反的案例。

案例一：

顾客：冬天吃火锅最爽了！

销售顾问：那不一定，好多人都喜欢夏天吃火锅，我们家旁边就有个火锅店，夏天的生意比冬天还好呢！

案例二：

顾客：这两年也不知怎么了，北方的夏天比南方都热，天上就跟下了火似的！

销售顾问：那不一定，南方还是比北方热。您这么说肯定是因为没在南方住过。我去年出差去武汉，在那儿待了一个多星期。好家伙，差点儿没把我蒸熟了！说到底还是北方比南方更宜居！

很明显，对话中的销售顾问采用的话术是典型的“逆行方式”，处处和顾客对着干。对于这种不上道的主儿，顾客是不可能产生任何好感的。他们只会感觉意兴阑珊，失去与其继续对话的兴趣。所谓“话不投机半句多”，说的就是这种情况。

需要特别指出的是，与对方“同调”在我们的文化中往往意味着没个性，甚至是没出息，与对方不同才代表着有个性、有出息。所以，许多年轻人都喜欢在日常生活中与别人唱反调，乐于做一个头上长角身上长刺的“杠头”，并自认为这是一种酷、帅的表现。

这是一个非常令人头疼的问题。

文化层面的话题实在是太大，涵盖面也实在是太广，我们就不在这里深究了。我只想说一句：只要你还想干销售这一行，你“耍酷”的那点儿念头最好还是搁在家里，千万别带到公司来。

记住：顾客的快感永远比你自己的快感更重要。只要你想吃销售这碗饭，把顾客哄高兴了绝对吃不了亏。

那么，除了普通的寒暄，在实际的商谈过程中，销售顾问又应该如何活用“顺行方式”，尽量避免“逆行方式”呢？

首先，要明白“逆行方式”往往是下意识的行为，并非销售顾问刻意为之，所以，平时多和同事们一起进行模拟训练，是解决这一问题的有效办法。

以下是一些具体案例，不妨结合自己的日常表现，认真地思考（或反省）一下。

1. “逆行方式”的话术案例。

案例一：

顾客：你说什么？这车多少钱？ 15 万？！这也忒贵了吧？

销售顾问甲：这还贵啊？这可是同系列中最高配的一款车，卖这个价儿还算便宜呢！

销售顾问乙：瞧您说的，这可是德国车！当然不能和国产车一个价儿了！

案例二：

顾客：你们这车座椅怎么这么矮？好家伙，都快躺地上了。

销售顾问甲：没事儿，您坐坐就习惯了。

销售顾问乙：这还算矮啊？我们这可是轿跑车！要是换了兰博基尼，那才叫躺地上了呢！

很明显，上述案例中的销售顾问都在和顾客唱反调、对着干，在这种情况下，若顾客能有个好心情，能对销售顾问产生好印象，才叫见了活鬼了。

那么，同样的案例中，销售顾问应该如何应对以达到“顺行”的目的呢？

请继续往下看。

2.“顺行方式”的话术案例。

案例一：

顾客：你说什么？这车多少钱？15万？！这也忒贵了吧？

销售顾问甲：呵呵，确实贵了点儿。毕竟这款车是同系列中最高配的车，价格自然要比别的车稍微贵一些。

销售顾问乙：可不是，确实贵了点儿。毕竟是德国车，一般来说比国产车还是要贵一些。

案例二：

顾客：你们这车座椅怎么这么矮？好家伙，都快躺地上了。

销售顾问甲：呵呵，看上去确实矮了一点儿。这样，您调节一下座椅底下的按钮试试，也许还能再抬高点儿，让您坐得更舒服一些。

销售顾问乙：可不是，确实矮了点儿，看着有些憋屈。一般轿跑车都这样，为了追求外部流线造型和更强的爆发力而牺牲了一点儿内部空间的舒适性。

尽管回答的内容与前面“逆行”案例的基本相同，但很显然，这两个“顺行”案例中销售顾问的回答方式更容易令顾客接受，顾客感觉也更好。可见，即便顾客对你的商品提出质疑甚至是相当尖锐的质疑，只要你顺势而为，不与顾客硬碰硬，就有充分的机会化险为夷，使形势对自己有利起来。这种“四两拨千斤”的功力，不经一番刻意的修炼是很难熟练掌握的。

总而言之，“被认可”非常重要。因为只有被认可，人们才会安心，而人们只有彻底安下心来，才会产生将接触与沟通继续下去的动机。

因此，想方设法给予顾客被认可的感觉，是成就生意的重要前提。

小结：“顺行”会削弱顾客的戒心，而“逆行”则会强化顾客的戒心。

所以，你需要掌握的第 19 个心理学妙招就是：不停地暗示顾客“你是对的，我举双手赞成你的话”。

第四节　迎合顾客的“肢体语言”

学会做顾客的影子。

对于情商不太高的销售顾问而言，面对初次见面的顾客，短时间内找到共同点或共同语言不是一件容易的事。

所以，还有一个妙招可供这些销售顾问参考。

让我们先从肢体语言做起。

简单点儿说，就是迎合顾客的肢体语言，做顾客的影子。通过这样的办法将你的信息明确地传递给顾客——我们是同类人，对我你完全可以放心。

同理，顾客也会做出相应的反馈：这个人肢体语言与我完全一样，是一个可以信赖的人。在这样的心理暗示作用下，顾客会下意识地脱下铠甲、收起獠牙，放下对你的戒心。

以下是一些具体的例子。

案例一：

顾客的姿态：坐在椅子上，仰着头与销售顾问对话。

销售顾问的姿态：站在顾客旁边，低着头弯着腰与顾客对话。

（“肢体语言契合度”点评：这样的场面相信你不会感到陌生。也许销售顾问认为这是一种谦恭的表现，体现了自己对顾客的尊重。但是对顾客来说，由于彼此的肢体语言差异太大，你们之间的心理距离反而更远了。）

案例二：

顾客的姿态：手舞足蹈，唾沫星子横飞，说得兴高采烈。

销售顾问的姿态：安静地坐在桌边，安静地说话。

（“肢体语言契合度”点评：很明显，为了与顾客的肢体语言趋同，销售顾问需要在对话中适当地加一些手势，让自己尽量表现得兴奋一些。）

案例三：

顾客的姿态：安静地坐在桌边，安静地说话。

销售顾问的姿态：手舞足蹈，唾沫星子横飞，说得兴高采烈。

（“肢体语言契合度”点评：很显然，为了迎合顾客的肢体语言，销售顾问应该收敛一些，让自己适度地安静下来。）

不过，迎合顾客的肢体语言绝不是一件简单的事情，有一些基本的要领必须要掌握。

要领一：学会观察。

这个世界上的每一个人都会有这样那样的行为特征（抑或怪癖）——有的人喜欢抱着胳膊，有的人喜欢跷二郎腿，有的人说话时膝盖不停地抖动，有的人只要一坐下脚尖就不停地踢打地面……

只要你是个有心人，就一定可以找到顾客身上的许多行为特征，然后你需要做的就是：从中挑出一两个自己能够模仿，且不易被察觉的代表性动作，进行“肢体语言趋同”操作，相信一定会取得良好的效果。

要领二：七十分万岁。

切记，“百分之百的模仿”是禁区，会适得其反。因为这样做会让顾客觉得很奇怪，进而容易被察觉，并且会激怒顾客。

所以，“趋同”与“相同”是两码事，万万不可以混淆。基本上做到六七成就可以了，“七十分万岁”，千万不要再往前多走一步，否则将弄巧成拙。

要领三：心存敬意。

说白了，你的这种行为里有明显的模仿痕迹。因此，你一定要心存敬意、谨慎为之。如果你仅仅沉湎于模仿的技巧，而忽视了对顾客的敬意，迟早有一天你会彻底穿帮，结结实实地得罪顾客。

那位说了：如果我照你说的办，进行了“肢体语言趋同”操作，如何才能知道顾客是否“着道儿”（中招）了呢？

简单！你可以尝试一下这样的操作：你模仿顾客的某个姿势很长一段时间之后，忽然停止模仿，回归自己熟悉的姿势。看看会发生什么。

不出所料的话，顾客会被你带进沟里，改变他自己熟悉的姿势，而开始下意识地模仿你的姿势。

这就是“肢体语言趋同”的反作用力。

确认了这个反作用力，就意味着你的趋同操作是完满成功的。

小结：当一个人的肢体语言与自己相近时，人们会本能地感到安心，从而放松警惕。

所以，你需要掌握的第 20 个心理学妙招就是：有意识地模仿顾客的某个独特动作，但切记不要太露骨、太夸张。一定要做到不着痕迹。

第五节　迎合顾客的“语言”

至少在形式上，要做到与顾客“异口同声”。

在语言选择和说话方式方面迎合顾客，也是一个简单易行的消除戒心的妙招。

语种（外语、方言等）、语速、音调高低、声音大小、语气、说话节奏、抑扬顿挫等，都是你可以充分利用的道具。

只要在这些方面多多留意，多多用心，你就能成功地迎合顾客，在短时间内赢得对方的欢心，博取对方的信任，为你做成生意打下坚实的基础。

出过国的朋友都有过这样的经验：如果在与某个国家的普通人打交道的时候，你能够跟他们说上一两句对方国家的语言，一定会换来一个灿烂的微笑或是欣喜的眼神，甚至是一个高高竖起的大拇指。

同样的道理，如果某个歌星去国外办演唱会，开场时总会先用那个国家的语言寒暄上几句，套套近乎，热热场子。一般来说，这一招的效果是立竿见影的，现场的歌迷会迅速亢奋起来，用震耳欲聋的掌声和尖叫声给这位歌星创造一个绝佳的开嗓氛围。如果这位歌星是个真正的老手，他还会在演唱会中恰到好处地加入几首该国的歌曲（当然，是用该国语言演唱），那效果一定会爆棚。

这一招，我们的销售顾问完全可以拿来一用。

最典型的例子就是方言。

我个人曾有过这样的经历：我在农贸市场买菜时，如果模仿菜贩的方言和他们讨价还价，总能异常轻松地有所斩获。

这种现象，在任何一个销售行业中都可能发生，包括汽车销售。

我曾经在唐山的汽车销售店工作过一段时间，发现了一个非常有意思的现象：甭管是销售顾问先开嗓，还是顾客带的头，只要双方开始说唐山话，现场气氛就会为之一变，瞬间发生一种神奇的化学反应。

反之，如果一个销售顾问只会说唐山话不会讲普通话，那就麻烦了。因为如果顾客是外地人（他可能只会说普通话，或是唐山话以外的某一种方言），这位销售顾问将很难应付。因为这个，我们还曾劝退过几个不会讲普通话的员工。

可见，方言的使用对于销售这个行当是多么重要。

那位说了：为什么中国人对方言如此敏感呢？

我的回答是：这也许与中国的地大物博、历史悠久有关。

因为中国实在是太大了，历史也实在是太悠久了，所以尽管面对外国人的时候我们是一个国家的人，但是当我们向内看，就会发现其实我们彼此之间的差异是异常巨大的。从某种意义上讲，这种差异有时候不亚于国与国之间的差异。

在这种情况下，说相同方言的人意味着是“一家人”，会让人本能地生出一种亲切感。

对下面的事儿你一定不会感到陌生。你有一个死党，你自以为天底下他和你最亲。可是有件事总让你郁闷不已，那就是他接到老家的电话时，总是不用你早已熟悉的标准流利的普通话，开始说一种对于你而言简直像外语的方言。这个时候，你会产生一种“被排除在外”的强烈的挫败感和不适感，骤然意识到，原来与你相比，这个世界上还有一些人对他更重要，和他更亲。

这种例子还有很多。比如，上海人一般都会说一口流利的普通话，但是普通话对当地人而言只不过是一种“官方用语”或“社会用语”而已。当一些上海本地人私下相遇时，他们总会亲切而自然地用上海方言互相交流，通过这种方式彼此确认“自己人”的身份属性，以及某种微妙的难以言状的优越感。

因此，作为一个销售人员，如果能在说一口流利普通话的基础上，再掌握几种方言的发音技巧（注意，没有必要完全掌握这种方言，只要能够相当地道地说上几句就行），那你一定会如虎添翼，在与顾客的商谈过程中占到很多便宜。

但是千万要注意，如果某种方言不是你的母语，你并不能异常流利地使用这种语言，那么你的模仿一定要适度、自然，不能显得太过突兀、太过夸张，否则会让顾客觉得你是在讥讽他，反而容易引发他的愤怒情绪。

一个好的解决办法是：找一个自然而合乎情理的借口（比如，你觉得那种方言很好听，或者是你小的时候在那个地方生活过，后来由于迁到外地而忘记了那里的方言），让顾客教你两句他们的家乡话。一般情况下，只要顾客能感觉到你的诚意，一定会欣然接受这个善意请求的。然后，在这个愉快的教与学的过程中，你们之间的物理距离和心理距离都会迅速拉近。

有机会你可以尝试一下，只要你能把握好分寸，保准一试就灵。

除了方言之外，还有哪些语言要素是销售顾问可以用来迎合的呢？

以下是一些具体的例子。

1. 语速。

语速奇快（慢）的顾客，会对语速奇慢（快）的销售顾问产生烦躁、焦虑的情绪。

这个时候，销售顾问就应该有意识地适当加快（减慢）语速，尽量与顾客靠拢。

2. 声音的大小。

嗓门奇大的顾客，会觉得嗓门奇小的销售顾问胆儿小、没出息、不敢担当。这个时候，销售顾问就要有意识地加大音量迎合顾客。

嗓门奇小的顾客，会觉得嗓门奇大的销售顾问太咋呼、咄咄逼人，有压迫感。

这个时候，销售顾问就要有意识地把音量降下来以迎合顾客。

3. 声调。

声调奇高的顾客，会觉得声调奇低的销售顾问是一个性格沉闷的人。这个时候，销售顾问就要适当提高声调来迎合顾客。

声调奇低的顾客，会觉得声调奇高的销售顾问是一个毛躁、不安分的人。这个时候，销售顾问就要适当地压低声调以迎合顾客。

请注意，我屡次使用了“奇”这个字眼，这是为了突出差异的程度。也就是说，这样的迎合与调整，只适合在差异较大的时候进行，如果差异没有那么明显，就不用刻意去迎合对方了，一切顺其自然就好。

4. 特殊用语。

特殊用语是个非常有意思的领域。

这里面包括行话、造语、网络用语、外来语、团体内的暗语，等等。

“神马都是浮云”“闹太套（“not at all”的中文音译）”“你 out（落伍）了”“屌丝”“YY（意淫）”“PK（对决）”“hold（稳住，驾驭）住”“达人”“萝莉”“萌”等，对这些所谓的“新新人类的语言”，如果你不能有效掌握，显然会与这个社会脱节，让你与某些社会群体打交道时处于极端被动的地位。

另外，行话与方言一样，在特殊用语中占有重要的地位，如果有可能，多懂一些行话肯定有利于迅速拉近你与对方之间的心理距离，让你的商谈取得事半功倍的效果。

说到行话，我又想起了经典情景喜剧《我爱我家》中的一个爆笑桥段。

和平找到了一个走穴赚外快的机会，感到分外得意，于是迫不及待地在饭桌上显摆了起来：“昨儿呢有穴头到我们团来拷这事儿，想让我们给出个底包，看了我的大鼓说我这活儿还能单档杵，每场置点儿黑杵总比干拿份子强啊！虽然没腕儿那么海吧，可也念不到哪儿去！”

一番“文艺界”的行话，说得老傅直发愣，喃喃自语道：“这说了半天，我怎么听着像日本话啊！”

这个桥段虽然有些夸张，却极其形象地说明了“隔行如隔山”的道理——不懂人家的行话，你就是另一个星球的人。

为了更好地迎合顾客的语言，需要注意如下要点：

1. 认真倾听顾客的语言和声音。

没有倾听，就无法模仿。只有认真倾听，你才能牢牢地捕捉到顾客的语言与声音中那些微妙的奇特之处，模仿起来才更加信心十足、游刃有余。

2. 必要的时候，把自己当成演员。

既然是模仿，当然要争取惟妙惟肖。不妨把自己的角色定位为一个演员，模仿的过程就是一个演戏的过程，这样你就会觉得自然、轻松多了。

3. 尽最大的努力去赢取共鸣。

模仿的效果如何，可以靠共鸣去检验。当你的声音与别人的声音发生共鸣的时候，你们之间就会产生一种奇妙的气场，让彼此的情绪在不知不觉中 high（高涨）起来。

如果你参加过合唱团，相信这样的感觉你不会陌生；如果你没有参加过合唱团，那么至少上小学的时候你曾经和全班同学一起高声朗读过课文，回忆一下那时的感觉，你就会明白什么叫作“共鸣”。

4. 七十分万岁。

还是那句话，百分之百你做不到，也没有必要那样做。只要你能挑出顾客语言和声音中一两个最明显的特征，模仿个六七成就可以。

实际上，说出来恐怕会让你感到意外：其实我们每一个人都极其擅长语言和声音的迎合，只不过绝大多数情况下都是下意识的行为罢了。

打个比方，你手里拿着一个皮球，蹲下身来准备逗一个两三岁的小孩子玩。这个时候，你肯定不会直接跟他说：“走，咱们玩球去！”而会这样对他说：“宝贝，你看叔叔手里的这个球球圆圆的多可爱啊！咱们一起去玩球球好不好？”

同理，假设你端着一个 iPad 正玩得高兴，走过来一个 80 多岁的老太太，用颤颤巍巍的声调问你：“你手里拿的是什么东西啊？”

这时，你肯定不会直接对她说：“这是 iPad，苹果公司最新款的平板电脑！”而会这样对她说：“这个东西是电脑，只不过和一般的电脑不一样，它是平板的，而且用手指触屏就能操作！”

你看，在这两个案例中，你分别迎合了儿童（用一种“婴儿腔”的说话方式）与老年人（用一种耐心、细致的说话方式）的语言，以便更好地达到沟通的效果，拉近彼此之间的心理距离。

这样的场景在日常生活中随处可见，只不过你没有意识到罢了。不过，现在我们要做的事情，就是通过大量的训练把这些“无意识的偶发事件”变成“有意识的必然事件”，这就是“业余”和“专业”的区别。

说到具体的训练方法，最佳选择莫过于打电话了。

道理很简单，只有打电话是纯粹依靠声音进行的沟通方式。在电话中，一切声音以外的干扰都不存在，更有利于你集中精力，尽力磨炼所有与声音有关的技巧。

只要你是个有心人，不轻易浪费每一个打电话的机会，用不了多久你一定会成为个中高手。

小结： 语言是沟通的工具，声音是属性的符号。搞不定这两样东西，你的生意就绝对没戏。

所以，你需要掌握的第 21 个心理学妙招就是：培养演员的素质，恰到好处而又惟妙惟肖地模仿顾客的语言和声音。

第六节　迎合顾客的“心思”

将“善解人意”体现在行动上。

所谓“心思”，就是心情和思想的简称。

对于销售顾问来讲，迎合顾客的思想与心情也很重要。

“思想”这个词从狭义上讲，指一个人的价值观、信念与思考；从广义上讲，人们的兴趣、爱好、需求等都算是思想的某种体现。

“心情”这个词的含义则要简单得多，就是人们的喜、怒、哀、乐。

俗话说，想人之所想，急人之所急。我们每个人都有一种本能愿望，希望别人能够充分理解乃至迎合自己的心情与思想。

顾客也一样。对于顾客的一些重要需求，很多时候你也许无法尽善尽美地予以满足，但是不要紧，因为顾客真正在意的不是需求的满足，而是他们的需求能够得到你的理解与迎合。

打个比方，你必须在半小时内赶到火车站，却发现路上拥堵不堪。你有了一种“事情不妙”的不祥预感，顿时心情烦躁起来。这时，仿佛佛祖显灵一般，刚好一辆出租车停在了你的面前。你大喜过望，一头钻进出租车，火急火燎地对司机说：“不好意思师傅，我的火车快误点了。您能不能想办法在半小时之内赶到火车站？”

案例一：

司机甲：开什么玩笑？您没看这路都堵成什么样了？半个小时能不能到我可不敢保证，只能尽力开吧！

案例二：

司机乙：什么？半个小时？！哦，这个确实有点儿难度……不过您放心，我一定尽力开，争取让您赶上火车！

司机乙说到做到，不但提高了车速，而且尽可能频繁地变道超车，甚至于在某些路段还拐进了路边的辅道，好几回车身差点儿蹭到了树干上……

经过一番惊险的“赛车表演”，你终于赶上了那趟要命的火车。

问题来了：如果时光可以倒流，你重新选择一次，更愿意上谁的车？

答案是“秃子头上的虱子”——明摆着的事儿：当然是司机乙的车。

坦白说，司机甲给你的回答确实是事实：当时的路况确实很糟糕，他不想骗你，只是说出了实情而已。可问题不在这里，问题在于他的回答过于冷漠，完全没有体谅你急迫的心情，有一种“事不关己，高高挂起”的感觉。这让你很失望，觉得很孤独——赶不上火车已经够倒霉了，路上又碰到这么一个冷血的家伙，今天真是点儿背到家了！

其实，假设这个火急火燎赶火车的是一位超级靓女，恐怕司机甲的表现就会大相径庭，从“强调客观”变成“有条件要上，没有条件创造条件也要上”了。

而司机乙，就是这么做的。

事实上，他也完全可以强调客观，而且也肯定经历了瞬间的犹豫。但是，当他看到乘客那火急火燎的样子时，就知道这个事儿没得商量了。他必须满足乘客的需求，否则乘客将蒙受巨大的损失。也就是说，他的心情与乘客有了共鸣，他已经完全把乘客的事当成了自己的事，在这种情况下，他没有别的选择，只能全力以赴。而他也确实尽了力，用实际行动证明了自己的“善解人意”。

这就是典型的“想人之所想，急人之所急”的表现。你想，对于这样的司机，乘客能不感恩戴德吗？

如果我们有给小费的习惯，那么这位司机得到的，十有八九将是一张红票子。

退一步说，如果司机乙使出了浑身解数，即便乘客最终还是没赶上火车，这笔小费司机乙依然有可能得到。道理很简单，乘客感谢的是他那份善解人意之心，而不是事情的客观结果。

那么，迎合顾客的心情与思想，是如何体现在销售工作当中的呢？

我们说过，对于销售顾问而言，说服很重要，要知道说服绝不是强制。就跟大禹治水一样，说服的目标更多是通过“疏通”的手段达成的，而强制则是一种不折不扣的“硬堵”。

很明显，通过强制的手段，绝无可能达到说服的目的。

所以说，对顾客的思想与心情迎合与否，会在结果上体现出巨大的区别。

举几个例子。

案例一：

顾客：不好意思，我家里有点急事儿，先回去了。下回有机会再聊。

销售顾问：您着什么急啊！不差这点儿时间。您再坐一会儿，咱们再聊十分钟，十分钟就行！您稍等，我再给您倒一杯咖啡！

顾客心里想：谁想喝你的破咖啡，老子现在要回家！

案例二：

顾客：签约的事儿先不急。我还没决定，你再让我想想！

销售顾问：甭想了。这两天店里搞团购才会给您这么多优惠，这要搁平时想都不敢想啊！这么好的机会您可千万不能错过。过了这村可就没这店了。您喝杯咖啡等我一下，我这就给您拿合同去，很快就回来！

顾客心里想：这人有病啊，是他买车还是我买车！

案例三：

顾客：这车有点儿太阳刚、太硬气了，我想买一辆线条稍柔和点儿的……

销售顾问：瞧您说的，咱纯爷们儿就得开这种阳刚、硬气的车，这玩意儿开出去兜风多酷啊，和您的气质简直就是绝配！

顾客心里想：想什么呢！老子是给媳妇儿买车，又不是自己开！

案例四：

顾客：嘿，这车不赖，看起来挺酷的！

销售顾问：那是，这是我们店最牛的一款车，八个汽缸、四百多马力呢！上了高速飙个两百来迈跟玩儿似的，一点儿都不费力！还不止这些，我们这车就算飙到三百迈，也几乎没有一点儿噪声，车身稳定感也特棒，感觉不到一点儿摇晃。别说普通消费者，即便是 F1 专业赛车手开这车，也绝对不掉价！

顾客心里想：这孙子的脑袋是不是让驴踢了？啰啰唆唆说了这么一大堆。老子只不过觉得这车外形不错，听他都扯了些什么啊！

很显然，上述几个案例都是典型的失败案例。在这几个案例中，每一个销售顾问都没有做到对顾客善解人意，而是一厢情愿地将自己的思想强加给了对方。在这种情况下，除非你出手抢劫，否则甭想从顾客兜里掏出一分钱来。

那么，如何做才是真正的善解人意呢？

请看下面的例子。

案例一：

顾客：不好意思，我家里有点急事儿，先回去了。下回有机会再聊。

销售顾问：是吗？那赶紧回去吧，千万别耽误了！您方便留下手机号码吗？有什么新的信息我会随时发短信通知您的！

顾客心里想：这孩子挺懂事，不妨给他留下手机号。

（话术分析：既然顾客宣称家里有急事，那么无论是真有事还是一个借口，总之"急于离开"是顾客明显的心理需求，在这种情况下"强行挽留"会起到反作用，只有放顾客走才是真正的善解人意。但是放人归放人，未来的联系方式一定要确认好，只有这样才能确保这件事不至于"就此结束"。）

案例二：

顾客：签约的事儿先不急。我还没决定，你再让我想想！

销售顾问：呵呵，您不用担心，这只是一个意向合约，即便您签了这个约，也不代表一定要购买。您可以随时撤销这个合约的。我们这样做完全是为了规范管理，以便更有效地为顾客提供全面、系统、深入的服务。

顾客心里想：哦，是这样啊！那就签一个吧，看来人家也是一番好意。

（话术分析：显然，顾客的担忧在于被"强制购买"，所以，只有将事情的前因后果向顾客充分解释清楚，才能消除顾客的戒心，博取顾客的信任。否则，不分青红皂白地"霸王硬上弓"，只会令顾客更加警觉和反感。）

案例三：

顾客：这车有点儿太阳刚、太硬气了，我想买一辆线条稍柔和点儿的……

销售顾问：哦，是这样。听您这么说，这车是买给一位女性亲友的吧？

顾客：对，给我媳妇儿买。

销售顾问：好的，明白了。那您看看这款车怎么样？……

顾客心里想：这人挺上道，会来事儿，应该能给我介绍一辆不错的车！

（话术分析：有些事情不能张口就来，冒冒失失地替顾客拿主意。必须首先确认顾客的想法，才可以进行下面的程序。）

案例四：

顾客：嘿，这车不赖，看起来挺酷的！

销售顾问：没错，从外形上来说，这车确实没啥缺点，堪称完美！

顾客心里想：这人挺上道，会来事儿，和他聊聊，肯定不会觉得无聊！

（话术分析：酒逢知己千杯少，话不投机半句多。没有人喜欢听自己不感兴趣的话题，所以要想方设法地投其所好。让顾客觉得你的想法和他完全一样非常重要，这样做能极大地刺激顾客的谈兴，让他心甘情愿地与你做更多的交流与接触。）

为了成功迎合顾客的心情与思想，有以下几个要点需要高度注意。

要点一：培养超强的观察力。

顾客的心思不会写在脑门儿上。所以，只有让你的眼睛和耳朵充分尽到它们应尽的义务，才能将顾客的心思成功地挖掘出来。

要点二：主动询问顾客的需求。

如果单靠眼睛和耳朵你弄不明白顾客到底在想些什么，千万别忘了，你的脸上还有一个至关重要的器官，那就是嘴。别总是冒冒失失地想当然，不明白的地方一定要多问多听，至少先把事情彻底弄清楚了，再决定接下来自己该干点儿什么。

要点三：用自己的口头语言和肢体语言迎合顾客。

如果你已经确认自己彻底弄明白了顾客的所思所想，下面的事情就简单了：用自己的口头语言和肢体语言明确地告诉对方——真是太巧了，我的想法居然和你一模一样！很显然我就是你梦寐以求、命中注定的知己啊！

要点四：寻找让顾客开心的话题。

竭尽全力地寻找让顾客开心的话题，使你们之间的对话能够迅速热和起来——好不容易彼此确认了知己的身份，要是找不到一个好话题暖场，就让气氛这么白白地冷却下去，也实在是忒可惜了！

小结：顾客的心思你还真得猜，而且一般来说，肯定是越猜越明白，关键看你是不是一个有心人。

所以，你需要掌握的第 22 个心理学妙招就是：拿出你泡妞的本事，猜出顾客的心思，然后主动迎合，钓他上钩。

第七节　迎合顾客的“愤怒”

缓和顾客愤怒最好的办法就是——迎合顾客的愤怒。

对于所有的销售顾问而言，如何处理好顾客的投诉始终是一个令人头疼的大问题。

一般情况下，投诉会降低销售顾问的“顾客满意度”评分，从而影响每月的奖金；而且，投诉顾客的反复纠缠甚至一些不理智的行为，也会令销售顾问疲于应付、注意力分散，给正常的工作节奏带来巨大干扰。

所以，如何游刃有余地和投诉顾客打交道，是每一个销售顾问在日常工作中不得不面对的一个重大课题。

在这里，我们不妨从问题的本质着手，去寻找一个真正有效的解决办法。

问：投诉顾客的一个最明显的情绪特征是什么？

答：愤怒。因为愤怒，所以才会投诉。

好的，我们至少找到了一个非常清晰的思路——只要能够很好地处理顾客的愤怒情绪，问题就能在很大程度上得到解决。

注意，我这里说的解决是相对的解决——仅仅是化解顾客的愤怒情绪，而不是解决问题。

许多人可能不理解这一点，会发出这样的质疑声：顾客是因为有问题才会愤怒，不解决问题，如何能化解顾客的愤怒呢？

别着急，听我慢慢解释。

打个比方，如果顾客的问题完全是他们自身造成的，你觉得他们还会感到愤怒吗？

答案是否定的。也就是说，甭管是谁的责任，至少从理论上讲，愤怒这种情绪的有无，与问题的能否解决无关。

这就是我们的突破口。

我们的办法是：用迎合顾客愤怒的方式，化解顾客的愤怒。

一般来说，顾客之所以会愤怒，或者顾客的怒火之所以会越烧越旺，全都是由于受到了怠慢，即感到自己的愤怒情绪没有受到应有的重视，所以只能通过“更加愤怒”的方法来达到“引起应有的重视”的目的，当然，也捎带着发泄一下不满的情绪。

遗憾的是，绝大部分销售顾问不明白这一点。当顾客愤怒时，他们总是强装镇定，试图通过“轻描淡写”抑或“泰然处之”的态度化解顾客的愤怒。可事与愿违，他们越这样做，往往顾客就越愤怒，最后常常闹到摔盆砸碗、“大闹公堂”的地步，局面更加无法控制。

之所以会发生这样的事情，是因为销售顾问的“强装镇定”和“轻描淡写”深深地刺伤了顾客的自尊，让他们觉得自己的愤怒情绪没有得到应有的重视。

所以，唯一的办法就是，尽量迎合顾客的愤怒情绪，而不是试图抵制它。

举一个日常生活中的小例子。你和女朋友吵架了，两个人都异常愤怒，决定谁也不理谁，从这天开始冷战。

场景 A：

你整天噘个嘴不高兴，躺在床上生闷气。

场景 B：

你强行压制住内心的怒火，尽量装出一副泰然自若、满不在乎的样子。你找了个最舒服的姿势跷着二郎腿坐在沙发上，嘴上哼着小曲翻看一本你平时最爱看的漫画书。

问：在哪种情况下，你的女朋友会更生气？

地球人都知道的标准答案是：场景 B。

道理很简单。在场景 A 中，你用自己的愤怒表现迎合了女朋友的愤怒情绪，你们之间的情绪是高度匹配的，这会带给她心理上的某种舒适感——本小姐不好过，也让你好过不了！

可在场景 B 中，事情就大为不同了：至少在你女朋友的心里，愤怒成了她一个人的事情，你似乎已然潇洒地置身事外，这种感觉只会让她更愤怒——靠！你把本小姐气成这样，自己却优哉游哉，真真是可恶到了极点！

看见了吧，愤怒的情绪绝对是需要迎合的。你越迎合，愤怒就越少；反之，你越抵制，愤怒就越多。

那么，在实际工作中我们的销售顾问应该如何迎合顾客的愤怒情绪呢？

简单！四个字而已：大惊小怪。

具体地说，哪怕引发顾客愤怒情绪的只是一个小小不言的问题，你也要表现出一种充分的重视与歉意，大张旗鼓地为顾客拉开解决问题的架势（注意，只是“拉开架势”而已。这仅仅是一个姿态，未必意味着该问题能够圆满地解决）。

举个例子。

顾客：我这车的音响怎么又坏了，不是上个月才刚在你们这儿修过吗？你们可是玩儿专业的主儿，又不是草台班子、路边摊儿，这手也忒潮了点儿吧（“水平差”的意思）！

销售顾问甲：瞧把您急得，不至于！其实这车的音响设备是有点儿问题，不只是您一位，好多顾客都有这方面的抱怨。这是厂家的事情，和我们店没关系。不过您放心，这些都是小问题，没什么大不了的，很快就能给您修好。

销售顾问乙：是吗？又出问题了？！这么快？！这不刚修完没两天吗？难怪您会这么着急，这种事儿谁摊上不上火啊！这样，您稍等一会儿，我这就去给您联系维修车间的负责人，让他立马赶过来给您看看！

问：如果你是顾客，你更欣赏哪位销售顾问的应对方式？

答：销售顾问乙。甭管问题是大还是小，起码人家真正体谅了我的心情，把我的问题真当事儿了。反观销售顾问甲，一副轻描淡写、试图大事化小的样子。就这副德行，就算真把这事儿交给他处理，估计过不了两天还得出问题！

很明显，在这种情况下，销售顾问甲还得继续与顾客的愤怒情绪打交道，而销售顾问乙则成功地逃过了一劫，已经可以把主要精力放在解决问题这一最关键环节上了。

需要特别强调的一点是，许多销售顾问都对“大惊小怪”不屑一顾，甚至会不满于顾客的大惊小怪，认为顾客是小题大做——屁大点儿的事儿，闹这么大动静，真真是烦死个人！

销售顾问的这种心态是绝对错误的。你要明白，所谓“难者不会，会者不难”，和顾客相比，你是真正的专家，所以许多顾客眼里的麻烦事儿在你看来也许只是小事一桩。但是同样的事情放到纯粹的外行人——顾客的身上，情况就大不一样，这些事对于他们真的“很麻烦”，让他们疲于应付、头疼不堪。

所以，无论如何你要理解顾客大惊小怪的原因，并能积极主动地用同样的大惊小怪化解顾客的愤怒，稳住顾客的情绪，然后你才有机会为自己赢得充足的解决问题的时间和空间，好让自己的专业本领真正有用武之地。否则，如果顾客持续大吵大闹，甚至死死地揪着你的脖领子不松手，纵使你再冷静、再泰然，身上的本事再牛 ×，恐怕你也只能束手无策、徒唤奈何了。

不过，还有一点需要特别提醒大家：你的大惊小怪仅限于迎合顾客的心情，以便平息他的激动情绪，千万不能起反作用，让顾客误以为事情真的和他想象的一样严重，甚至更严重。否则，你将会遇到真正的麻烦。

还拿上边那个例子说事儿。

顾客：我这车的音响怎么又坏了，不是上个月才刚在你们这儿修过吗？你们可是玩儿专业的主儿，又不是草台班子、路边摊儿，这手也忒潮了点儿吧！

销售顾问：是吗？！又坏了？！这才过了几天啊，这么快就不行了？！估计这音响设备得报废了，恐怕得换个新的。不过那样可就麻烦大了，花钱多不说，拆装音响还得动车内的线路，弄不好连导航、空调什么的都不灵了。所以，这话我得给您说前头，您可得有个心理准备，省得到时候咱们之间起纠纷。我这也是为您负责不是？

顾客：你什么意思？！给我上眼药啊？！我管你什么空调、导航，什么调整线路，那是你们自己的事儿，和我有什么关系！你吓唬谁啊你！告诉你，老子只知道这车是让你们给修坏的，所以你们只需要负责复原就行，其他的事情跟老子一毛钱关系都没有，知道吗你！

看看，这种“大惊小怪”的方式有多坑爹！

所以，对于销售顾问而言，培养情商真的很重要。多简单的事情，放到情商低的人身上也会变复杂；反之，多复杂的事情，放到情商高的人身上也会变简单。

总之，销售顾问思想上的一个重大误区是，他们常常一厢情愿地认为：在顾客的愤怒面前，自己表现得越冷静、越泰然、越轻描淡写，就越能够控制事态，让局面迅速好转起来。

这种观点具有极大的局限性：一个人对另一个人的愤怒，往往不会因为对方的冷静而迅速沉寂，恰恰相反，这种愤怒往往会因为对方的冷静而变得更为激烈、更富攻击性。

所以，“迎合愤怒”在很多时候要比“试图淡化愤怒的努力”更有利于化解愤怒。这是一个悖论，也是一个真理，值得我们的销售顾问再三揣摩。

当然，在解决问题的过程中你绝不能处于某种亢奋状态，这个时候冷静的头脑和平和的心态是必要的。不过也正因如此，你需要尽快让顾客冷静下来，以便把事情顺利地引入解决问题的轨道。否则任由顾客的怒火肆意燃烧下去，你将一筹莫展，一事无成。

最后，再给大家谋点儿福利，免费赠送天下所有销售顾问一个大彩蛋——一份最易引发顾客愤怒情绪的“找骂话术清单”。不妨对号入座一下，看看自己的相关指数到底有多高。

1. 甭管顾客如何生气、如何追究，只是一个劲儿地说“对不起”。

（话术分析：不认真倾听顾客的怨言，不试图解决顾客的问题，只是点头如捣蒜，一个劲儿地道歉，其实反而是向顾客宣扬了一种强硬姿态——我拒绝道歉，拒绝承担责任。）

2. 把责任直接推卸到顾客身上——“您别光说我，您自己也有责任啊！”

（话术分析：没错，也许顾客自身对此事也负有责任，但是只要你的责任不是“零”，就要把它看成“百分之百”，然后拿出全部的诚意去承担这一责任。至于顾客的责任，等对方气消了，问题也解决了之后，再心平气和地给他指出来。那个时候，他一定会坦然接受自己的责任，甚至会主动向你道歉，大方地请你出去撮一顿也说不定。）

3. 博取顾客的同情——“信不信由您，我真是尽了力了！”（言外之意是：自己没有功劳也有苦劳，您就看在苦劳的分儿上，放我一马，别再追究了。）

（话术分析：记住，同情只能别人给你，自己争取是没有用的。）

4. 装傻——“是吗？还有这事儿？我真的不知道。那天我刚好出门办事儿去了，不在公司。”

（话术分析：如果你把顾客当傻子，你自己就是一个傻子。因为只有傻子才会信你说的鬼话。）

5. 抵赖——“这事儿不能怪我，从一开始我就提醒过您这个东西有风险。”

（话术分析：没错，也许你确实提醒过顾客风险的存在，但是当时你肯定不是把“有风险”这个事儿当作一个强调重点告知顾客的。如果我猜得不错，你肯定是用比蚊子还细的声音，以极快的语速，在顾客完全无法做反应的情况下将风险的话题一带而过。也就是说，你要的不是让顾客“真切地了解风险”这个结果，恰恰相反，你希望顾客最好不要了解风险的存在，但又不能不走个过场，以便为将来发生纠纷时留一条退路，所以才会用这种蜻蜓点水的方式触碰这个话题。但甭管怎么说，你的行为都是一种不折不扣的抵赖行为，说得严重点儿，你的行为有明显的欺诈嫌疑。）

6. 强行改变或中断话题——“哦，是这样，明白了……那什么，还有一件事……”

（话术分析：就算你这招能一时分散顾客的注意力，可顾客不是傻子，他会很快意识到这一点，然后迅速把话题拉回来，而且重点在于：他会变得更愤怒。）

7. 生硬地奉承对方，试图一举平息对方的愤怒情绪——“您可是我最尊敬的人。信不信由您，这个世界上除了我爸我最佩服的人就是您了！所以就凭您的德高望重，犯不着和我们这些小辈斤斤计较啊！”

（话术分析：记住，当顾客真正愤怒的时候，别说管他叫爹，就算叫他爷爷也没用。退一万步讲，就算他认可了你的谄媚，真把自个儿当爹了，也未必会消除对你的怒气。道理很简单：当爹的教训儿子天经地义。他对你的愤怒只会更加肆无忌惮，而不会有丝毫收敛。）

8. 转嫁责任——“这不是我们的问题，是厂家的问题。厂家做不出好东西来，我们销售店能有什么办法？”

（话术分析：这是许多职场人士最容易犯的一个错误：把“内部”的事情讲给顾客听，希望能够得到顾客的谅解。但是不要忘了，顾客是“外部”的人，你们内部的事情必须由内部人自己去解决，与顾客一毛钱关系都没有。顾客没有任何义务对你们内部的事情负责，甚至没有任何义务表示理解和同情。一定要记住：在顾客的眼里，使用任何与内部有关的说辞都是一种明显推诿的行为，只能激起他们更强烈的愤怒情绪。）

9. 试图用高难度的专业用语蒙混过关——“我们这车采用的是麦弗逊式悬挂，而麦弗逊式悬挂的特点是……所以，这种悬挂方式最忌讳的就是您这样的驾驶方式，出了问题也是没办法的事情。”

（话术分析：你依然在把顾客当傻子，而事实上你自己才是真正的傻子——你以为一个文弱书生跳上拳击台和一个职业拳击手打架就一定会吃亏吗？如果你这么想，那你就 out 了。这个书生可没有你这么傻，面对一个真正的职业拳击手，他一定会掏出自己的枪，而不是挥出自己的拳。）

10. 说话含讥带讽，夹枪带棒——“这就奇了怪了，我干这行快十年了，卖了至少上千辆车，还是头一回见到您这样的情况。难不成其他的车主都有神功附体，总是能化险为夷？”

（话术分析：这个就不做过多点评了。总之，敢于讽刺顾客的人，“找骂指数”一定是满分。）

11. 试图轻描淡写，一笔带过——“这是一般的毛病，好多车都这样。我们平均一天要处理十来回这样的故障呢！”

（话术分析：这是一个很奇怪的逻辑——因为不只是您一个人倒霉，很多人都和您一样倒霉，所以您的倒霉是一种可以接受的倒霉。

不可否认，这个世界上还有同病相怜的人，这比只有自己一个人倒霉要稍微好过些。但即便这样，“不想倒霉”依然是每一个人最强大的本能。所以如果你拿这样的理由当说辞，就算顾客一时上当，暂时气消，过不了多一会儿他也会迅速反应过来，以更大的怒火卷土重来，找你算账。）

小结：态度是态度，头脑是头脑，这两样东西未必总是一回事，完全可以区别对待。

所以，你需要掌握的第 23 个心理学妙招就是：当顾客处于亢奋状态的时候，你要这样做——让自己的状态迅速亢奋起来，随顾客起舞；与此同时，千万别忘了保持冷静的头脑。简单点儿说，你要学会表演，外表狂热似火，内心平静如水。

第四章

建立真正的信赖关系

——控制好你的语言

相信你一定会接受这样的观点："语言"这玩意儿是一个活物，是有生命力的。

往往一句不经意的话甚至说话时不经意的语气，就会极大地影响我们的心情，颠覆我们对某个人或某件事的看法。

所谓"言者无心，听者有意"，说的就是这个意思。

不过，"言者无意，听者有心"，这句话之所以能够广为流传，从一个侧面验证了一件令人尴尬的事：在多数情况下，我们都有"口不择言"的毛病。

尤其是对我们的销售顾问而言，因为嘴上的功夫几乎支撑着全部的工作内容，所以口不择言的毛病就显得格外突出。

真是"成也萧何，败也萧何"，这两片儿嘴皮成了多少好买卖，也毁了多少好买卖啊！

所以，这一章，我们重点说说"嘴皮子"的话题，实实在在地为天下吃销售这碗饭的弟兄们支上几着。

第一节 如何提高顾客的“点头率”

让顾客尽量多地点头，他就很难再摇头了。

在商谈中，如果你的建议和提案总能得到顾客的认可，那无疑是你上辈子修来的福分；反之，如果你的建议和提案总是被顾客否决，事情就不妙了——你们的商谈会迅速陷入一种尴尬而消极的氛围中，最后的结果一定不乐观。

所以，想方设法避免顾客的否决，让顾客“少摇头，多点头”，是成就生意至关重要的一环。

为了做到这一点，请牢记一个铁的原则：要尽量选择顾客无法反驳的、以强有力的事实为依据的话题，开始你们的商谈。

之所以这么做，理由很简单：当一个人不停地点头的时候，他就很难再摇头了。

这句话反过来说也成立：当一个人不停地摇头的时候，他就很难再点头了。

因此，尽可能地先发制人，把握事情的主动权，让顾客尽量多地点头，绝对是每一个销售顾问必须掌握的基本技能。

那位说了：你这不是废话吗，谁不知道要让顾客多点头？问题是如何做到？

呵呵，别着急，给你支上一招：用“环环相扣法”提高顾客的“点头率”。

举一个例子：

销售顾问：上次您来的时候我记得您看过这款车。

顾客：是，确实看过。

销售顾问：如果我没记错，当时您好像说过对内部空间大的车特感兴趣。

顾客：是，是这样，我就喜欢坐着宽敞、舒服的车。

销售顾问：我们这款车内部空间确实够大，相信至少这一点您肯定是满意的。

顾客：是，没错，你们这车内部空间是不小。

销售顾问：实不相瞒，至少在内部空间这个指标上，所有的竞争车型都比不过我们。我可以给您拿份竞争车型的资料确认一下。

顾客：是，确实是这样，我已经查过资料了。

销售顾问：所以，我相信这款车应该成为您的首选！

顾客：是，是这样，这车确实不错……

知道什么是“环环相扣法”了吗？如果你还是似懂非懂，我们不妨重新分析一下这个案例：

销售顾问：上次您来的时候我记得您看过这款车。

（这是一个不容辩驳的事实，顾客无法否认。）

顾客：是，确实看过。

（果真，顾客做出了肯定的回答。）

销售顾问：如果我没记错，当时您好像说过对内部空间大的车特感兴趣。

（这也是一个不容辩驳的事实，顾客依然无法否认。）

顾客：是，是这样，我就喜欢坐着宽敞、舒服的车。

（顾客只好做出肯定的回答。）

销售顾问：我们这款车内部空间确实够大，相信至少这一点您肯定是满意的。

（注意：“相信至少这一点”是销售顾问巧妙预设的一个机关。既然只针对这一点，销售顾问的主张又成了一个无法辩驳的事实，顾客也只有点头认可。）

顾客：是，没错，你们这车内部空间是不小。

（尽管顾客对内部空间以外的指标也许会有所不满，但是既然对方限定了话题的范围，顾客也只好就范。）

销售顾问：实不相瞒，至少在内部空间这个指标上，所有的竞争车型都比不过我们。我可以给您拿份竞争车型的资料确认一下。

（又是一次“客观事实”与“限定范围”合用的话术技巧演示，顾客已然身不由己，别无选择。）

顾客：是，确实是这样，我已经查过资料了。

（顾客只好再一次表示认可。）

销售顾问：所以，我相信这款车应该成为您的首选！

（既然鱼已上钩，就可以收竿了。）

顾客：是，是这样，这车确实不错……

（顾客在浑然不觉中，鬼使神差地上了销售顾问的“贼船”……）

看见了吧？这就是“环环相扣法”的妙处——一环紧扣一环，不停地让顾客点头。当点头的次数多了，顾客也就不知道摇头这个动作该怎么做了。

当然，必须承认，顾客也不是傻子，不可能仅仅因为“内部空间够大”这一个优点就麻利地掏腰包成全你的生意。不过，你也绝不是什么善茬儿，不可能只给顾客下这一个套儿就算完事。只要你不轻言放弃，不停地施展“环环相扣法”这一绝技，一定能相对轻松地拿下这单生意。

以下是一些“环环相扣法”的注意事项和具体示例，请务必仔细揣摩，反复操练：

1. 尽量把话题局限在你有绝对把握、不容顾客辩驳的客观事实上。

必须承认，限定话题不是一件容易的事，顾客有可能打岔，在中间岔开话题，坏你的好事。

不过不要紧，你依然可以采用“欲擒故纵”的方法，先让顾客带你走一段，然后再神不知鬼不觉地把他拉回你的轨道上来。

还拿上边的案例说事儿：

销售顾问：上次您来的时候我记得您看过这款车。

（这是一个不容辩驳的事实，顾客无法否认。）

顾客：是，确实看过。

（果真，顾客做出了肯定的回答。）

销售顾问：如果我没记错，当时您好像说过对内部空间大的车特感兴趣。

（这也是一个不容辩驳的事实，顾客依然无法否认。）

顾客：是，是这样，我就喜欢坐着宽敞、舒服的车。

（顾客只好做出肯定的回答。）

销售顾问：我们这款车内部空间确实够大，相信至少这一点您肯定是满意的。

（注意："相信至少这一点"是销售顾问巧妙预设的一个机关。既然只针对这一点，销售顾问的主张又成了一个无法辩驳的事实，顾客也只有点头认可。）

顾客：是，是这样……不过你们这车的油耗有点儿高，我接受起来有点儿难度。现如今油价这么高，还是找辆省油的车更靠谱！

（顾客虽然表示了认可，但旋即提出了异议，指出另一个让自己不太满意的指标——油耗。）

销售顾问：呵呵，您说得对，和这个品牌的其他车型相比，这款车的油耗确实高了些。毕竟排量在这儿摆着呢！1.8 升的车当然要比 1.3 升的车油耗稍高点儿，再加上车体也大得多，多出来的这些分量都得靠油耗撑着不是？

（注意：尽管发生了点儿小意外，但销售顾问并没有对顾客的新主张提出反驳，而是痛快地迎合了顾客的主张。然后话锋一转，又亮出了一系列无可辩驳的客观事实，使顾客只能做出肯定的反应。）

顾客：是，没错，我也是这意思，这车排量确实稍高了点儿。

（果真，顾客又一次表示了认可。）

销售顾问：那您再看看这款车如何？这车是 1.6 升的排量，内部空间也不小，油耗也要稍微低一些。

（这仅仅是一次试探——销售顾问虚晃一枪，但"醉翁之意不在酒"，并没有期待顾客的肯定反应。）

顾客：可是这车的内部空间和刚才那款相比明显小得多啊！

（果真，顾客提出了异议，没有表示认可——正中销售顾问下怀。而且销售顾问还有额外收获：进一步确认了顾客的核心需求。）

销售顾问：对，我也有这种感觉，单从内部空间来说，还是刚才那款车最理想，最适合您！

（销售顾问迅速迎合了对方的不认可，将话题拉回来，重新把顾客的注意力引到刚才那款车上。）

顾客：是，是这样，说实话那款车的内部空间确实没得挑。

（顾客又一次表示了认可。这个认可很重要，是一个关键的转折点。从此往后，顾客将不会再有任何机会表示不认可。）

销售顾问：所以我觉得，从您内心来讲，内部空间大一些，坐得舒服些，还是您最看重的一点。

（这是销售顾问通过长时间的观察和沟通得出的结论，也是一个无法辩驳的客观事实。）

顾客：是，是这样，毕竟车子大一些，开着更有范儿，坐着也舒坦。

（既然对方看透了自己的心思，顾客已经没有任何反驳的可能，只有表示认可。）

销售顾问：我也是这么想，尤其是像您这样事业有成的职场人士，又有面子，开起来又舒适的车应该是首选。

（这既是一个无法反驳的客观事实——因为顾客本人刚做了这样的表态，销售顾问只是重复了一遍而已，也是一次恰到好处的奉承。在这样的话术攻势下，顾客想不点头都难。）

顾客：呵呵，您过奖了。不过说的确实在理。

（虽然表示了必要的客气，但内心的窃喜还是掩饰不住的。这个时候的点头认可，是一种情不自禁的行为表现。）

销售顾问：而且实不相瞒，在所有品牌的同排量车型中，我们这车算是油耗最低的车型之一。我这儿有详细资料，您可以对比一下具体数据。

（又是一个不容辩驳的客观事实，顾客只能点头认可。）

顾客：是，是这样，我看过资料了。

（顾客再一次表示了认可。）

销售顾问：所以我个人还是建议您买刚才那款车。因为无论从外形上还是内部空间方面来说，那款车都更适合您。更重要的是，我们这车油耗虽然高一些，但比起其他品牌的竞争车型来说，油耗指标绝对有竞争力。所以至少对于您个人而言，这车的性价比应该是没得挑了！

（“对于您个人而言”的说法是一个妙招。由于这个顾客最关心的指标只有两个——内部空间和油耗，所以只要在这两个指标中达到“最佳匹配值”，即“最高性价比”，就意味着这款车是为这位顾客量身定做的，是他唯一的选择。事情到了这个份儿上，这桩买卖应该绝对没跑了。但是让顾客认识到这一点并不是一件容易的事，需要高超的话术技巧，而这位老练的销售顾问异常轻松地做到了。）

顾客：是，是这样，这车确实不错……

（顾客在不知不觉中，又一次上了销售顾问的“贼船”……）

看见了吧？出了岔子不要紧，只要你能随机应变，不强行和顾客的不同意见死磕，就一定能找到许多机会再把顾客拉进你的沟里，让对方顺着你的步调走，重新提高他们的点头率。只要你不轻言放弃，想尽一切办法，尽可能多地让顾客点头，他们就一定会忘掉摇头是怎么一回事。

总之，“机灵”加“执着”是成就“销售天才”的前提。两者相辅相成，缺一不可。

千万别忘了那句话：“不怕贼偷，就怕贼惦记着。”

天底下没有不机灵的贼，也没有不执着的贼。

至少在这一点上，你大有向他们学习的必要。

2. 尽量引用顾客自己说过的话。

对于自己亲口说过的话，顾客是没有办法摇头的。所以，你只需简单重复一遍顾客说过的话，就能轻易获得顾客的认可。

举两个例子。

案例一：

销售顾问：记得上次您来的时候说过喜欢内部空间大的车。

顾客：是，是这样，内部空间大的车开起来更有范儿，也更舒适。

案例二：

销售顾问：如果我没记错，您在电话里说想买一辆线条柔和点儿的车。

顾客：是，是这样，我想给媳妇儿买辆车，她喜欢这样的。

3. 尽量引用双方已然达成某种共识的话。

既然达成了共识，顾客只能认可。

举两个例子。

案例一：

销售顾问：您希望挑一辆 1.6 升排量、价格在 10 万元左右的车对吧？

顾客：对，是这样。这个价位的车既有范儿又省油，适合家里人开。

案例二：

销售顾问：咱们上次已经谈好了，我们店赠您一套导航设备，然后再给您打八折贴 ×× 牌的高档车膜。

顾客：对，是这样。今天咱就办了吧！

4. 多说一些"秃子头上的虱子"——明摆着的话。

通过观察，掌握顾客的一些基本信息。

举两个例子。

案例一：

销售顾问：您今天是开 ×× 牌的车来的吧？我刚才在停车场看到您的车了。

顾客：对，是这样，我是开 ×× 车来的。

案例二：

销售顾问：刚才看您来的时候好像是夫人开的车。估计您肯定希望挑一辆男士、女士都适合开的车吧？

顾客：是，是这样，最好我和媳妇儿都能开，谁开出去都不掉价。

5. 不要把自己的意志强加于人。

顾客的点头率是靠销售顾问的高情商和敏锐观察力换来的，如果你不用心、不观察，一厢情愿地靠拍脑门、想当然来应付顾客，则很有可能弄巧成拙，甚至得罪你的顾客。

举两个例子。

案例一：

销售顾问：刚才看您来的时候好像是夫人开的车。在您家夫人开车比您多吧？

顾客：这叫什么话？！我也是开了十几年车的老司机了，今儿是因为过来前和朋友喝了两杯，所以才叫媳妇儿过来帮帮手！

销售顾问：不好意思，我不是那个意思，其实我是想说夫人车技也很高超……

顾客：那是，她的车技全是我教的！

销售顾问：……

案例二：

销售顾问：您今儿是开奔驰过来的吧？我刚才在停车场看见您的车了。

顾客：那就是你眼拙了，我是开 QQ 过来的。怎么，开 QQ 的主儿不愿意接待啊？告诉你，别把人看扁了，老子有的是钱，老子这叫“玩儿低调”，知道吗你！开奔驰那小子就算给老子提鞋，老子还不一定待见他呢！

销售顾问：不……不好意思，是我看走眼了，绝没有讽刺您的意思，您可千万别多想！

小结：俗话说“摇头不算点头算”，想方设法让顾客多点头，他就会在不知不觉中忘掉摇头这码事了。

所以，你需要掌握的第 24 个心理学妙招就是：妙用“环环相扣法”，提高顾客的点头率。

第二节　警惕语言中的小小陷阱

语言这玩意儿是一个活物，稍不留神就会掉进陷阱里。

迄今为止，我们已经反复确认了一个话术技巧：对于顾客的质疑，不要轻易反驳，而要尽量迎合。

相信这一点已经能够得到大家的充分理解与认可，没有什么讨论的余地了。

不过，中国的语言博大精深、玄机密布，既为我们提供了无数的机会，也给我们设下了不少不易察觉的陷阱，如果不多加留意，则很有可能让我们陷于被动，导致前功尽弃。

举几个例子。

第一组案例：

案例一：

顾客：你说什么？这车多少钱？ 15 万？！这也忒贵了吧？

销售顾问：这还贵啊？这可是同系列中最高配的一款车，卖这个价儿还算便宜呢！

案例二：

顾客：你们这车座椅怎么这么矮？好家伙，都快躺地上了。

销售顾问：这还算矮啊？我们这可是轿跑车！要是换了兰博基尼，那才叫躺地上了呢！

第二组案例：

案例一：

顾客：你说什么？这车多少钱？ 15 万？！这也忒贵了吧？

销售顾问：呵呵，确实贵了点儿。毕竟这款车是同系列中最高配的车，价格自然也要比别的车稍微贵一些。

案例二：

顾客：你们这车座椅怎么这么矮？好家伙，都快躺地上了。

销售顾问：可不是，确实矮了点儿，看着有些憋屈。一般轿跑车都这样，为了追求外部的流线造型和更强的爆发力而牺牲了一点儿内部空间的舒适性。

很显然，第一组案例中的销售顾问在反驳顾客的质疑，是不可取的；而第二组案例中的销售顾问则迎合了顾客的质疑，因此技高一筹。

这两组案例都曾经在前面的内容中出现过，相信大家心里已经有足够的默契，这里就一笔带过了。

下面，再请大家看看第三组案例。

案例一：

顾客：你说什么？这车多少钱？ 15 万？！这也忒贵了吧？

销售顾问：呵呵，确实贵了点儿。不过这款车可是同系列中最高配的车，价格当然要比别的车贵了！

案例二：

顾客：你们这车座椅怎么这么矮？好家伙，都快躺地上了。

销售顾问：可不是，确实矮了点儿，看着有些憋屈。可是我们这车到底是轿跑车啊！一般轿跑车都这样，为了让外形更酷，都得牺牲一点儿舒适度！

怎么样？是否察觉到了一些微妙的区别？

没错。第三组案例从表面上看似乎是销售顾问迎合了顾客，可不知为什么让人感觉有那么点儿别扭，有那么点儿不舒服。

为什么你会有这样的感觉？

道理很简单，这组案例中的销售顾问表面上好像采取了迎合的方式，其实从本质来说，他们还是不折不扣地否定了顾客的质疑。

这里的奥秘全在几个不易察觉的转折词上。

具体地说，第三组案例中的销售顾问在迎合了顾客的质疑之后，都不约而同地采用了转折词——“不过”“可是”。

千万不要小看这两个词，只要这两个词一出现，表面的迎合便立刻成为一种假象，成了销售顾问虚晃一枪的招数；而伴随这两个转折词而来的“反驳”，才是销售顾问的本意，是他们真正想强调的重点。

也就是说，在这组案例里，小小的转折词变成了销售顾问话术中的一个陷阱，而销售顾问只要一脚踩进这个陷阱里，就会立马自废武功、功败垂成。

所以，在这样的对话环境中，转折词的使用一定要慎之又慎。因为语言是一个有生命的活物，只要你触碰了不该触碰的转折词，你就会情不自禁地与别人“唱反调”——哪怕你的本意并不想这样，但是不合时宜的转折词一定会把你带进沟里。

话又说回来，即便你内心就是想与对方唱反调，只要你能主动回避这些敏感的转折词，对方的感受也会稍微好一些。而只要你能让对方感觉好一点儿，你的反驳意见会更容易被对方接纳，至少不会给对方造成太大的心理冲击。

毕竟你的目的是让对方接受你的反驳，而不是激怒对方。

总之，语言这门功夫是需要修炼的，哪怕一次小小的用词失误，都会给你的生意带来截然不同的结果。

如果你想成为运用语言的高手，一定要牢记一个铁的原则：语言这玩意儿，既需要活用，更需要慎用。

小结：中国的语言既博大精深又陷阱密布，既需要你的活用，更需要你的慎用。

所以，你需要掌握的第 25 个心理学妙招就是：下回再遇到“不过”“可是”“但是”这些转折词的时候，一定要多加小心，因为它们很有可能把你带进“与别人唱反调”的沟里。

第三节　聪明的迎合，愚蠢的迎合

与顾客感同身受，但不要擅自“替”顾客感受。

在前面的文章中我们曾经提到，“重复顾客说过的话”是一种获取高“点头率”的迎合方式。

不过，即便是看似如此简单的迎合方式，如果使用不当也会适得其反。

举一个例子：

顾客：你们这展厅玻璃擦得也忒干净了点儿吧？刚才进门时差点儿撞上，我都不知道眼前有块玻璃！好家伙，差点儿把我的眼镜框撞断了！

销售顾问甲：是吗？没撞着您吧？受伤了没有？

销售顾问乙：是吗？撞上了？把您吓坏了吧？

问：在这个案例中，哪个销售顾问的迎合方式更好一些？

答：销售顾问甲。

理由：对于顾客的不幸遭遇，销售顾问甲是真正地感同身受，而销售顾问乙则是在“替”顾客感受——顾客只是希望对方能理解自己的心情，并没有表现出任何恐惧，而销售顾问乙自以为是的“关心”不但起不到任何安慰作用，反而很有可能激怒这位顾客。

你看，同样是迎合，同样是关心，同样出于一种善意，话术的使用方法不对头，效果居然有如此大的不同！

除了不要擅自“替”顾客感受之外，聪明的迎合还有以下两个基本要素：

第一，在感情上迎合。

这种迎合不需要过多的理性逻辑，只需要你的感同身受。

第二，在需求上迎合。

这种迎合理性更多一些，是一种深层次的融合。

先在感情上迎合顾客，让他把你当朋友；再在需求上迎合顾客，让他把你当知己。

只要过了这两关，就不愁搞不定你的生意了。

举几个例子。

1. 迎合感情的案例。

案例一：

顾客：今儿开车过来的时候，路上差点儿轧死一只猫！好家伙，惊出我一身冷汗！

销售顾问：是吗？那可是真够悬的，要搁我也得惊出一身冷汗！

案例二：

顾客：昨儿开车去北京，在高速上抛锚了，前不着村后不着店的，我那叫一个心急啊！

销售顾问：可不是！碰上这种事儿谁不着急啊！

2. 迎合需求的案例。

案例一：

顾客：我们全家人都喜欢旅游，所以想挑个后备厢大一点儿的车。

销售顾问：可不是，全家人出去旅游要带的东西肯定少不了，后备厢要是小了确实不方便！

案例二：

顾客：毕竟是私人开，我们想挑一辆排量小一点儿的车。

销售顾问：能理解，我也觉得给家里买车没必要选排量太大的。一来省点儿油，二来到哪儿去都方便。又好开又好停，既经济又实惠！

必须强调的一点是：上述案例中的话术技巧看似容易，真正做到应用自如却并不简单。许多销售顾问在实际工作中总是会不由自主地将话题拉到自己熟悉的语境中来，在不知不觉中将自己的意志强加给顾客，却一厢情愿地认为那是一种迎合。

因此，不妨打开手机的录音功能，将自己与顾客的对话过程完整地记录下来，反复揣摩，不断改进，假以时日你必将有所斩获。

录音之所以是个好方法，有深刻的心理学原理：一般来说，尽管人们的耳朵早已熟悉了自己的声音，可是当声音通过其他媒介传来的时候，人们往往又会对自己的声音产生巨大的陌生感和距离感，好像自己听到的是另外一个人的声音。

这一点很重要。既然能拉开距离，我们就能在很大程度上做到客观，而不会因自己早已熟悉的一些语言要素（比如说话习惯、对语言的感觉、常用的逻辑结构，诸如此类）带进沟里。在这种情况下，找到语言的优缺点是一件非常容易的事情。

不过，给自己录音这件事本身并不容易，因为这需要当事人具有极强的自我管理能力，这种能力对于我们绝大多数人是一种不折不扣的稀缺资源。所以，这样的训练绝对需要得到管理层的大力协助。可以考虑将员工的“实战对话录音分析”当作一项制度固定下来，在公司的总结或培训会上公开播放，让所有员工参与讨论、分析与总结，共同分享宝贵经验，同时切实解决具有某种共性的问题。

不过，还是那句话：甭管是哪一种方式，这样的训练一定要持之以恒。“三天打鱼，两天晒网”成就不了“销售天才”，只能成就一大堆销售蠢材。

小结： 在很多时候，你以为自己做到了迎合，事实上却没有。

所以，你需要掌握的第 26 个心理学妙招就是：用手机把自己的声音录下来，你一定会有惊人的发现。

第四节　有劲的迎合，没劲的迎合

不要止步于迎合，要往前多走一步，让你与顾客之间的对话更有劲。

语言的迎合除了有聪明与愚蠢之分，还有“有劲”与“没劲”之分。

很显然，有劲的对话能够让人更兴奋，愿意继续进行下去；而没劲的对话只能让人感到索然无味，恨不得立刻终止。

所谓“话不投机半句多”，说的就是后一种情况。

这一点在语言的迎合方面也有所体现。如果你只是一味地专注于迎合，而忽视了将对话向更有趣的方向牵引，那么，你的语言将彻底沦为“为了迎合而迎合”，这样做只能让顾客觉得无聊，甚至开始怀疑你的动机。所以，除了迎合之外，你一定要绞尽脑汁、随机应变，想方设法再多做点儿什么，让你们的对话再往前迈出一步。

请看下面这个例子。

案例一：

销售顾问：您今天是开××牌的车来的吧？我刚才在停车场看到您的车了。

顾客：对，是这样，我是开××车来的。

（片刻的停顿。）

销售顾问：您的车看起来挺新的，应该买了没多久吧？

顾客：对，是这样，前年才买的。

（片刻的停顿。）

销售顾问：既然您的车是前年才买的，您今天过来是给别人选车吧？

顾客：对，是这样，想给我外甥也买一辆。

怎么样？看了这段对话，你有什么感觉？

是不是有一点儿没劲、无聊的感觉？

相信你不会给我否定的回答。很显然，这位销售顾问忠实地履行了“通过语言的迎合提高顾客点头率”的义务，也确实达到了目的，遗憾的是，他与顾客之间的心理距离并没有一举拉近，相反还有渐行渐远之势。

为什么会这样呢？

因为这位销售顾问似乎只会机械地迎合，而不懂得给他们之间的对话再添加一些有机的调料，使现场的气氛变得更加活跃，更容易让人兴奋起来。

所以，他的这种行为只能是“为了迎合而迎合”，这样牵强附会的迎合只会坏了顾客的胃口，引起顾客的反感，却无益于自己的生意。

下面，我们再看一个案例。

案例二：

销售顾问：您今天是开 ×× 牌的车来的吧？我刚才在停车场看到您的车了。

顾客：对，是这样，我是开 ×× 车来的。

销售顾问：真是太巧了，我爸开的车也是这个牌子的！

顾客：是吗？呵呵，那可真是太巧了。

销售顾问：我爸那车和您的没法比，他那车买了快十年了，都成老爷车了。您这车什么时候买的？

顾客：前年，还新着呢！

销售顾问：那您今天过来是……

顾客：哦，想给我外甥也买一辆。

这段对话怎么样？还会让你有无聊、没劲的感觉吗？

相信你的答案依然是否定的。没错，这段对话让我们有一种很 high 的感觉，堪称妙趣横生，令人意犹未尽，有种情不自禁想看后面如何发展的感觉。

很显然，这个销售顾问是个老手。他不是仅仅满足于对顾客进行单纯的迎合，而是善于向对话中撒一点儿胡椒面、调味粉，让自己与顾客之间的对话充满了各种令人开心的小情趣。

和这样的销售顾问谈买卖，相信顾客一定不会觉得无聊，而当两个人的对话中充满了各种各样的乐趣时，他们之间就很难产生对立，抑或即便在某个局部问题上产生了对立，这种对立也极易被化解。很显然，在这样的状态下，生意的成功将会是一件自然而然的事情。

此案例中的“我爸那车”既有可能是一个真实存在，也有可能仅仅是销售顾问杜撰出来的一个小小桥段。但甭管如何，这一招进一步强化了迎合的效果，这是事实。如此巧妙的迎合，为接下来的对话打下了一个良好的基础。

总之，不要让你们的对话仅限于迎合，要充分发动你的情商和智商，寻找一切可乘之机，尽最大努力让你与顾客之间的谈话气氛迅速 high 起来、热和起来。

只要你是个有心人，生活中的素材实在是太多了，你大可信手拈来、任意发挥！

下面，再举一个类似的例子，大家不妨一起找找感觉。

案例三：

销售顾问：刚才看您来的时候好像是夫人开的车？

顾客：没错，是我媳妇儿开的。我中午和朋友喝了两杯，不能开车，所以把她找来帮帮手。

销售顾问：呵呵，您夫人真厉害，车技比我可好多了！

顾客：那是，她的车技都是我教的！

销售顾问：这个能看得出来。虽说没见过您开车，但真正的驾驶高手，即便不开车一眼也能瞅出来，那种范儿真的不一样。别看我车技一般，毕竟卖了这么多年车了，对老司机特有感觉！

顾客：呵呵，过奖了。不过别的不敢说，秀车技这事儿还真没有几个人能比得过我！

销售顾问：那您真是太牛了！我就佩服车技好的人，有机会一定得让我开开眼！

顾客：呵呵，没问题！

销售顾问：既然您和夫人都是高手，那您一定希望选一辆男士、女士都适合开的车吧?

顾客：是，是这样，最好我和媳妇儿都能开，谁开出去都不掉价。

销售顾问：那您看看这款车怎么样?您看这外形、这线条，既适合男士开，也适合女士开，我觉得特适合您!

顾客：嗯，这款车确实不错，可不知道开起来感觉怎么样……

销售顾问：那咱就别等了，现在就去试驾一下如何?说实在的，我都有点儿等不及了，特想见识一下您和夫人的车技，尤其是您的车技!

顾客：成，那咱就开开试试!

小结: 迎合很重要，但是为了迎合而迎合则没有任何意义。

所以，你需要掌握的第 27 个心理学妙招就是：往前多走一步，向你们的对话中多撒一点儿胡椒面、调味粉，让对话变得更有劲，令人欲罢不能。

第五节　妙用称呼

顾客的姓名不叫不好，乱叫更不好。

任何一种商谈，都会涉及一个非常敏感，又往往容易被人们忽略的问题：如何称呼顾客的姓名。

这里面包含几个方面的意思：

第一，用什么方式称呼顾客的姓名；

第二，在什么场合、什么情况下称呼顾客的姓名；

第三，如何拿捏称呼顾客姓名的分寸与频率。

关于第一点，我们在前面已经提到：对于初次见面的顾客，还是以“先生”“女士”称呼为好，切忌过分亲昵，以免引起对方的不适与反感。

至于具体的理由，前面已经做过详细说明，这里就不再赘述了。

现在我们主要说说第二点和第三点。

首先，必须明确一个基本事实：顾客的姓名一定要尽快记住。任何一个人，对很快记住自己姓名的陌生人会迅速产生好感，反之，对老是记不住抑或弄错自己姓名的人会心生反感，此乃人之常情。对于销售顾问而言，这一点显得格外重要。

现在的问题是，记住了不会用，有可能比记不住更糟糕。

关于称呼的使用，要点主要是如下两个方面：

第一，称呼顾客的姓名不宜过于频繁；

第二，尽量把对顾客的称呼放在句子的中间，而不是句子的开头。

举几个例子。

案例一：

> 销售顾问甲：先生，这是您要的资料；先生，请喝水，咱边喝边看；先生，您觉得我们这款车的数据如何，是否符合您的要求？

怎么样？要是那位先生是你，你会有什么感觉？

相信你会觉得不爽。既然你们的对话都进行到看资料的地步了，想必你早已将自己的姓名告诉了对方，至少已将自己的名片递给了对方。可对方依然一口一个“先生”地称呼着你，好像你没有名字，抑或你的名字干脆就叫“先生”似的，这会让你产生一种不被重视、不受尊重的感觉，难怪你会不爽。

好的，你的心情我理解了。下面，再找一位清晰地记住了你的姓名的销售顾问来接待你，看看你的感觉如何。

案例二：

> 销售顾问乙：李先生，这是您要的资料；李先生，请喝水，咱边喝边看；李先生，您觉得我们这款车的数据如何，是否符合您的要求？

怎么样？这回感觉爽了吗？

相信你的回答依然是否定的。

没错，你还是不爽。因为对方称呼你的姓名实在是太频繁了，给人一种特做作、特刻意的感觉，让人不禁怀疑他的诚意。而且，如此频繁的称呼也显得太不尊重，难怪你会不爽。

好的，下面我们再看看第三个案例。

> 销售顾问丙：李先生，这是您要的资料。请喝水，咱边喝边看。您觉得我们这款车的数据如何，是否符合您的要求？

很显然，如果你是那位顾客，这次的感觉会好很多。可是不知为什么，还是觉得有那么一点儿别扭，但也说不清到底是哪里别扭。

如果是这样，我们不妨再看看第四个案例。

> 销售顾问丁：这是您要的资料。请喝水，咱边喝边看。怎么样李先生，您觉得我们这款车的数据如何，是否符合您的要求？

这一次，相信大多数人不会再有任何的不适感。因为这位销售顾问的演示，是一次相当完美的演示。一切如行云流水一般，找不出任何破绽。

这里的奥秘在于两个方面：

第一，销售顾问丁记住了顾客的姓名，但是没有频繁地称呼顾客的姓名；

第二，销售顾问丁把对顾客姓名的称呼放在了句子的中间，而不是句子的开头。

一般来说，把一个人的姓名放在句子的开头，往往意味着不友好、不亲近，在对方的心里，这样做的人或者是想打官腔，或者是想要掐架，总之，容易使人产生一种距离感和咄咄逼人的压迫感。

打个比方，当两个人杠上了，一场大战马上就要开始的时候，会有这样的对话（其实，用“对话”这个词颇有些牵强，这种情况已然可以用“对骂”来形容了）。

> 张三：李四！我 ×× 你，你丫敢再说一句试试！
>
> 李四：张三！甭跟我这儿耍横！我再说一遍又怎么了？！你丫能把我怎么着？！你给我听好了：我 ×× 你！

张三：李四！爷今天算认识你了，这么多年的朋友算白交了！

李四：张三！你给我记住你今天说过的话，从今往后咱们一刀两断、恩断义绝，就当谁也不认识谁了！

看看，这火药味浓不浓？

尤其有意思的是，这种将对方姓名放在句首的做法，不仅发生矛盾的陌生人之间常使，产生摩擦的熟人之间也常用，甚至在男女朋友之间、夫妻之间都可以经常见到这样的情况。

可见，这种在句首称呼姓名的做法有多大的杀伤力！

难怪销售顾问丙的话术看似没有任何问题，却还是让人感到一丝不对劲了。

小结：顾客的姓名一定要记住，也一定要使用，但千万不能用错。

所以，你需要掌握的第 28 个心理学妙招就是：只要被顾客告知了姓名，就要尽量放弃“先生”“女士”的代称，改称顾客的姓名。但是在称呼顾客姓名的时候，千万不要过于频繁，而且尤为重要的是，千万不要把对顾客的称呼随意放在句首。

第六节　自暴其短，赢取主动

对于商品的缺点，与其等顾客自己去发现，不如自暴其短。

问你一个问题：在销售谈判中，多说商品的优点对成交更有利，还是多说商品的缺点对成交更有利？

这个问题略显弱智，因为答案一目了然：当然是多说商品的优点对成交更有利！

好的，我愿意承认自己的弱智。下面再问一个问题：你认为在销售谈判中，对于商品的缺点，是完全回避更有利，还是适当涉及一下更有利？

这个问题稍微有些难度，不过相信在片刻的思考之后，你还是会做出这样的回答：如果可能的话，还是尽量少说或不说商品的缺点对成交更有利。除非你的商品超级牛 ×，堪称十全十美，否则最好还是别碰这个禁区。现如今市场经济这么发达，顾客的选择多如牛毛，就算你把自己的商品吹得天花乱坠顾客都未必买账呢，要是主动揭自己的短，那不是自寻死路吗？

呵呵，你的这个回答很经典，代表了绝大多数销售行业从业人员的心声。

不过，如果我没有猜错，你在说这番话的时候多少会透着点儿心虚。因为你自己心里比谁都明白：即便你想方设法回避商品的缺点，你的销售业绩似乎也就一般般，上不来下不去，撑不着也饿不死。

总之，尽管你认为自己采取了正确的销售方式，其实你的内心对这种方式带来的成果是不满意的。而且这种不满意，似乎与商品本身是否牛 × 无关，因为明摆着你们公司里还有不少业绩远远超过你，日子过得不知比你要好上多少倍的主儿。

所以很显然，问题应该还是出在了你的销售方式上面。而这个问题，其实你已经在前面的回答中清晰地为自己指出来了：正因为你把自己的商品吹得天花乱坠、完美无缺，所以顾客才不买你的账。

这一点非常好理解：你把自己的商品吹得越完美，就越容易激起顾客的戒心，这反而是一种赶走顾客的做法。

换了你自己去买东西，遇到这样的情况，相信你也会立马逃之夭夭的。

其实，我们的销售人员也是太死性，在有些事情上钻了牛角尖，走火入魔了。

只要偶尔换个角度想想，这件事情本来很容易想明白，并没有那么复杂。

没错，天底下没有十全十美的东西，凡事有一长必有一短，反之亦然。正因为这样，对于销售人员来说，商品的短处并不可怕。因为除非顾客什么都不买，只要他好歹买了点儿什么，那样东西肯定有其短处。无论如何你都要坚信一点：如果你的商品不完美，你竞争对手的也一样。在这一点上，你们是完全平等的。既然如此，在商业谈判中大胆地暴露短处有时反而是一个妙招，绝对不会让你更被动，反倒会让你处于更主动、更有利的位置。

道理很简单：对于一个主动自暴其短的销售人员，顾客会消除或减弱他们的戒心，甚至会对这样的销售人员产生好感，建立信任。在这样的情况下，销售人员说的话顾客会认真倾听，也更容易相信，生意的成功便成了一件水到渠成的事。

举几个例子。

案例一：

销售顾问甲：我们这车绝对没得挑！外形漂亮，内部空间大，油耗也低，绝对是您的首选！

销售顾问乙：我们这车的性价比相当好！外形漂亮，内部空间也大，就是油耗稍微高一些。

案例二：

销售顾问甲：我们这车可是德国最新款的，上周三全球同步上市，一推出就轰动了全世界！您看这造型、这内部空间、这配置、这装潢质量，绝对酷毙了！

销售顾问乙：我们这车是上周三全球同步上市的德国最新款！一推出就在全球车迷当中引起了轰动！这车的造型、内部空间、配置、装潢质量都没得挑，不过和其他品牌的竞争车型相比，价位也要相应地高一些。

如果你是顾客，上述两组案例中哪位销售顾问的话术更吸引你，更容易让你动心？

我没猜错的话，你的回答应该是：销售顾问乙。

没错，销售顾问甲过于强调商品优点的做法让人有点儿烦，而销售顾问乙敢于自暴其短的做法则显得更有诚意，更容易获得顾客的好感。

不过，自暴其短的做法固然值得鼓励，这具体的揭法却大有讲究，一定要有相应的章法与分寸，不能胡揭、乱揭。如果操作不当，反而会引火烧身、自毁前程。

案例一：

销售顾问甲：我们这车的性价比相当好！外形漂亮，内部空间也大，就是油耗稍微高一些。

销售顾问乙：我们这车的性价比相当好！外形漂亮，内部空间也大，就是安全性差了点儿，在国内外各种碰撞试验中得分一般。

案例二：

销售顾问甲：我们这车是上周三全球同步上市的德国最新款！一推出就在全球车迷当中引起了轰动！这车的造型、内部空间、配置、装潢质量都没得挑，不过和其他品牌的竞争车型相比，价位也要相应地高一些。

销售顾问乙：我们这车是上周三全球同步上市的德国最新款！一推出就在全球车迷当中引起了轰动！这车的造型、内部空间、配置、装潢质量都没得挑，就是有一个毛病——维修不容易。因为所有配件都是原装进口的，所以，一般来说甭管多小的毛病，没有三五个月修不好。

怎么样，你有什么感觉？

销售顾问甲的回答就不用说了。问题出在销售顾问乙的回答上——尽管这位销售顾问忠实地履行了自暴其短的义务，也许在一定程度上成功地赢得了顾客的信赖，但不出意外的话，顾客一定不会成全他的生意，而会忙不迭地逃之夭夭。

为什么会这样？很简单，因为他自暴其短的行为吓到了顾客。

所以，不是所有的短都可以揭，更不能随便揭。

如果你的选择发生了失误，那后果将很严重，而且很难弥补。

那位说了：那你让销售顾问怎么办？他们怎么会知道哪些短可以揭，哪些短又不能揭呢？

我的回答是，这个问题其实不难，无非两个途径而已：一个是在实际工作中不断地积累经验；另一个更简单，只要你学会换位思考的方法就行。想象一下你是顾客，哪些短你能接受，而哪些短你万万接受不了。

相信我，即便人和人之间会存在感觉和认知方面的差异，但是这种差异绝对没有我们想象的那么大。一般来说，你深恶痛绝的东西，别人也会深恶痛绝，反之亦然。

总之，你在与别人的换位思考、感觉对比中，寻找一个最大公约数，即一个最保险的东西就可以了。

那位又说了：我还是觉得不太靠谱，明明你的商品有缺点，你又不明确地告知顾客，这不是一种欺诈行为吗？

这个提问很有意思。你的立场也转变得太快了点儿吧？刚才还想着用回避缺点的方法来忽悠顾客，现在却摇身一变，染上了精神洁癖，以隐瞒缺点为耻了。

呵呵，开个玩笑。

不可否认，要想让自己的买卖天长日久，诚实绝对是必要前提。要知道有些东西，就算你躲得了一时，也躲不过一世。如果因为你任何的不诚实行为给顾客的利益带来了损害，那么你一定不会有好下场。因为顾客也不是傻子，上当只上一回，不会再有第二次，而且他们还会将自己的遭遇告诉别人，让所有人都远远地躲开你。总之，你的顾客会越来越少，生意会越来越差，这样一直发展下去，最后的结局也就没有任何悬念了。

所以，一定不可以欺诈顾客，我也绝不鼓励大家这样做。

在这里，我想强调的无非是揭短的方式。

简单点儿说，有些短不是不能揭，而是要看揭的时机、揭的分寸以及揭的方法。

就拿前面那两个例子来说，安全性差和维修太难都是要命的毛病，这样的毛病不是不能说，是一定不能说得太早，否则会直接吓跑顾客。你可以在商谈进行到一定程度，你与顾客之间已经建立起比较牢靠的信赖关系的情况下，再涉及这些话题。

而且，具体的话术也有讲究，一定要做到既能充分表现自己的诚意，又能成功地消除顾客的不安心理。

举几个例子。

案例一：

销售顾问：我们这车的性价比相当好！外形漂亮，内部空间也大，就是安全指标差了点儿，在国内外各种碰撞试验中得分一般。

顾客：啊？是吗？那怎么得了！这种车我可不敢买！

销售顾问：呵呵，您多虑了。一般来说，国产车在各种碰撞试验中的评分确实比进口车略低一些，毕竟我们的技术和人家相比还有一定的差距。但这并不代表国产车就一定不安全。因为现在的各种碰撞试验要求都非常严格，是根据一些极端条件设计出来的，而这些极端条件在现实生活中出现的概率极低，几乎可以忽略不计。只要您正常使用，规范驾驶，不会有任何安全方面的问题。更何况，国产车的价格相对较低，维修也很方便，在性价比方面反而比进口车更有优势。所以综合考虑，还是这款车更加适合您！

案例二：

销售顾问：我们这车是上周三全球同步上市的德国最新款！一推出就在全球车迷当中引起了轰动！这车的造型、内部空间、配置、装潢质量都没得挑，就是有一个毛病——维修不容易。因为所有配件都是原装进口的，所以，一般来说甭管多小的毛病，没有三五个月修不好。

顾客：啊？！是吗？那怎么得了！这种车我可不敢买！

销售顾问：呵呵，您多虑了。一来，我们这车采用的是德国最新技术，轻易出不了毛病；二来，我们的预防措施也很完善。如果您的车出了毛病，影响了正常驾驶，我们会为您提供一辆相同款式的代步车，在维修期间供您免费使用，绝对影响不了您的出行！

小结：“自暴其短”并不一定让你陷入被动，相反会帮你赢得顾客的好感与信赖。

所以，你需要掌握的第 29 个心理学妙招就是：在必要的时候，要以退为进、自揭短处。但一定不要逾越界限，否则将适得其反。

第五章
强化顾客的购买动机

——找准穴位，一击命中

对于消费者而言，汽车属于典型的大件商品，因此绝对不存在“冲动购买”的可能。

也就是说，在最终迈出买车这一步之前，顾客的内心一定是非常纠结的。他们既有强烈的需要，又有太多的犹豫。

所以，他们需要权衡，不停地权衡。在权衡中进一步明确需要，在权衡中进一步消除犹豫。

因此，当他们走进店里的时候，与其说是来购买你的商品，不如说是来寻求你的帮助——希望能够借助你的帮助，让他们尽快结束这痛苦而纠结的权衡，尽快拿出一个最终结果，以便彻底获得精神上的解脱。

汽车行业的销售人员之所以被称为顾问，就是这个原因。

既然是顾问，你的工作就不仅仅是卖东西这么简单，“通过解决问题向顾客提供帮助”是你不可推卸的责任。

这就意味着，在你的日常工作排序中，帮助顾客解决问题才是第一位的，销售则是第二位的。反过来说，只有帮助顾客解决了问题，你才有可能成功地完成销售。

那么，在销售的过程当中，顾客到底都有哪些问题需要我们去发掘，去解决呢？又有什么样的技巧能够帮助我们成功地终结顾客心中那些纠结的权衡，让他们痛下决心，把钱留在你这里呢？

这一章的内容，将帮你解开这些疑问。

第一节　洞悉真实的顾客需求

仅仅对应顾客的“语言”是没有意义的，你需要做的是对应顾客的“需求”。

一般来说，当顾客走进店门时，第一句话往往是——我来看看 ×× 车。

几乎你所有的生意，都是从这句话开始的。

同样起始于这句话，有些销售顾问的生意会一帆风顺，而有些销售顾问的生意却会磕磕绊绊。

为什么会有这么大的区别呢？

简单！就是因为聪明的销售顾问善于顺藤摸瓜，将顾客的真实需求发掘出来；而愚蠢的销售顾问只会机械地应对顾客的语言，却对顾客的真实需求一筹莫展。

那位说了：既然顾客有需求，那直接从顾客嘴里问出来不就完了，还用得着什么“发掘”啊？

其实不然。也许出乎很多人的意料，一般来说，完全清楚自己的需求到底是什么的顾客并不多，更多的顾客对自己的需求不甚了了甚至一无所知。也就是说，尽管他们内心深处存在某种强烈的需求，却往往无法清晰地意识到这些需求，至少是不能很好地归纳总结并准确地表达出来。

所以我们说，顾客的需求在很多时候都是需要我们去帮助发掘的，正因如此，我们才会被称为销售顾问。

那位又说了：既然如此，我们应该如何发掘顾客的需求呢？

别着急，让我们一步一步来。

首先，我们手里已经有了一个线索，那就是顾客迈步走进店门时说的第一句话：我想看看 ×× 车。

让我们从这句话开始，顺藤摸瓜，尝试着挖掘一下顾客的真实需求。

那些声称“我想看看 ×× 车”的顾客，无非有以下几种情况：

1. 早已经看上这款车了，今儿过来就是来提车的。

2. 在网上关注这款车大半年了，而且钱也攒得差不多了，今儿过来看看实物，如果名副其实，就准备掏钱拿下。

3. 在广告或大街上见过这款车，觉得不赖，所以今儿过来看看。买不买还是以后的事儿。

4. 想买一辆车，但是具体买哪款车还没有完全定下来。反正就是希望找一辆内部空间大点儿、后备厢也大一点儿的车。听说这家店的某款车不错，所以特意过来看看。

5. 不太想买车，但是听说这款车最近挺火的，感到很好奇，所以特意跑来看看。

6. 近期还没有买车的计划，但是最近交了一个女朋友，为了讨她欢心领她过来看看。

7. 没有买车的计划，兜里也没钱，可就是喜欢车，所以跑过来过过眼瘾。

8. 就是想上个厕所，但又不好意思直接说，只好找个看车的借口。

…………

当然，还会有许许多多的可能，就不一一列举了。

但是不管是哪种可能，有一点是明白无误的，那就是“想看 ×× 车”，这话没那么简单，背后一定隐藏了许多不为人知，甚至不为顾客自己所知的秘密。

而解开这些秘密，就是我们下面要做的事。

小结：顾客的语言本身不重要，隐藏在这些语言中的信息才重要。

所以，你需要掌握的第 30 个心理学妙招就是：如果顾客对你说“我想看看 ×× 车”，这就等于向你发出了一个明确的信号——希望你帮助他找到为什么想看这种车的理由。

第二节　顾客为什么要买“你的”东西，而不是“别人的”东西

顾客买东西总有一个理由，而且每个人的理由都不一样。

在一个艳阳高照的夏日里，你悠闲地走在宽敞的大街上。这时忽然有个人跑过来，死乞白赖地非要将一把伞卖给你。假设你是一个不折不扣的纯爷们儿，完全不在乎烈日的炙烤对皮肤的伤害，你是否会买下这把伞？

相信你的回答是否定的。除非你是一位嫩小伙儿，对紫外线的敏感不亚于那些爱美的女孩子，否则这把伞对你毫无意义。

好的，请再看下面的例子。

你不耐烦地拒绝了这个卖伞的家伙，继续往前走。可是这夏日的鬼天气说变就变，你还没走两步忽然下起了瓢泼大雨。这时，假设那个缠着你买伞的人还没走远，你又会怎么办？

答案是“秃子头上的虱子”——明摆着的事儿：你一定会撒丫子追上前去，半抢半买地拿下那把伞。

这个例子很通俗，却传神地道出了销售的真谛。

为什么在第一个案例中你不会买下那把伞，而在第二个案例中却做出了截然不同的举动呢？

道理很简单。在第一个案例中你没有需求，那把伞对你没有意义，不能给你带来任何利益；而在第二个案例中情况有了本质的不同——那把伞忽然之间对你有了意义，可以为你带来实实在在的利益。

所以，顾客购买任何一样东西，都一定会有一个理由：这个东西对他有意义，可以为他带来某种利益。

因此，在实际销售工作中，如果你仅仅满足于应对顾客的语言，而不能很好地应对顾客的利益，那么对于你而言，搞定买卖将是一件无比艰苦的事：你将走无数弯路，绕无数圈子，即便这样，最终你也未必如愿将顾客

拿下。

反之，如果你从一开始就能死死咬着顾客的利益不放，那么你将事半功倍，相对轻松地拿下你的生意。

举几个例子。

案例一：

销售顾问：欢迎光临！请问您想看看什么车？

顾客：我想看看A车。

销售顾问：哎呀，真不好意思，A车不是我们的品牌，我们是经营B品牌的销售店！

顾客：是吗？走错了！你能告诉我卖A车的店在什么地方吗？

销售顾问：当然没问题！您出了我们的店门往右拐，过两个红绿灯就是！他们店在马路西边儿，那儿有个特别高的广告牌，大老远就能看见！

顾客：哦，那谢谢了，不好意思，打扰了！

销售顾问：您客气了，再见！

案例二：

销售顾问：欢迎光临！请问您想看看什么车？

顾客：我想看看A车。

销售顾问：哎呀，真不好意思，A车不是我们的品牌，我们是经营B品牌的销售店！不过，您是否方便告诉我，为什么您想选A车呢？

顾客：A车是日本品牌，都说日本车省油，所以我也想买一辆日系车。如今这年头油价这么高，还是买辆油耗低的车更省心不是？

销售顾问：那实在太巧了，我们这车虽然是国产品牌，但在油耗指标上绝对不亚于日系车，我可以给您拿资料来看一下。

顾客：可是，毕竟A车是洋品牌，开出去更有面子啊！

销售顾问：您说得对，许多顾客都这样想。毕竟人家做了这么多年的车，品牌的信誉还是有的。要搁头两年，国产车肯定竞争不过人家。好在咱国产车争气，这两年在做工和质量方面越来越进步，有许多顾客都说现在的国产车变化特惊人，让他们感到特意外！

顾客：你说的也有点儿道理，现在好像身边的朋友买国产车的越来越多。

销售顾问：确实是这样，和从前相比，现在国产车的普及率要高多了。我们这里就有一款性价比特别高的车，不知道您是否有兴趣看一下？配置方面比A车要好许多，价格却只有A车的三分之二。

顾客：那好吧，既然来了，就顺便看一眼吧！

销售顾问：是啊，多看一眼没坏处，就当是多一个选择了。俗话说“货比三家”，买车对咱老百姓来说是件大事，就得多看看、多想想才靠谱！

案例三：

销售顾问：欢迎光临！请问您想看看什么车？

顾客：我想看看A车。

销售顾问：哎呀，真不好意思，A车不是我们的品牌，我们是经营B品牌的销售店！不过，我们的B车也相当不错哦！现在它的人气比A车还旺呢！您稍等，我这就给您拿点资料看看。

顾客：那好吧，既然来了，就看看吧！

销售顾问：您看这款车，论外形、论油耗、论配置，哪一点比A车差？简直就是给您量身定做的！

顾客：呵呵，这些指标确实不错，可毕竟是国产车，开出去总觉得有点儿……

销售顾问：您是说面子是吧？可光顾面子哪儿成啊，性价比您也得考虑啊！A车哪儿有我们的配置高啊！您开车毕竟得讲究实惠，不能光讲究面子不是？

顾客：可人家那车毕竟是洋品牌……

销售顾问：咳，洋品牌怎么了？洋品牌的车照样有掉链子的时候！如今这年头，都说咱中国“人傻钱多”，人家老外才舍不得把他们看家的本事用在咱中国市场呢！所以洋品牌的猫儿腻有时候反而更多，哪儿有咱国产品牌实在啊！

顾客：可是……

问：上面这三个案例中，很显然顾客走错了门。而在这一突发情况的应对方面，哪一个销售顾问的表现最好？

答：第二个案例中的销售顾问。

问：为什么？

答：也说不上为什么，就是一种感觉而已。

好的，既然这样，那就让我们一起来分析一下这三个案例。

很显然，第一个案例中的销售顾问重点应对的是顾客的语言，第三个案例中的销售顾问重点应对的是产品的特征，只有第二个销售顾问最聪明，他重点应对的是顾客的利益。

问：让我们回顾一下，在这三组案例中，顾客的需求重点是什么？

答：油耗和面子。

那么，哪个销售顾问在满足顾客的核心需求（即达成顾客的核心利益）方面做得更好，走得更远呢？

第一个案例中的销售顾问显然做得不够好，因为他在第一时间就把顾客打发走了，所以属于绝对的"状况外"。尽管态度可嘉、语言和善，还是错过了销售机会，一切都是零。

第三个案例中的销售顾问又怎么样呢？

尽管他留住了顾客，这一点值得赞许，但是显然他没有抓住顾客的核心需求。他甚至连提问这个环节都忽略了，只是一个劲儿地推销自己的产品。

就算在这个过程中他说出了顾客的一个需求——油耗，但这也是在一股脑儿地端出自己产品的一大堆优点时幸运地蒙上的，不是发掘出来的。

而且，对于顾客的第二个核心需求——面子，他没能有效地满足，却依然希望通过强行灌输自己的产品优势，迫使顾客接受他的观点。

在这种情况下，顾客只能感到茫然，甚至是反感，而不可能发自内心地认可他的推销方式。

总之，这同样是一个不折不扣的失败案例。

只有第二个案例中的销售顾问，成功地避免了这些问题，打开了顾客的心结，在很大程度上满足了顾客的利益诉求。

首先，在油耗这个指标上，这位销售顾问轻松过关；然后，在至关重要的面子问题上，他也用非常巧妙、圆熟的话术技巧最大限度地纠正了顾客的偏见，至少让顾客在一定程度上接受了他的观点。

这样，起码下面还“有的谈”，为以后的进一步接触打下了一个良好的基础。即便顾客最后依然没能战胜自己对国产车的偏见，还是选择了洋品牌，起码有一点可以肯定：顾客一定会对这位销售顾问产生相当深刻的印象，也许有一天会介绍一位亲友来他这里购车。

总之，不管是哪一种结果，案例二中的销售顾问都没有浪费这次稍纵即逝的机会，为自己的生意留下了许多有价值的伏笔。

看见了吧，同样的机会，因为应对方式的不同，结果的差异会是多么惊人！

小结：一个经常容易被忽视的基本事实是——顾客感兴趣的永远是他自己的需求，而不是你的商品。

所以，你需要掌握的第 31 个心理学妙招就是：一定要明白，你的商品有多棒对顾客没意义。切记不要推销商品，而是要满足顾客的需求。

第三节　同行踩不得！

在销售这行里，打同行的脸，就等于打自己的脸。

俗话说：同行是冤家。

这一点，在销售行业里体现得尤为明显。

长期以来，几乎所有的销售人员都笃信一条铁律，那就是——“踩同行”。

对他们而言，似乎只有狂踩竞争对手，才会增加自己的销售机会。

这样的想法与做法实在是大错而特错，因为任何一种踩同行的言行举止，都会对你的生意有百害而无一利。

之所以这么说，有这样几个方面的原因：

第一，地球人都知道你狂踩同行的目的是什么，你的这点儿心思表现得实在是太露骨了，只能引起顾客的反感与警惕。

第二，狂踩同行是一种卑贱的行为，容易让顾客怀疑你的人格是否健全。很显然，没有人愿意与人格不健全的人打交道。

第三，狂踩同行的行为往往发生在顾客对你的同行表现出某种欣赏之意的时候，这就构成了对顾客意见与情感的直接否定。我在前面说过，这样做常常会激怒顾客，容易激起他们的逆反心理，反而更坚定了顾客对你的同行所持有的正面印象，将他们推向同行的怀抱。

举几个例子。

案例一：

销售顾问：欢迎光临，请问您想看看什么车？

顾客：哦，我已经订好要买的车了，今儿到你们这儿来就是随便看看。

销售顾问：您看上什么车了？

顾客：我订了一辆 A 车，定金都交了。

销售顾问：哎呀！您怎么能买那种车啊！那车一身的毛病，地球人都知道啊！您看啊，油耗高、油门软、内部空间小，刹车还特“肉”，您买这种车不是白扔钱吗！

顾客：是吗？那车我都开了好几回了，没发现你说的这些毛病啊！再说了，我特喜欢它的造型，而且后备厢又大，出去旅游时能放不少东西呢！

销售顾问：咳，您这么想不是钻牛角尖吗？您一年能出去旅游几回啊，大多数时候还不是在市里开？再说了，A 车的造型到底哪儿好看啊？反正我是没看出来。您瞧那车头，大老远看就跟个鲶鱼头似的，开出去多掉价啊！

顾客：鲶鱼头怎么了？我觉得鲶鱼头造型挺好看，不觉得掉价！

销售顾问：那就是您太有个性了，这眼光还真是少见。我周围的朋友都是车迷，可没有一个喜欢鲶鱼头造型的。

顾客：我管别人喜欢不喜欢呢，我就是喜欢鲶鱼头！就是觉得鲶鱼头特酷、特有个性，怎么着，不允许啊？

销售顾问：当然当然，萝卜白菜各有所爱，您有您的自由……

顾客：那是，我爱喜欢什么就喜欢什么，我喜欢什么关别人屁事啊！

你看看，踩同行的下场有多惨！

这位销售顾问不但没有将自己的商品成功地推销出去（其实，严格地说，他甚至完全没有获得推销自己商品的机会），相反还狠狠地得罪了顾客，使其更加坚定了购买竞品车（A 车）的决心。真是偷鸡不成蚀把米，费力不讨好。

那位说了：不让我踩同行，我又怎么能让顾客把注意力集中到我的商品上来呢？

简单。还是那一招：欲擒故纵，四两拨千斤。

案例二：

销售顾问：欢迎光临，请问您想看看什么车？

顾客：哦，我已经订好要买的车了，今儿到你们这儿来就是随便看看。

销售顾问：您看上什么车了？

顾客：我订了一辆 A 车，定金都交了。

销售顾问：是否方便问一下那款车到底哪里吸引了您呢？

顾客：我觉得那车造型挺酷的，而且后备厢大，出去旅游的时候能放不少东西。

销售顾问：呵呵，真是太巧了，那车的造型我也特喜欢！尤其是车头，造型像个鲶鱼头，怪怪的特有个性！

顾客：可不是，我也是被那个鲶鱼头造型吸引了，觉得挺特别的。

销售顾问：那车确实不错，您确实有眼光！我身边的朋友都是车迷，他们也都说特喜欢那款车！

顾客：呵呵，多谢了。我买东西也是凭感觉，感觉好，看着顺眼，就立马拿下，没那么多犹豫。

销售顾问：是吗？那可真是太帅了，我就欣赏您这样的顾客！不像我，买个什么东西都左挑右选，迟迟拿不定主意。其实有时候相信直觉挺好的，还是直觉最靠谱，挑来挑去倒容易挑花眼，把自己挑晕了！

顾客：呵呵，言之有理！我就是这么想的！

销售顾问：这就是我佩服您的原因，看来我得向您多多学习！对了，您今儿到我们这儿来是——

顾客：哦，随便看看……我想看看你们的B车。

销售顾问：没问题，那您是先看看展车呢，还是先看看资料？

顾客：我想试驾一下行吗？

销售顾问：太没问题了！我这就给您办手续！您主要想试试哪方面的功能呢？

顾客：我想试试你们的刹车系统。

销售顾问：呵呵，您真有眼光，我们B车的刹车系统确实特别给力，脚尖轻轻一点就能刹住。哦对了，我忽然想起来了……好像一个朋友跟我说过A车的刹车系统有些软，没有30米刹不住。我也不知道是真是假，您刚订了一辆A车，想必对A车很熟悉，那车的刹车系统真有这么夸张吗？

顾客：怎么说呢，当然不至于那么夸张，可确实不太给力……

销售顾问：咳，天底下哪有那么十全十美的东西啊，A车确实不错……不过，刹车不灵确实是个问题，毕竟和安全有关……不过您放心，我们B车的刹车系统绝对让您满意。另外，您还可以顺便看看我们B车的后备厢，一点儿不比A车逊色！

顾客：是，是这样，我也是挑了许多车型，觉得只有你们B车能和A车比一比，再加上听朋友说你们B车的刹车不错，所以特意过来看看。

销售顾问：那您真是找对了！现在市场上能和A车相提并论的，还真是只有我们B车，好多顾客都有这种反映。还是您厉害，看问题一下就能看到本质！

顾客：呵呵，您过奖了，还是试驾一下再说吧！

销售顾问：没错，是这样，是骡子是马，拉出来遛遛，还是先试驾一下再说！

下面，让我们一起来分析一下这个案例，看看到底在哪个环节上销售顾问使用了“欲擒故纵”“四两拨千斤”的招数，以及这些招数到底都对顾客的心理活动产生了什么样的具体影响。

销售顾问：欢迎光临，请问您想看看什么车？

顾客：哦，我已经订好要买的车了，今儿到你们这儿来就是随便看看。

（注意，千万别被“随便看看”给忽悠了，这句“随便看看”一般情况下仅仅是一个说辞而已。顾客既然来了，当然不可能只是随便看看，这里面一定大有玄机。）

销售顾问：您看上什么车了？

顾客：我订了一辆A车，定金都交了。

销售顾问：是否方便问一下那款车到底哪里吸引了您呢？

（销售顾问并没有踩同行，而是抓住机会直奔主题，挖掘顾客的核心需求。）

顾客：我觉得那车造型挺酷的，而且后备厢大，出去旅游的时候能放不少东西。

（果然，顾客直率地将自己的核心需求和盘托出。）

销售顾问：呵呵，真是太巧了，那车的造型我也特喜欢！尤其是车头，造型像个鲶鱼头，怪怪的特有个性！

（销售顾问依然没有踩同行，而是顺水推舟迎合了顾客，轻松地消除了顾客的戒心。）

顾客：可不是，我也是被那个鲶鱼头造型吸引了，觉得挺特别的。

销售顾问：那车确实不错，您确实有眼光！我身边的朋友都是车迷，他们也都说特喜欢那款车！

（“身边的朋友”说过的话，既有可能是真实存在，也有可能是销售顾问信手拈来的一个小道具。不过不管怎么说，对这样的小道具顾客绝对是受用的。）

顾客：呵呵，多谢了。我买东西也是凭感觉，感觉好，看着顺眼，就立马拿下，没那么多犹豫。

销售顾问：是吗？那可真是太帅了，我就欣赏您这样的顾客！不像我，买个什么东西都左挑右选，迟迟拿不定主意。其实有时候相信直觉挺好的，还是直觉最靠谱，挑来挑去倒容易挑花眼，把自己挑晕了！

顾客：呵呵，言之有理！我就是这么想的！

销售顾问：这就是我佩服您的原因，看来我得向您多多学习！对了，您今儿到我们这儿来是——

（在一通奉承之后，销售顾问话锋一转，又一次打探顾客来店的目的。）

顾客：哦，随便看看……我想看看你们的B车。

（顾客吞吞吐吐，欲语还休，说明他是带着心事而来的。）

销售顾问：没问题，那您是先看看展车呢，还是先看看资料？

（利用“二选一提问法”再一次试探顾客。）

顾客：我想试驾一下行吗？

（没想到，顾客竟然直接要求试驾——心事已经若隐若现、呼之欲出。）

销售顾问：太没问题了！我这就给您办手续！您主要想试试哪方面的功能呢？

（既然机会主动找上了门，敏感的销售顾问当然不会轻易放过。）

顾客：我想试试你们的刹车系统。

（此时，顾客的心事已经基本暴露了。）

销售顾问：呵呵，您真有眼光，我们B车的刹车系统确实特别给力，脚尖轻轻一点就能刹住。哦对了，我忽然想起来了……好像一个朋友跟我说过A车的刹车系统有些软，没有30米刹不住。我也不知道是真是假，您刚订了一辆A车，想必对A车很熟悉，那车的刹车系统真有这么夸张吗？

（尽管销售顾问已然成竹在胸，但他并没有直接挑明，而是再一次借“朋友的话”这个小道具，采取迂回战术诱使顾客自己说出来。）

顾客：怎么说呢，当然不至于那么夸张，可确实不太给力……

（顾客果然中招，终于将心事和盘托出。）

销售顾问：咳，天底下哪儿有那么十全十美的东西啊，A 车确实不错……不过，刹车不灵确实是个问题，毕竟和安全有关……不过您放心，我们 B 车的刹车系统绝对让您满意。另外，您还可以顺便看看我们 B 车的后备厢，一点儿不比 A 车逊色！

（销售顾问心中狂喜，却依然不露声色，一边小心翼翼地避免踩同行，一边将顾客的注意力引向自己的商品。）

顾客：是，是这样，我也是挑了许多车型，觉得只有你们 B 车能和 A 车比一比，再加上听朋友说你们 B 车的刹车不错，所以特意过来看看。

（事已至此，顾客只能实话实说，不再与销售顾问兜圈子了。）

销售顾问：那您真是找对了！现在市场上能和 A 车相提并论的，还真是只有我们 B 车，好多顾客都有这种反映。还是您厉害，看问题一下就能看到本质！

（适时奉承一下，让顾客有个好心情，后面的事情就更好办了。）

顾客：呵呵，您过奖了，还是试驾一下再说吧！

销售顾问：没错，是这样，是骡子是马，拉出来遛遛，还是先试驾一下再说！

（一切如行云流水、瓜熟蒂落。既然顾客已经上钩，一场好戏就要开场了。）

小结：天底下有一种最愚蠢的销售方式，就是“踩同行”。

所以，你需要掌握的第 32 个心理学妙招就是：尽量避免踩同行，妙用迂回战术拿下顾客。

第四节　顾客的不满，就是你的机会！

天下没有十全十美的东西，但永远有喜新厌旧的人。

问你一个问题：你现在拥有的一切物品当中，你最喜欢的是什么？

答案可能五花八门——也许是一部苹果手机，也许是一台平板电脑，也许是一把高档吉他……

那么，你对自己最喜欢的这件物品，是否感到百分之百的满意？

对于这个问题的答案，相信不会有任何悬念：

苹果手机哪儿都挺好，可就是受到的制约太多，和许多软件都不能兼容。

平板电脑虽然又酷又方便，可就是办公系统不如笔记本和台式电脑好用。

高档吉他虽然音质出众，可就是调音和保养太麻烦，稍有闪失就会走调。

…………

总之，往往你越爱的东西，就越会有一些缺点乃至致命的缺点令你头疼不已。所谓“痛并快乐着”，估计是你最真实也最深刻的感受。

其实这很好理解，世界上本没有十全十美的东西。

当然，这一点对于汽车这种价格高昂的商品也不例外，甚至更为突出。

每一个拥有私家车的人都会对自己的爱车有一样或一大堆不满。而这些不满就是你的机会，千万不要放过。

无论顾客有没有换车的念头，只要他来到了你的店里，那就至少证明了以下两件事：

一、对于现在的爱车，他产生了不满。

二、这种“不满”有两个不同的表现方式：

1. 现在的爱车存在的某个缺陷已经让他忍无可忍。

2. 即便对现在的爱车基本满意，但总觉得别的车也许会更好更让人满意——其实，这依然是对现在的爱车存在不满的表现。

甭管是哪种情况，只要顾客开着他的爱车来到了你的店，那就证明了一件事——他在寻找一辆让自己更满意的车，来解决自己的不满。

所以，只要你能牢牢地抓住顾客的这种心理，发挥你的聪明才智，一举强化顾客心中的不满，成功地唤醒他喜新厌旧的本能，那么顺利拿下顾客就是一件轻而易举的事情。

一般来说，顾客的不满无非是以下几种情况：

1. 内部空间狭窄，坐着比较憋屈，想换一辆大一点儿、舒服一点儿的车。

2. 车渐渐显得陈旧，觉得没面子，刚好同事买了一辆漂亮的新车，让自己很受刺激。

3. 年纪逐渐大了，视力也不行了，车体太大开着不方便，想换一辆小点儿的车。

4. 渐渐有钱了，想把现在开的国产车换成洋品牌。

5. 开了好多年，车的很多功能已经不灵光了，每次加速的时候车体都有令人不悦的震动感。

6. 刚得了个大胖儿子，想换一辆宽敞点儿的车。

7. 故障率实在是太高，这两年修车的钱足够买一辆新车了。

当然，还会有一些其他的理由。但大体上无非是面子问题、舒适度问题、老旧不堪、故障多、操控性变差，等等。

这些不满往往都藏在顾客的心里，而不是写在顾客的脸上，需要我们的销售顾问施展自己的话术技巧，成功地把它们勾出来。

请看下面的例子。

销售顾问：您今儿是开 ×× 车过来的吧？我刚才在停车场看见您的车了。

顾客：是，是这样。我是开 ×× 车过来的。

销售顾问：真是太巧了，我爸开的就是这款车！

顾客：是吗？那可真是太巧了。

销售顾问：不过他那车和您的可没法儿比，他那车已经开了快十年了，都成老爷车了！您这车什么时候买的？

顾客：前年，还新着呢！

销售顾问：是吗？那就肯定没问题了。我爸那车可能是开得太久的缘故吧，现在操控性什么的都不行了，油门特软，踩到底了速度也起不来，您的车肯定没这问题吧？

顾客：唉，咋没问题呢！我这车也是油门软，提速不给力啊！在高速上回回让别人超车，好几回还差点儿熄了火，这心里真是憋屈啊！

销售顾问：是吗？我爸那车也有这些毛病，我本来还以为是车太老了，功能失灵了呢！可照您的说法，这些毛病闹不好是先天的，不是后天的。

顾客：一准儿是先天的。我问过好几个开这种车的朋友，他们都说有这方面的毛病。

销售顾问：是吗？那可是真够呛，难怪您会心里憋屈了。不过没关系，我们店的车没这些问题，油门绝对好使，特给力！

顾客：是，我也是听说你们的车不错，才特意跑来看看……

销售顾问：那可真是太谢谢了！那您是先看看展车呢，还是先看看资料？

顾客：还是先看看展车吧！你们这儿能试驾一下吗？

销售顾问：太没问题了！这样，咱干脆直接试驾得了，您一边开，我一边给您介绍！

顾客：那太好了，真是太谢谢了！

怎么样？这个案例中的销售顾问表现如何？

相信你一定会认可他的表现，但具体好在哪里似乎也说不出所以然来。

那好，为了加深你的理解，我们一起来分析一下这个案例。

销售顾问：您今儿是开 ×× 车过来的吧？我刚才在停车场看见您的车了。

顾客：是，是这样。我是开 ×× 车过来的。

销售顾问：真是太巧了，我爸开的就是这款车！

顾客：是吗？那可真是太巧了。

销售顾问：不过他那车和您的可没法儿比，他那车已经开了快十年了，都成老爷车了！您这车什么时候买的？

顾客：前年，还新着呢！

（关于上面的对话中，销售顾问的话术技巧到底妙在哪里，我们前面已经有过详细介绍，这里就不多说了。）

销售顾问：是吗？那就肯定没问题了。我爸那车可能是开得太久的缘故吧，现在操控性什么的都不行了，油门特软，踩到底了速度也起不来，您的车肯定没这问题吧？

（注意，在这段话中销售顾问预设了一个机关："我爸那车"的状况十有八九是虚构的。产品知识丰富的销售顾问不可能不知道竞争车型的缺点，所以，这是一种典型的明知故问、套顾客话的招数。但是通过拿"我爸那车"说事儿，一来可以拉近与顾客的心理距离，起到"套近乎"的效果；二来也巧妙地回避了直接踩同行，这种举动反而能赢得顾客的好感和信赖，极大地消除了顾客的戒心。）

顾客：唉，咋没问题呢！我这车也是油门软，提速不给力啊！在高速上回回让别人超车，好几回还差点儿熄了火，这心里真是憋屈啊！

（顾客果然上钩，说出了已然郁积心中许久的不满。）

销售顾问：是吗？我爸那车也有这些毛病，我本来还以为是车太老了，功能失灵了呢！可照您的说法，这些毛病闹不好是先天的，不是后天的。

（又是一个"装傻战术"。但销售顾问巧妙地通过这种战术指出了竞争车型的一个先天性缺点，同时不露声色地迎合了顾客的不满心理。这就等于给竞争车型定了性，并将顾客拉到了自己的阵营。事情到了这份儿上，这笔买卖应该已然没跑了。）

顾客：一准儿是先天的。我问过好几个开这种车的朋友，他们都说有这方面的毛病。

（果然，顾客迎合了销售顾问的"定性行为"，这说明他已经下意识地在心理上开始与销售顾问趋同，认同了"难兄难弟"，即"同一阵营的人"这个最新心理定位。既然已经成了自己人，顾客对销售顾问就完全不会设防了。）

销售顾问：是吗？那可是真够呛，难怪您会心里憋屈了。不过没关系，我们店的车没这些问题，油门绝对好使，特给力！

（销售顾问又一次用“装傻战术”及时地迎合了这种趋同心理，然后借势话锋一转，水到渠成地端出了自己的商品。）

顾客：是，我也是听说你们的车不错，才特意跑来看看……

（这个时候，顾客只能表示认可，不会再有第二种可能。）

销售顾问：那可真是太谢谢了！那您是先看看展车呢，还是先看看资料？

（标准的“二选一提问法”。）

顾客：还是先看看展车吧！你们这儿能试驾一下吗？

（顾客的迫不及待，已经很明显了。）

销售顾问：太没问题了！这样，咱干脆直接试驾得了，您一边开，我一边给您介绍！

（销售顾问及时迎合顾客的迫切心理，抓住时机直接把商谈引向一个较深的层次。）

顾客：那太好了，真是太谢谢了！

（向着成功，销售顾问迈出了稳健的第一步。）

小结：“利用不满”不等于乘人之危，而是替人解困。

所以，你需要掌握的第 33 个心理学妙招就是：挖掘乃至放大顾客的不满，从而为你的生意打开一个窗口。

第五节　学会提问

既然你不是顾客肚子里的蛔虫，那么多提问肯定没有坏处。

这一节，我们稍微放慢一下节奏，进行一次小小的复习。

迄今为止，我们已经明白了两个要点：

要点一：你的车有多棒，顾客并不感兴趣，顾客感兴趣的是他们的需求；

要点二：顾客的核心需求不会写在脑门上，需要你通过提问来发掘。

举几个例子。

案例一：

销售顾问甲：我们这车是最新款，和老款相比至少省 10% 的油！

案例二：

销售顾问乙：我们这车底盘高、轮胎大、马力足，最适合走山路！

案例三：

销售顾问丙：我们这车是七人座，平时坐五个成人一点儿问题都没有，特宽敞！

很显然，如果销售顾问甲面对的顾客是一个大款，根本不在乎油耗，这个关于油耗的“产品特长介绍”就完全是无用功，没有任何意义；

同理，如果销售顾问乙面对的顾客是一个城市里的上班族，根本不会开车去爬山，那么他的“产品特长介绍”也完全是无用功，纯属白费唾沫；

至于销售顾问丙，如果他所面对的顾客是个年轻女性，只想买一辆小型车，平时上下班开，那么他所进行的“产品特长介绍”也纯粹是对牛弹琴，瞎耽误工夫。

所以，问题的关键永远不在于你的产品，而在于顾客的需求。甭管你的产品有多棒，只要无法有效满足顾客的需求，它就只能是一堆废铁；反之，甭管你的产品有多寒碜，只要能满足顾客的需求，那它就是一个不折不扣的宝贝。

许多产品知识丰富的老手，却往往成不了真正的销售高手，问题就出在这里——对于产品，他们实在是太熟悉了；但对于顾客的需求，他们永远是“状况外”。

同时，你的身边永远会有这样一类销售顾问，他们在产品知识方面是不折不扣的菜鸟，却总能取得不错的业绩，就是因为他们特别善于和顾客打交道，能够相对准确和充分地挖掘出顾客的核心需求。

这真是一件令人遗憾的事：太多的销售顾问都有着严重的“偏科”现象，正在做着“一招半式闯江湖”的事情。

所以，那些既精通产品知识又精通顾客核心需求的人，永远是销售领域的“王”——他们鹤立鸡群，傲视众生，打遍天下无敌手。

那位说了：我也知道必须挖掘顾客的核心需求，却总是不得法。这里面是否有什么窍门呢？

当然有。而且这个窍门还巨简单，就是一个字——问，或者是两个字——多问。

既然你不是顾客肚子里的蛔虫，那么多提问总没有坏处。

只不过，这里面有一个要点需要引起你高度注意：你的提问，一定要放在产品介绍之前，而不是之后。也就是说，一定要将顾客的核心需求挖掘出来之后再有的放矢地进行产品介绍，而不是相反。

就像我在前面提到的那样，许多销售顾问都容易在商谈的过程中犯这样的毛病：他们总是过于急切地向顾客介绍产品知识，传递商品信息，好像生怕晚说一分钟，抑或漏掉一点儿就会损失一个销售机会似的。即便他们能把对顾客的提问放在产品介绍之前，也总是缺乏耐心，进行得不充分，仅仅是蜻蜓点水般地涉及一下便迅速将话题引到产品介绍上面去。

总之，这些销售顾问好像都犯了强迫症，似乎不将产品的所有优点一股脑地端出来就对不起谁似的。

这个毛病一定要改，原因如下：

第一，顾客的需求往往没有那么复杂，只有一两点而已，根本用不着你如此详尽地向他介绍产品知识；

第二，过于详尽的产品介绍往往会把顾客说晕，让他更找不到北，反而不知道如何向你诉说核心需求了；

第三，就像我们在前面所说的，如果你的介绍和顾客的核心需求背道而驰，就会让顾客感到意兴阑珊，失去了继续与你打交道的兴趣。

所以，无论你的口才有多好，“炫技”的愿望有多强烈，你都要暂时忍一忍，还是把主要精力放到提问上比较好。

你只负责提问题，让顾客多说话。他们说得越多，你就越主动。千万别怕没有你发挥特长的机会。只要你把顾客的情况和心事彻底摸清，后面就全是你的戏了。

但是，提问这件事看似简单，其实却大有讲究。我将在后面对这一点进行详细说明。

小结：对于一个销售顾问而言，商品知识很重要，但刺探顾客需求的能力更重要。

所以，你需要掌握的第 34 个心理学妙招就是：对于初次谋面的顾客，一定要先提问，后介绍商品。这样就可以有的放矢、弹无虚发。

第六节　有劲的提问，没劲的提问

商谈是否有劲，和提问方式有关。

信不信由你，区区一个提问方式，就能在很大程度上决定你与顾客之间的商谈到底有劲还是没劲。

请看下面几个例子。

案例一：

销售顾问甲：您买车主要是上下班开吧？

顾客：是，是这样。

销售顾问甲：您今儿单位休息是吧？

顾客：是，是这样。

销售顾问甲：您夫人也开车是吧？

顾客：是，是这样。

销售顾问甲：听说您是一家三口，家里还有个上小学的女儿是吧？

顾客：是，是这样……

案例二：

销售顾问乙：您买车主要是上下班开吧？

顾客：是，是这样。

销售顾问乙：单位离家远吗？

顾客：不远，往返也就半个小时左右！

销售顾问乙：是吗？往返就半个小时？呵呵，那可是够近的，估计顶多也就开个30公里左右，费不了多少油。

顾客：那是，和公司里的同事相比，我整个儿等于住单位边儿上了。呵呵，他们私下里都特羡慕我！

销售顾问乙：那可不，甭说您的同事，即便是我都特羡慕您！我家离公司远不说，一路上还净是红绿灯，从家到公司单程就得花半个多小时！

顾客：呵呵，也不能这么说，你们这行收入高啊，大家各有长短！

销售顾问乙：咳，收入高什么呀，和您比起来差远了！起码您是开车，我是骑自行车！

怎么样？这两个案例当中，哪个案例的对话让你更感兴趣，觉得更有劲？

相信你的答案一定是：案例二。

道理很简单。案例一中的销售顾问甲采取的提问方式是“并列式”。也就是说，尽管问题问了一大堆，但所有的问题互不搭界，哪儿也不挨哪儿。这样的提问方式会给顾客带来枯燥乏味的感觉，对话气氛不可能热和起来。

当然，也许销售顾问甲是希望利用有限的时间，尽可能多地从顾客那里刺探出有用的信息，但是，即便销售顾问甲达到了目的，得到了许多信息，这些信息也往往是断片式的，很难串联起来，找出一个核心的逻辑。再加上顾客意兴阑珊，他很有可能会敷衍你，有一句没一句地胡乱搭腔，从而有意无意地忽略了那些最核心、最重要信息的传递。

其实，这种“并列式提问法”不是不能用，但在使用者、适用对象以及使用时机方面却大有讲究。

一般来说，有资格用这种方法提问的，往往都是超级权威人士。在这种人面前你只需要老老实实地一一回答问题即可，完全用不着更多发挥。

打个比方，医生问诊的时候用的就是这种方法，但没有一个病人会提出异议。

同理，上级领导下来视察工作也经常会用这种方法，你需要做的也是一一回答，根本不需要说太多废话。

但销售顾问不同。不是说销售顾问没有权威，而是说这种权威在销售这个行当里一般派不上用场。所以，尽可能地避免“并列式提问法”，用一种更富情趣的提问方式向顾客发问，让你们之间的对话更有劲、更热和，是你必须尽到的义务。

这一点，案例二中的销售顾问乙就做得非常到位。

在这个对话中，他使用的是一种“关联式提问法”，也就是说，他的每一次提问几乎都是前面提问的延伸，一环紧扣一环，层层递进，既增加了对话的情趣，又进一步深入地窥视到了顾客的内心世界，为接下来的商谈打下了坚实的基础。真可谓棋高一着!

总之，“关联式提问法”最妙的地方，就在于它会让顾客产生这样一种感觉：对方对我的事情是真感兴趣，所以才不断针对我的话提出新的问题。

这样的感觉能够增强顾客的成就感，满足他的虚荣心，让他更容易打开自己的话匣子，将自己的心里话和盘托出。

为了强化大家的印象，下面再举一个例子，不妨好好咀嚼、品味一下。

案例三：

销售顾问丙：您一般黄金周长假都喜欢开车去什么地方?

顾客：去郊区。找个有山有水的地方好好玩玩。

销售顾问丙：那一般都有一些什么项目呢?

顾客：也没什么特殊的项目，就是爬爬山、钓钓鱼。

销售顾问丙：是吗?您喜欢钓鱼?真是太巧了，我爸也喜欢钓鱼。我从小就跟着他一起去河边钓鱼，可就是没学会。

顾客：呵呵，你以为钓鱼简单啊?这里面技术的成分大了去了！没有个十年八载的工夫，你根本不可能学会!

销售顾问丙：是吗?钓鱼还有这么多讲究?看来真得找个机会跟您好好学学了。不过，您要是老往有山有水的地方跑，对爱车的性能要求一定也很高吧？

顾客：可不是，现在我开的这辆三厢车底盘太低了，马力也不够，所以想到你们这儿来看看……

销售顾问丙：您说得也对。您现在的爱车在市内开一点儿问题都没有，但要是经常跑野外确实吃力了点儿，您这种情况还是买一台四轮驱动的车比较好，比如SUV（运动型多功能汽车）什么的。刚好我们这儿有一款特适合您的车，不知道您是否愿意看一下？

顾客：当然没问题，那就拜托了！

小结：如果你的提问方式很无聊，顾客的回答一定也会很无聊。

所以，你需要掌握的第35个心理学妙招就是：妙用“关联式提问法”，让顾客迅速兴奋起来，将自己的心事通通告诉你。

第七节 做个“有眼力见儿”的提问高手

如果连你自己都没弄清楚为什么提问，顾客就更加一头雾水了。

“这孙子到底想问点儿什么啊？”

如果你的问题让顾客产生了这种逆反心理，那生意就基本上没戏了。

千万别觉得我是在说笑话，生活中这样的场面一点儿都不少见。

所以，对于销售顾问而言，想方设法避免激起顾客的逆反心理，做个真正的提问高手，就成为当务之急。

举几个例子。

案例一：

销售顾问甲：估计您是想挑一辆省油的车对吧？

顾客：是，是这样。

销售顾问甲：我们这车就特省油，标准值百公里才5个油，实际开出去百公里油耗也不超过6个！而且我们这车还特灵活，最小转弯半径才××米，基本上原地打个转儿都没问题，我想您肯定喜欢。

案例二：

销售顾问乙：您今儿主要想挑一辆什么样的车？我的意思是，哪一点是您无论如何不能让步的，只要这一点不达标，您就绝对不考虑？

顾客：嗯……还是外形。我想找一辆外形酷一点儿的车，尤其是车头的造型，必须有一种霸气，开出去特提神儿才行，否则绝对不考虑。

销售顾问乙：呵呵，明白了，车头的造型是您最看重的对吧？

顾客：没错，车的派头全在车头上了。车头难看，性能再好也没用，开出去照样觉得特憋屈！

销售顾问乙：呵呵，明白了。那您看看这款车如何，这车头符合您的要求吗？

顾客：嘿嘿，这车头有点儿意思，挺有个性的！

下面，让我们来分析一下这两个案例。

先来看看案例一中的销售顾问甲。

销售顾问甲采用的是典型的“诱导式提问法”。也就是说，在发问前销售顾问心里已经有了一个答案，然后诱导顾客去迎合这个答案。这种方式从本质上说不是顾客自己拿主意，而是销售顾问在“替”顾客拿主意。

首先，销售顾问甲对顾客说：“估计您是想挑一辆省油的车对吧？”请注意，销售顾问用了“估计”这个词，就是说他的心里早已为顾客准备好了一个答案。当然，没人喜欢不省油的车，所以顾客也给了销售顾问甲一个肯定的回答。而这正中他的下怀，于是他对自己的“诱导式提问法”更加自信，紧接着推出了车体转弯灵活这一优势，希望能够再次得到顾客肯定的回答。但是，这种“诱导式提问法”最大的弊端就在于成功率比较低，不可能总是那么灵光。“省油”也许是许多人共同的选择，“转弯灵活”却未必是，这样一直问下去，销售顾问很快就会碰壁。

所以，“诱导式提问法”最致命的问题在于：这是一种“单向”提问的方式。说话的权利被销售顾问垄断了，顾客只有听的分儿，没有插嘴的机会。

显然，这样的对话是毫无意义的，甚至完全称不上对话。因为顾客根本就没有参与进来，全是销售顾问一个人的独角戏。

我们已经反复地批驳了这种对话方式：无论你对自己的能力与知识有多自信，甚至是自恋，在销售过程中你的任务永远是搞定生意，而不是炫耀自己、过嘴瘾。

从另外一个角度来说，销售顾问甲采用的也是一种“封闭式提问法”。在这种提问方式下，顾客只可能有两种反应——迅速地肯定“是”或者迅速地否定“不是”。

举几个例子。

“您找小李是吗？”

“您今儿过来是想看看 A 车吗？”

“您是想挑一辆后备厢大一点儿的车吗？”

…………

这几个都是典型的“封闭式提问”的例子。

这样的提问方式有利有弊。

先说利：

第一，顾客的回答无非有两种——“是”或“不是”，所以回答起来相对轻松，没有什么压力。

第二，如果遇到一个话痨顾客，总是跑题万里，啰啰唆唆地说个没完没了，这样的提问方式可以酌情用来控制对话时间，调节一下商谈节奏。

再说弊：

第一，由于顾客可以很容易地否决，这样的提问方式会人为地提高顾客的“摇头率”。

第二，由于顾客可以很轻松地否决，所以你们的对话节奏很有可能不停地被打乱，很难针对一个问题进行深入沟通。

第三，由于总是被顾客迅速否决，所以你必须不停地寻找新的话题，不停地提出新的问题，这会极大地干扰思维的连续性，让你不堪重负，灵感尽失。

分析过销售顾问甲，再来看看销售顾问乙的应对。

至少在这两个案例对比中，很显然销售顾问乙的应对方式要更胜一筹。因为他没有“替”顾客拿主意，而是通过巧妙的提问方式让顾客自己将核心需求和盘托出。

他使用的就是典型的“开放式提问法”。

这样的例子有很多：

“您找谁？”

“您今儿过来想看看什么车？”

“这款车什么地方吸引了您？”

…………

这些都是比较典型的开放式提问的例子，这种提问方式也有利有弊。

先说利：

第一，和“封闭式提问法”相比，“开放式提问法”能够搜集到更多有价值的顾客信息。

第二，由于不是“替”顾客拿主意，而是让顾客自己做回答，所以更容易听到顾客真正的心声，捕捉到顾客的核心需求。

再说弊：

第一，对于没有心理准备的顾客来讲，冷不丁遭遇到开放式提问有可能让他们感到措手不及，一时不知该如何作答。

案例二中的那位顾客，在听到销售顾问乙的开放式提问之后，曾经有过瞬间的犹豫，就是一个明证。

第二，开放式提问如果过于尖锐，有时也许会激起顾客的戒心，让顾客本能地提防销售顾问的动机。

案例二中销售顾问乙的那个问题——您能否告诉我哪一点是您绝对不能让步的？——就显得有些尖锐了。这样的问题，对于某些敏感的顾客来说可能具有某种侵略性，容易引起他们的疑心。

但甭管怎么说，“开放式提问法”毕竟还是有它的优势，只要销售顾问能够做到扬长避短，应该可以达到预期的效果。

打个比方。如果案例二中的顾客是个比较敏感的人，销售顾问乙可以这样做：尽量把这种尖锐的提问往后挪，先用一系列套近乎的话术技巧彻底消除顾客的戒心，再让其和盘托出也不迟。

总而言之，“封闭式提问法”也好，“开放式提问法”也罢，天下没有一种提问方式是万能的。对于销售顾问而言，一定要学会“看人下菜碟”，根据时间、地点、场合以及对象的不同，灵活地选择最合适、最高效的提问方式。

为了做到这一点，你首先要做一个“有眼力见儿”的销售顾问，知道如何提问才能从顾客身上挖掘出最准确、最有价值的信息。反之，如果你仅仅是为了提问而提问，到头来连自己都不知道这些问题到底有什么意义，那么你就是个不折不扣的“不会提问题”的人，销售这行还是趁早别干了。

小结：销售的常识之一——一定要提顾客“感兴趣”“愿意回答”的问题。

所以，你需要掌握的第 36 个心理学妙招就是：根据现场情况的不同，灵活地使用不同的提问方式。

第八节　妙用“粘贴式提问法”

提问是为了暴露细节，而不是遮掩细节。

假设现在有两个小伙儿：小 A 和小 B，他们已经与各自的女友交往多年，而且岁数也老大不小了，到了谈婚论嫁的时候。小伙儿们心里很着急，见天儿地催促女友，希望她们能尽快答应婚事。

以下是这两个小伙儿与女友的对话，让我们看看到底他们两人当中谁的话术技巧更高一筹，更有把握搞定自己的婚事。

案例一：

小伙儿A：怎么样？咱俩的婚事你到底是怎么想的？别老是抻着我啊，你也得给我个准话吧？

女友：你别老催我啊！这事儿我一个人怎么能做得了主啊，我得问问我妈的意见！

小伙儿A：也是，这种事儿你也是“大姑娘上轿”——头一遭，确实得问问家里的老人。唉，看来我也只好再等等了，但愿你能给我带来好消息……

案例二：

小伙儿B：怎么样？咱俩的婚事你到底是怎么想的？别老是抻着我啊，你也得给我个准话吧？

女友：你别老催我啊！这事儿我一个人怎么能做得了主啊，我得问问我妈的意见！

小伙儿B：那你什么时候跟咱妈提这事儿？

女友：这两天吧！

小伙儿B：“这两天”到底是哪一天？

女友：瞧把你急的！明天就说行不？

小伙儿B：那你准备和咱妈怎么说？

女友：这个我还没想好……

小伙儿B：明天就要说了，今天还不知道要说什么，这怎么行啊？

女友：那你让我怎么办？我确实不知道该怎么跟我妈谈啊！我又没有经验……

小伙儿B：那平时你和咱妈聊天的时候，她对未来女婿的哪一方面最重视？

女友：她好像跟我说过男孩子最重要的品质是有责任心……

小伙儿B：那正撞我枪口上啊！我有个远房表弟，由于家里穷交不起学费差点儿辍学，全凭我在大学时半工半读挣下的钱供他上的学，这事儿不是跟你说过吗？

女友：是，我也是因为这个事儿才对你产生了好感，觉得你人好，将来一定也会对我好！

小伙儿B：是啊，可现在的问题是，这事儿光你一人儿知道不成啊，你得让咱妈也知道啊！

女友：成了成了知道了，你是"天下第一大善人"行不！明天我跟我妈谈的时候专门说你这方面的先进事迹行不？

小伙儿B：咳，"天下第一大善人"当不当无所谓，现在对我而言人生的头等大事是当你的老公！而这个事儿丈母娘不点头就绝对没戏！这不是让事儿给逼到这份儿上了吗！

很显然，这两个案例当中能够成功"抱得美人归"的是小伙儿B，而小伙儿A要想获得成功，恐怕还得经历更多的挫折。

让我们来仔细分析一下。

当男方向女方提到婚事的话题时，很明显女方表现出某种犹豫。尽管从表面上看她需要得到母亲的协助，但内心深处，她又何尝不希望得到男朋友的协助！

而这种"渴望男朋友拉一把"的心理，其实连她自己都没有意识到，因此也就无法明确地用语言向男方表示出来。一般来说，女孩子这种微妙的心理活动，很大程度上需要男孩子主动地去体悟，而不是被明确告知后才恍然大悟。

在这一点上，显然小伙儿A的表现相当失败。他没能体悟到女朋友的心理活动，因此当女方表示想和母亲商议一下的时候，他立刻终止了进一步的提问，也就是说，他没有能够及时地拉女方一把，而是把解决困惑的任务原封不动地留给了女方。相信女孩子的内心深处一定会感到深深的失望，我们也只能祝这个男孩子好运了。

小伙儿B则不同。当女方表示要和母亲商议一下的时候，他并没有就此打住，而是通过一系列环环相扣的提问，明确了女孩子与其母亲谈话的具体时间、内容以及谈话中需要特别关注的重点。经过这一系列的问答，女孩子忐忑的心情、内心的疑惑完全被化解了，她顿时轻松了起来，不但对次日重要的家庭谈话充满了信心，也对自己与男孩子之间的关系充满了信心。在这种情况下，小伙儿 B 的好姻缘基本已成定局，他只需要为接下来的“岳母大人亲自召见”做好准备就行了。

这两个案例对销售顾问的启示作用是极大的。

就跟足球比赛一样，一般来说，生意的成败全在“临门一脚”上。这就意味着，无论你前期付出了多么巨大的努力，只要临门一脚没踢好，煮熟的鸭子也会飞掉。

那么，当销售顾问费尽九牛二虎之力，终于说服顾客动了掏钱买车的念头，也就是说，终于将生意推进到“临门一脚”阶段的时候，顾客一般会有些什么样的反应呢？

稍有销售经验的人都知道，在这种情况下顾客一般都会说“我回去和家里人再商量商量”。

“和家里人再商量商量”，这句话所蕴含的心理内涵是极其丰富的。

第一，这意味着顾客已经对你的商品产生了极大的兴趣，离掏钱购买只有一步之遥。

第二，正因为马上要涉及真金白银，顾客反而会产生一种巨大的犹豫和压力——我的选择是否真的正确？这个东西能否真的满足我的需要，是否真的值得我花这么多钱？

这种心理其实很正常。就好像女孩子出嫁前总会感到一种莫名的犹豫甚至是恐惧——马上就要嫁给他了，没有后悔药吃了，可是这个男人真的值得我托付终身吗？

总之，正因为贵重，正因为喜欢，正因为急切想要拥有，正因为其意义极其重大，人们反而会在拥有前的最后时刻产生巨大的踌躇心理。此乃人之常情。

第三，顾客之所以会说“和家里人再商量商量”，是因为家里人值得信赖。但值得信赖并不意味着靠谱。因为毕竟家里人是外行，看问题看不到点子上，所以顾客的内心深处一定渴望得到专家的协助，得到真正有价值的专业建议，从而让他们彻底放心，能够狠下心来对自己的钱包“痛下黑手”。说白了，这其实就是顾客向销售顾问求助的一种表现。而正因为有替顾客排忧解难的义务，“顾问”这两个字才真正具有现实意义。

这就好像一个人在身体不舒服的时候，总会第一时间和家里人商量。因为毕竟家里人最贴心，有什么事情人们总会第一个想到家里人。不过，家里人到底不是医生，一般情况下和家里人商量完毕后还得往正规医院跑，找真正的医生解决问题。因为只有稳妥地把自己的身体交给职业医生，人们才会真正感到放心。

所以，当顾客通过“和家里人再商量商量”的托词向你发出求助信号时，一定不要错过这个千载难逢的机会。

举两个例子。

案例一：

顾客：该了解的基本上都了解得差不多了。这样，我回去和家里人再商量商量，过两天给你回电话！

销售顾问甲：好的，那就这样。希望能得到您的好消息！

顾客：那我就先回去了，等我电话吧！

销售顾问甲：好的，期待您的好消息。再见！

案例二：

顾客：该了解的基本上都了解得差不多了。这样，我回去和家里人再商量商量，过两天给你回电话！

销售顾问乙：好的，这么大的事儿是应该和家里人好好商量商量。是否方便问一下，您回去后准备和哪位家庭成员商量一下呢？是夫人吗？

顾客：不是，我主要是想和我弟弟商量商量。

销售顾问乙：哦，和您的兄弟商量商量，那您的兄弟一定是汽车方面的行家喽？

顾客：呵呵，什么行家啊！这车我俩合资买，一人出一半的钱。所以，他也算半个车主吧！

销售顾问乙：可不是！要这样的话，您兄弟真是半个车主了！那是否方便问一下，您兄弟对这款车都有一些什么看法呢？

顾客：他说这款车哪儿都挺好，就是排量有点儿大，有点儿费油！

销售顾问乙：是，是这样，我们这车对私家车而言排量是稍微大了一些，难怪您兄弟会有这方面的顾虑。那么，能不能问问您个人在排量方面的看法？

顾客：我喜欢排量大点儿的车！这玩意儿出去游山玩水什么的开着多带劲啊！

销售顾问乙：呵呵，看来您是个旅游家，我们这车还真是适合您这样的人开！不过，在相同排量的竞争车型当中，我们这车的油耗可是最低的，甚至比一些品牌小排量的车型都低，这方面的资料已经给您看过了，也希望您能转告给您的兄弟！

顾客：没问题，我也正准备用这一点说服他呢！

销售顾问乙：呵呵，那说明咱俩想一块儿去了，看来您真是我的知己啊！对了，除了排量方面的问题，您兄弟还有其他顾虑的地方吗？

顾客：嗯……让我想想……还有一个，我弟觉得你们这车……

很显然，在这两个案例中，销售顾问乙的话术技巧更高一筹。由于这两个案例类似于前面的求婚案例，这里就不做具体的案例分析了。

无论是求婚案例中的小伙儿 B 还是上面案例中的销售顾问乙，他们之所以能在对话中占据主动，是因为采取了一种“粘贴式提问法”。具体地说，他们没有满足于泛泛的提问，而是贴身紧逼、步步为营，一点一点地让所有的细节逐渐浮出水面，最终完全暴露在他们的枪口之下。因此，他们总是能够直奔主题，解决最核心的问题，让事情的结果尽快水落石出，迅速明朗化。

这才是真正解决问题的态度，一种高超的“临门一脚”技法。

而小伙儿 A 和销售顾问甲之所以做不到这一点，是因为他们没有学会“粘贴式提问法”，所以对于他们而言，问题始终沉在水底，从未真正解决。这些问题或者被延后，或者被搁置，唯独不会减少。

小结： 顾客对你说“和家里人再商量商量”，这就意味着他在向你求助，希望你帮他下决心。

所以，你需要掌握的第 37 个心理学妙招就是：巧用“粘贴式提问法”，把顾客心里所有的秘密，以及这些秘密涉及的所有细节都逼问出来。

第九节　5W2H 法则

有些东西靠揣摩是没有用的，必须让顾客亲口说出来。

在上一节中，我们详细介绍了“粘贴式提问法”的具体内容。那么，这种提问方式是否存在什么窍门呢？

我们还是从那个“和家里人再商量商量”说起。

显然，“和家里人再商量商量”这句话提供的信息并不多，尤其是一些至关重要的核心信息，几乎没有任何涉及。

这些核心信息是：什么时候商量？和谁商量？在哪儿商量？商量什么？怎样商量？……

用一系列的关键词将这些核心信息追问出来，就是“粘贴式提问法”的秘诀。

我们可以把这个秘诀称为“5W2H 法则”。

只要你能熟练地掌握并运用好这套法则，你的“粘贴式提问法”就会达到炉火纯青的境界。

下面，让我们通过一系列案例来详细地了解一下“5W2H 法则”。

一、关于 5W。

1.What（什么）——商量什么？对什么不满？对什么有兴趣？等等。

顾客：这车真不赖！

销售顾问：谢谢！您喜欢这车的什么地方呢？

顾客：造型。你瞧这车头，跟鲶鱼头似的，多有个性！

2.Who（谁）——和谁商量？谁来驾驶？谁掌握最终决定权？等等。

顾客：不要求多大马力，我们主要是在市内开，不怎么往野外跑。

销售顾问：是吗？那这车买回去之后谁来开呢？

顾客：我女儿开，我和老伴儿都退休了，买车主要是给她用。

3.Where（哪里）——在哪里驾驶？从哪里知道的？准备把车存放到哪里？等等。

顾客：你们这家店气氛真不错！

销售顾问：谢谢您的夸奖！是否方便问一下您是从哪里知道我们店的呢？

顾客：哦，从报纸广告上看到的。

4.Why（为什么）——为什么想选后备厢比较大的车？为什么喜欢SUV？夫人为什么不满意这款车？哪里不满意？等等。

顾客：不好意思，我媳妇儿好像不太待见这款车。

销售顾问：那您能否告诉我夫人为什么不喜欢这款车？到底是哪里让她不满意呢？

顾客：她说你们这车造型太粗犷了，过分男性化，不太适合女人开。

5.When（什么时候）——什么时候谈？最晚什么时候能有结果？什么时候能得到您的回复？等等。

顾客：明年我女儿就要上小学了。学校离家太远，没有车不方便。

销售顾问：是吗？那您准备最晚什么时候买车呢？

顾客：嗯……今年年底吧，怎么着春节前也得把这事儿办了。

二、关于2H。

1.How（怎么样）——准备怎么谈？考虑得怎么样了？怎样做才能帮到

您？等等。

顾客：我是喜欢轿跑车，可我爸非说轿跑车是女人开的车，男人还是开 SUV 更帅！所以这事儿还得和我爸好好商量商量，毕竟买车的钱他出。

销售顾问：明白了，那您准备怎么和您父亲商量呢？

顾客：咳，软磨硬泡、死缠烂打呗！毕竟车是我开，又不是他开！

2.How many/much（多少）——多少钱？多少天？多少人？等等。

顾客：毕竟是普通上班族，想买辆经济实惠点儿的车。

销售顾问：好的，明白了。那您是否方便说一下大概的预算是多少？

顾客：10 万块钱以下的车吧！超过 10 万块就太高档了。

总之，只要你能熟练掌握“5W2H 法则”，顾客的一切核心信息都会被剥茧抽丝，完整地呈现在你的面前。

不过，在使用这一法则之前，还有一点需要特别强调一下，那就是要高度注意现场的氛围以及提问时的语气。

由于“5W2H 法则”过于“黏稠”过于“贴身”，有点儿“打破砂锅问到底”的劲头，如果使用不当，很容易给顾客造成一种压迫感，甚至彻底激怒顾客。所以，分寸的把握是绝对必要的，千万不要将提问变成一种质询，甚至是审问，那样就会适得其反，让你鸡飞蛋打，前功尽弃。

一个好的办法是：先说一些废话暖暖场，等气氛融洽时再出招。如气氛再次绷紧，一定要适可而止，绝不能勉为其难。这个时候，可以再用一些废话暖暖场，等气氛好转之后再重新出招。如此周而复始，必定会有所斩获。

小结：顾客的核心信息不会写在脑门上，需要你施展招数将它们一个一个“钓”出来。

所以，你需要掌握的第 38 个心理学妙招就是：妙用 5W2H 法则，让顾客自己说出他的核心信息。

第六章

一切为了顾客的“认可”

——为什么顾客会“不认可”

所有的销售顾问都会为一件事情备感头疼：顾客的“挑刺儿”。

“你们这车油门儿也忒软了，提速超慢！恐怕在大街上连电动自行车都超不过吧？”

“你们这车钢板儿也忒薄了，估计撞上一辆三轮车也得凹进去一大块儿吧？省钱哪有这么省的，这不是拿乘客的生命开玩笑吗！”

“你们这车的后备厢也忒小了点儿吧？兴许放两只猫进去都得活活挤死！”

…………

其实，如果顾客的这些挑刺儿行为缘于客观事实，销售顾问心里可能还会好受点儿。虽然顾客的话有些刺耳，毕竟人家说的是事实，销售顾问也只能低头认栽。问题是，这些挑刺儿的主儿往往是故意找碴儿，明明自个儿是不折不扣的外行，却偏偏要装出一副内行的样子，对店家的商品横挑鼻子竖挑眼，不停地大放厥词，真真是“是可忍孰不可忍”！

坦白说，销售顾问的这种心理完全可以理解，但是恕我直言，有这种心理的销售顾问没一个是真正的高手。因为对于真正的销售高手而言，顾客的挑刺儿行为甚至“没事儿找事儿”行为，都是天大的利好，是搞定生意至关重要的突破口。

对于顾客的这些行为，高手们欢迎都来不及，怎么可能抱怨呢？

有人可能大惑不解：你说得也太夸张了吧？怎么连顾客的“没事儿找事儿”都成了利好，成了值得欢迎的事情了？

别着急，听我慢慢解释。

顾客为什么会“没事儿找事儿”？因为他们是外行。

正因为不懂，所以才会乱说，也就是所谓的“没事儿找事儿”。

但请务必注意，这里所指的“乱说”，是针对懂行的销售顾问而言的。对于完全外行的顾客而言，他们可不认为这是乱说。在他们心里，这些缺陷与不满都是真实存在的，所以自己只是对这些“事实”发表“客观”见解而已。

这就是机会！

道理很简单。顾客对你的商品有不满，而这些不满又是错误的，所以，只要你能够运用你的专业知识说服顾客，纠正他们的错误认知，他们对于你的商品所抱有的偏见顷刻间就会烟消云散，这将为你的生意扫除一个巨大的障碍，剩下的路就是一马平川了。

所以不夸张地说，顾客的偏见就是你最大的销售机会。消除了偏见，你的生意便会水到渠成。

我在前面曾经说过：销售就是一个不断说服的过程，而“消除偏见”在说服过程中往往占有最大的比重。

对于真正的销售高手而言，顾客的挑刺儿行为与上门送钱几乎没有什么区别，原因就在这里。

但是，巧妙地化解偏见不是一件容易的事儿，需要掌握一些特殊的话术技巧。本章将在这方面做一些有益的尝试。

第一节　为什么顾客会“挑刺儿”

不是顾客喜欢挑刺儿，而是顾客没弄明白。

天下没有喜欢找事儿的人，“多一事不如少一事”是人类强大而顽固的本能。

顾客挑刺儿，一定是因为他遇到了某种思维障碍。

简单点儿说，这种思维障碍就是三个字：不明白。

顾客的“不明白”主要体现在两个方面：

第一，不明白事情的真相；

第二，不明白自己的需求。

也就是说，由于缺乏专业知识，顾客往往会对商品产生许多误解；同时，由于自己也没弄清楚自己到底想要什么，所以顾客往往会表现得语无伦次、前后矛盾。

对于普通消费者而言，汽车这种商品实在是太昂贵了，在买车这件事情上绝对不允许有任何闪失，所以顾客才会不停地吹毛求疵，将自己的疑问用有些夸张甚至是神经质的方式表现出来。他们的目的其实很简单，就是渴望买到一辆堪称“完美无缺”的车，绝对不希望在这件事情上留下任何遗憾。尽管言辞苛刻，却绝对出自真心，并非存心为难销售顾问，毕竟大家“往日无冤，近日无仇”，顾客犯不着。但销售顾问往往体谅不到顾客的真实心境，在他们心里，顾客的这些行为真是一种极其令人厌恶的“找事儿”和“挑衅”行为。既然是挑衅，销售顾问当然不能泰然处之，他们或者奋起反击，或者冷漠相对，总之是与顾客对着干，而不是理解与满足顾客的渴望。这实在太令人遗憾了。

同样的道理，越是昂贵的商品，顾客往往越会举棋不定，自己都搞不清楚事情的重点是什么，到底关注哪些方面才能最大限度地捍卫自己的利益，满足自己的需求。

这种“举棋不定”会让顾客陷入一种极其烦躁不安的心理状态，无法自拔。在这种情况下，顾客往往会表现得刻薄、极端而富有攻击性，显然，这样的表现在销售顾问的眼里很容易被视为“找碴儿”与“挑衅”。

其实，只要销售顾问能够看透顾客的心理，通过高超的话术技巧摸清顾客的核心需求所在，在此基础上利用自己的专业知识帮助顾客一举实现这些核心需求，顾客一定会感恩戴德，毫不犹豫地成全你的生意。

那么，什么样的话术技巧能够巧妙地化解顾客的偏见，什么样的话术又会让顾客的偏见变得更严重，甚至有可能彻底激怒顾客呢？

请看下面两个例子。

案例一：

顾客：你们这车钢板儿也忒薄了，估计撞上一辆三轮车也得凹进去一大块儿吧？省钱哪有这么省的，这不是拿乘客的生命开玩笑吗！

销售顾问甲：呵呵，您的观念也太落伍了吧？钢板儿厚就一定安全啊？说出来不怕您不信，钢板儿厚照样不安全！不信您可以到网上查查，看看那些您认为钢板儿比我们厚的车事故率有多高！

顾客：这怎么可能啊？钢板儿越厚车越结实，车结实了里面坐着的人不就更安全吗？这可是地球人都知道的道理啊！

销售顾问甲：这怎么不可能？现如今科技这么发达，安全性早就和钢板儿的厚薄没关系了！而且，闹不好钢板儿越厚反而越不安全！您想啊，厚钢板儿一定特别脆，好歹撞一下就能给撞断了。前两天网上登了一张事故车的照片，就是您说的那种厚钢板儿的车。好家伙！整个儿从中间断开了，彻底撞成两截了！

顾客：你说得也忒夸张了！哪儿至于撞成两截儿了啊！

销售顾问甲：嘿嘿，您还真别不信，这还是一真事儿！我可以告诉您一个网址，您可以回去自个儿查查！

顾客：咳，我才不查呢！就算网上有这个事儿又能怎么着？能证明什么啊？谁不知道现如今网上的照片全是PS出来的？这年头为了干掉竞争对手有几个不玩儿猫儿腻的？

销售顾问甲：没想到您还挺固执，愣是不相信科学！

顾客：我不是不相信科学，问题是谁能保证你说的就一定是科学？你是科学家吗？你要是科学家的话还能跟这儿卖车？

销售顾问甲：咳，让我说您点儿什么好啊……

顾客：说什么啊说，什么也别说了！我就认准了你们这车钢板儿薄、安全性差，你又能把我怎么样？！

销售顾问甲：成成成，您正确，您牛，我说不过您成了吧？……

顾客：唉，早这么说不就没事儿了，啰啰唆唆说了这一大堆！

案例二：

顾客：你们这车钢板儿也忒薄了，估计撞上一辆三轮车也得凹进去一大块儿吧？省钱哪有这么省的，这不是拿乘客的生命开玩笑吗！

销售顾问乙：呵呵，您为什么会这么认为呢？

顾客：这还用问啊！钢板儿越厚车越结实，车结实了里面坐着的人不就更安全吗？

销售顾问乙：没错，您有这样的理解很正常。一般情况下，大家都会觉得钢板儿厚一些的车更安全。要是汽车工业一直这样发展下去，一定会消耗大量的资源，咱的地球恐怕负担起来就有些难度了。好在咱人类的智慧够伟大，发明了许多新科技，现在汽车的安全性已经与钢板儿的薄厚无关了。

顾客：这话怎么讲？

销售顾问乙：是这样，按照今天的科技水平，汽车的安全性已经和钢板儿的薄厚无关了，而和钢板儿的抗击打性、弹性和韧性有关。这些指标又和制造钢板儿的原材料以及制造工艺有关。如果您觉得不好理解，就给您举个简单的例子。相信您肯定看过国外的枪战片儿吧？

顾客：看过，不过枪战片儿和钢板儿有什么关系？

销售顾问乙：呵呵，您别着急，听我慢慢说。在国外的枪战片儿里，警察往往都穿着防弹衣。现如今的防弹衣，就是薄薄的一层，穿在身上非常轻便。可这要搁过去，情况就大不一样了。那时候的防弹衣又笨又沉，穿在身上就跟坠了好几个大铅块儿似的，行动起来特不方便。可如果要说性能，现如今的防弹衣防弹效果肯定要比过去的强，这个您不会反对吧？

顾客：那是没错，科技这玩意儿只能越来越发达，怎么可能越来越落后呢？

销售顾问乙：这就对了。所以说钢板儿也一样，不是说越厚重就越安全。只要质量好、科技含量高，薄钢板儿照样安全，甚至比厚钢板儿更安全也说不定呢！

顾客：嗯……你说的似乎也有些道理……

销售顾问乙：还不止这些。由于薄钢板儿比较轻，所以采用这种钢板儿造出来的车开起来更轻便、更舒适也更省油，而且外形往往也更帅气、更潇洒。您看看，就钢板儿这一点，给我们的车带来了多少竞争优势！对您而言，这意味着性价比更高啊！

顾客：嗯……你说的似乎也有些道理……

销售顾问乙：不过，听您说话的意思，似乎您对汽车的安全性格外在意？

顾客：可不是吗！实不相瞒，我上个月刚得了个大胖小子，所以希望座驾能尽量结实点儿。

销售顾问乙：是吗？那可是恭喜您了！这么说我就更能理解您的心情了。车上坐着心爱的小宝贝，当然要绝对确保安全性了！

顾客：是，是这样，这也是我的一块儿心病。其实我也不是不懂科学，只不过事情一涉及我儿子，就变得格外敏感，甚至有些神经质。您可千万别在意啊！

销售顾问乙：呵呵，瞧您说的，这怎么能叫神经质呢？这可是世界上最伟大的父爱啊！我感动都来不及呢！

顾客：呵呵，您过奖了，不过您真的很善解人意……

销售顾问乙：咳，瞧您说的，这些不都是人之常情吗！哦，对了，说到安全性，我觉得您更有必要好好考虑一下我们这款车了。我们这款车去年在欧洲和美国都获得了最高级别碰撞试验的最高分。

我们这里有资料，您可以看一下。或者您回家后用百度搜一下也能看到相关的新闻。

顾客：实不相瞒，其实我看过这个新闻，所以才会特意跑到你们店里来看这款车。只不过一见你们的车钢板儿这么薄，心里还是不禁打起了小鼓，所以才……

销售顾问乙：呵呵，没关系，可以理解！还是那句话，一切都是出于伟大的父爱！不过，您现在对钢板儿的问题不会再有什么疑惑了吧？

顾客：不会了不会了，经您这么一解释，我这心里的疙瘩算是彻底解开了。

销售顾问乙：那就好，能给您帮上忙是我的荣幸。这样，为了向您这种伟大的父爱表示敬意，我再向您做一个承诺，如果您购买我们的车，我一定赠您一套最高档的儿童安全座椅，确保小宝贝的安全万无一失！

顾客：是吗？那可真是太谢谢你了！今儿我算没白来！

很显然，销售顾问甲是个彻头彻尾的失败者。他不但没能让顾客相信他所主张的“真理”，相反却彻底激怒了顾客，招来顾客更为激烈的“挑衅”言行，使自己陷入一种极端尴尬的境地。而销售顾问乙则完全不同，他不但巧妙地化解了顾客的偏见，而且在这个过程中顺势牵出了顾客的核心需求。既解决了顾客的疑惑，又满足了顾客的需求，不出意外的话，这笔买卖已然成为他的囊中之物了。

以上两个案例，希望大家多读几遍，逐字逐句地细细体味，相信一定会有所收获的。

小结：挑刺儿的顾客最可爱。因为他们一旦开始挑刺儿了，就说明他们要动真格的了。

所以，你需要掌握的第 39 个心理学妙招就是：帮助顾客拔掉心中的刺，牵出他们的核心需求，漂亮地搞定“临门一脚”。

第二节　要“拔刺儿”，不要“造刺儿”

信不信由你，顾客身上的“刺儿”，有许多都是你帮他们“造”出来的。

尽管有刺儿的顾客最可爱，但这并不意味着所有的刺儿都值得爱。

对销售顾问而言，如果顾客身上的刺儿源于他自己，这种刺儿就是好刺儿，是值得欢迎的刺儿，它们的存在将大大有利于你的成交；但是，如果顾客身上的刺儿源自销售顾问，这种刺儿就是毒刺儿，对你的生意有百害而无一利。

举两个例子。

案例一：

销售顾问甲：我们这车是七人座的车，内部空间特宽敞！

顾客：可是我们没有七个人啊！

销售顾问甲：是吗？那也没问题。您看啊，您只要这样折一下，然后往上这么一提，再往前这么一推……您看看，最后排的座儿就能完全放倒，而且还特平整。这样一来，车的整个后部就都成后备厢了。这玩意儿就算搬个家都没问题，多少东西都能装得进去！

顾客：嗯，可不是吗，确实不错……

销售顾问甲：我们这车款式也全，什么配置的都有。天窗版的、导航版的、手动挡、自动挡、无级变速的……总之应有尽有，绝对会有一款适合您！怎么样？挑一款顺眼的，来上一辆？

顾客：这事儿不急，你再让我考虑考虑。

销售顾问甲：咳，还考虑什么呀！我们这车现在特别热销，您要是不赶紧买兴许过两天就断货了！

顾客：呵呵，成，那我回去拿钱，明儿上午就过来提车！不好意思，我家里还有点儿事儿，先回去了，回见！

案例二：

销售顾问乙：您的座驾一般情况下都坐几个人？

顾客：一般就我一个人开。不过节假日外出旅游的时候，我们全家都算上得坐六口人！

销售顾问乙：是吗？就是说除了您之外，还有五位家庭成员会乘坐这辆车？

顾客：是，是这样。我们全家人都喜欢旅游。

销售顾问乙：呵呵，那可真是太让我羡慕了！实不相瞒，我也特喜欢旅游，可我现在的座驾是辆自行车，哪儿都去不了，和您可没法儿比！对了，既然您全家都喜欢旅游，那行李一定不少带，对后备厢一定有特殊的要求吧？

顾客：可不是！帐篷、渔具、一家人的吃喝住用……总之要带的东西多了去了，后备厢要是小了还真是玩儿不转！

销售顾问乙：呵呵，能想象得出来！那您看看我们这款车，您觉得后备厢怎么样？称您的意吗？

顾客：嗯……看起来不赖。

销售顾问乙：还不只是这样，我再给您一个小惊喜。您看啊，只要您将最后排的座椅这么一折，然后往上一拉，再这么一推……您看看，就能完全把它放平，这样一来，整个车的后部就都成后备厢了。别说外出旅游，即便是搬个家什么的也没问题，有多少东西都能装得进去！

顾客：嘿嘿，是不错。这玩意儿是挺方便，设计得挺巧妙的！

销售顾问乙：不过，我们这车是七人座，后排座椅放倒后就只能坐五个人了。您家里有六口人，全坐进去可能稍微挤一些。所以，除非万不得已，还是不要放倒比较好。

顾客：没关系，我们家不全是成年人，还有两个上小学的孩子，应该不会太憋屈！

销售顾问乙：是吗？那样的话可能要好一些，应该不会太挤了。

呵呵，这样说来，这款车简直是为您和您家人量身定做的啊！

顾客：可不是！这款车确实不错，我很喜欢！

很明显，案例一中的销售顾问甲只是一味地推销自己的商品，却完全忘记了替顾客排忧解难。也就是说，他不但没能拔掉顾客心中的刺儿，相反还给顾客制造出新的刺儿，让顾客更困惑不安，最后只能逃之夭夭；而销售顾问乙则是一位不折不扣的高手，他不但没有人为地制造刺儿，相反还成功地拔掉了顾客心中的刺儿，从而为自己的生意扫清了最为关键的障碍。

让我们仔细分析一下这两个案例。

案例一：

销售顾问甲：我们这车是七人座的车，内部空间特宽敞！

（一开场，销售顾问就摆出了一副十足的“推销”的架势。）

顾客：可是我们没有七个人啊！

（由于销售顾问的推销和自己的实际情况完全不搭界，顾客只能感到困惑。）

销售顾问甲：是吗？那也没问题。您看啊，您只要这样折一下，然后往上这么一提，再往前这么一推……您看看，最后排的座儿就能完全放倒，而且还特平整。这样一来，车的整个后部就都成后备厢了。这玩意儿就算搬个家都没问题，多少东西都能装得进去！

（销售顾问似乎也意识到了顾客的困惑，但依然在拼命地推销。）

顾客：嗯，可不是吗，确实不错……

（顾客感到很无奈，只好随口应和。）

销售顾问甲：我们这车款式也全，什么配置的都有。天窗版的、导航版的、手动挡、自动挡、无级变速的……总之是应有尽有，绝对会有一款适合您！怎么样？挑一款顺眼的，来上一辆？

（顾客的感受似乎与销售顾问无关，后者依然沉浸在自己的世界中，玩儿了命地推销。）

顾客：这事儿不急，你再让我考虑考虑。

（很明显，这时顾客已经开始打退堂鼓，琢磨起抽身之策了。）

销售顾问甲：咳，还考虑什么呀！我们这车现在特别热销，您要是不赶紧买兴许过两天就断货了！

（如此幼稚的忽悠，只能用来骗鬼而已。）

顾客：呵呵，成，那我回去拿钱，明儿上午就过来提车！不好意思，我家里还有点儿事儿，先回去了，回见！

（顾客以其人之道还治其人之身。此番离去之后，绝无可能回头。）

总之，对于不理解，甚至压根儿就不想理解自己的人，顾客只有反感，心中萌生出更多的刺儿。

案例二：

销售顾问乙：您的座驾一般情况下都坐几个人？

（一开场，销售顾问便“开放式提问法”与“粘贴式提问法”并用，直奔顾客的核心需求而去。）

顾客：一般就我一个人开。不过节假日外出旅游的时候，我们全家都算上得坐六口人！

（顾客轻松、自然地向销售顾问如实道出了一个关键信息。）

销售顾问乙：是吗？就是说除了您之外，还有五位家庭成员会乘坐这辆车？

（“重复顾客说过的话”，获取点头率。）

顾客：是，是这样。我们全家人都喜欢旅游。

（顾客只能表示认同。）

销售顾问乙：呵呵，那可真是太让我羡慕了！实不相瞒，我也特喜欢旅游，可我现在的座驾是辆自行车，哪儿都去不了，和您可没法儿比！对了，既然您全家都喜欢旅游，那行李一定不少带，对后备厢一定有特殊的要求吧？

（销售顾问“套近乎”与“奉承话术”并用，迅速迎合顾客的话，让对方收获一个好心情，及时消除顾客对自己的戒心。然后话锋一转，又一次直奔对方的核心需求而去。）

顾客：可不是！帐篷、渔具、一家人的吃喝住用……总之要带的东西多了去了，后备厢要是小了还真是玩儿不转！

（顾客又一次自然而轻松地道出了自己的核心需求。）

销售顾问乙：呵呵，能想象得出来！那您看看我们这款车，您觉得后备厢怎么样？称您的意吗？

（再一次迎合顾客，强化顾客视销售顾问为“自己人”的心理认知，然后迅速将话题引向自己的商品。）

顾客：嗯……看起来不赖。

（由于“不得不点头”的氛围越发浓厚，顾客又一次轻松而自然地发表了肯定的见解。）

销售顾问乙：还不只是这些，我再给您一个小惊喜。您看啊，只要您将最后排的座椅这么一折，然后往上一拉，再这么一推……您看看，就能完全把它放平，这样一来，整个车的后部就都成后备厢了。别说外出旅游，即便是搬个家什么的也没问题，有多少东西都能装得进去！

（销售顾问趁热打铁，不失时机地亮出了新的绝招，试图一举锁定胜局。）

顾客：嘿嘿，是不错。这玩意儿是挺方便，设计得挺巧妙的！

（顾客几乎已经没有了回旋余地，只能跟着销售顾问的节奏走。）

销售顾问乙：不过，我们这车是七人座，后排座椅放倒后就只能坐五个人了。您家里有六口人，全坐进去可能稍微挤一些。所以，除非万不得已，还是不要放倒比较好。

（通过“自暴其短”的招数，再送上贴心话语，彻底消除顾客的戒心。）

顾客：没关系，我们家不全是成年人，还有两个上小学的孩子，应该不会太憋屈！

（顾客此时的表现，已经是反过来替销售顾问解围。也就是说，在顾客的心目中，此时的销售顾问已经完全成了“自己人”。）

销售顾问乙：是吗？那样的话可能要好一些，应该不会太挤了。呵呵，这样说来，这款车简直是为您和您家人量身定做的啊！

（销售顾问顺水推舟，迅速接受顾客的好意，再一次迎合顾客，彻底锁定胜局。）

顾客：可不是！这款车确实不错，我很喜欢！

（此时的顾客已经被完全征服。生意的成交应该是一件水到渠成的事了。）

总之，对于那些试图理解自己，向自己的内心世界靠拢的人，人们总是会本能地敞开心扉，予以最热烈的欢迎。

最后，再送上一个彩蛋，列出一个“造刺话术清单”，请大家好好品味一下：

1. 甭管顾客爱不爱听，一个劲儿地单方面宣传产品的卖点。

2. 总是说一大堆巨专业、巨“标准”的话，让顾客不明就里、一头雾水。

3. 过于泛泛而谈，说话没有重点，或者太一般化，说不说两可。总之，让顾客听了之后一个劲儿地犯晕，不知道这些话和自己有什么具体关系。

4. 总是太心急，恨不得三言两语就彻底拿下顾客，让顾客心里直发毛。

5. 总是说一些不着调儿的话，强调一些和顾客的核心需求背道而驰的观点，让顾客想不挑刺儿都不行。

…………

顺着这个思路往下想，也许你还能想出更多的“造刺儿话术”来。那就不妨大胆地尝试一下，一定会使你大有收获的。

小结：顾客自己“长”出来的刺儿好对付，真正难对付的是你亲手为顾客“造”出来的刺儿。

所以，你需要掌握的第 40 个心理学妙招就是：掌握正确的话术技巧，避免“造刺儿”，多多“拔刺儿”。

第三节　不战而屈人之兵

只要钱在顾客兜里揣着，与他们正面博弈就是一件愚蠢的事。

在本书中，我一再批驳了“炫技式”的销售手法。

这样的手法有两个异常鲜明的特点：

第一，总是试图否定顾客；

第二，总是试图“教育”顾客。

总之，这些都属于与顾客“正面博弈”的销售方式，而任何一种形式的“正面博弈”都是极其危险的，对销售顾问的生意有百害而无一利。

道理很简单，与内行的销售顾问相比，顾客属于纯外行，因此，在专业知识方面，顾客是绝对的弱势群体。在这样一种情况下，与销售顾问的正面博弈对顾客而言是极其不公平的。如果按照常规打法进行博弈，销售顾问一定会取得压倒性胜利。而这样一种结果，会极大地刺伤顾客的自尊心，让他们觉得很没面子。所以，在这种实力极不对等的博弈当中，顾客显然不会采取常规打法与销售顾问过招，而是倾向于出奇制胜，说白了，就是破罐子破摔，与销售顾问死磕到底。不客气地说，任何一个敢于和顾客正面博弈的销售顾问，都不可能讨到半点儿便宜。

这一点，恰恰也是令我们的销售顾问最为烦恼的事情。

明明你什么都不懂，我好心好意教给你，你还跟我掐，这不是有病吗！整个儿一好赖不分、恩将仇报啊！——这既是销售顾问的心声，也是销售顾问的心病、心结。

其实，销售顾问为这样的事情纠结实在是大可不必。

没错，你确实是顾问、是专家。正因为如此，你有着一份专家的矜持与自傲。但是别忘了，对这个东西顾客未必买账。他们也许需要你的专业知识，但绝对不需要你摆专家的臭架子。也就是说，顾客压根儿就没想和你拼专业，他们只是想维护自己的面子而已。

所以，这个事儿原本极易解决——你尽可以以自己的专业知识大放异彩，只不过与此同时要将自己的架子收起来。

就这么简单。

永远不要忘了，钱在顾客的兜里揣着，就意味着王牌掌握在人家的手里——顾客让你成，你就能成；顾客不让你成，你就只能败。

即便你有天大的本领，能够在与顾客的正面博弈中大获全胜，可只要顾客不掏钱，你的一切胜果都会变成一个硕大的“零”。

所以说，在顾客面前“战”是一定没有好下场的；要想顺利拿下顾客，一定要学会“不战而屈人之兵”。

那么，在日常销售工作中，如何才能做到在“不战”的情况下“屈人之兵”呢？

下面向大家介绍一种“四步成交法”。

第一步：绝不插嘴，让顾客“一次说个够”。

对于那些习惯了炫技和正面博弈的销售顾问而言，“让顾客说而自己不说”是一件极其艰难的事情。但这还不算最难的，真正的煎熬在于——明明顾客的话狗屁不通、漏洞百出，自己却不能够插嘴——这简直比要他们的命还痛苦！

尽管销售顾问的这种心理绝对值得理解和同情，但是，只要我们的最终目标是拿下顾客、搞定生意，我们就一定要做到“打落牙齿和血吞”，哪怕心里有一万只毛毛虫在爬，也一定要管住自己的嘴，绝不多插一句话，无论如何确保让顾客一次说个够。

要把事情做到如此极端，不是没道理的。

其一，甭管说出来的话是对是错，只要“顾客有话说”，对销售顾问而言就是一个重大利好。因为只要顾客想说话，就说明他的心里有疑惑、有不满、有渴望、有需求。而所有这些信息都是销售顾问的宝贝，是帮助销售顾问搞定买卖的制胜利器。

其二，正因为顾客不如销售顾问专业，说出来的话漏洞百出，销售顾问才有了真正的用武之地。这恰恰是一个千载难逢的可乘之机。

其三，一旦销售顾问开始插话，往往就一发不可收拾。由于自己的话频繁地被销售顾问打断，顾客会变得意兴阑珊，逐渐失去与销售顾问继续对话的兴趣。

其四，如果顾客的话频繁地被销售顾问打断，他的思路也会变得片断化，常常忘了自己要说什么、该从何说起，这就会使销售顾问失去许多刺探顾客核心情报的机会，白白错失一举搞定生意的大好时机。

总之，先不要考虑如何应答甚至如何反击顾客的话，不要让这些念头分散你的注意力。老老实实地做一个纯粹的倾听者，你的买卖就已经成功了一大半。

第二步：提问——准备并抛出问题。

在顾客说够了之后，销售顾问要做的依然不是针对顾客的话发表见解，而是针对顾客的话准备并提出问题。

之所以要这样做，理由如下：

其一，尽管顾客说了一大通，里面亦不乏核心需求，但毕竟这些信息太过庞杂（至少数量太过庞大），还需要做进一步的梳理与归纳。所以，适时而巧妙的提问，是归纳总结顾客核心需求的最佳途径。

其二，即便销售顾问已经归纳总结出了顾客的核心需求，也需要通过提问的方式对其正确性进行最终确认。这一环节绝对不可省略，否则，一旦销售顾问的判断发生失误，将前功尽弃。

第三步：获取答案。

问你个问题：如果有个人极其认真地倾听你说话，并不时向你提出问题，你会有什么感觉？

答：会觉得对方对自己很感兴趣，非常重视自己。

好，下一个问题：如果有个人对你说的话很感兴趣，你的谈兴会更浓还是更淡？会变得更健谈还是更寡言？

答：当然是谈兴更浓、更健谈！

这就对了。如果你会有这种反应，你的顾客也会有这样的反应。

所以，销售顾问的认真倾听和适时提问，往往会让顾客谈兴更浓、谈锋更健，在这种情况下，锁定顾客的核心需求就更加是一个大概率事件了。

还不只如此，在不断的“一问一答”当中，销售顾问与顾客之间还会发生良性互动，一些隐藏更深的核心需求将被成功地发掘出来，并由销售顾问在此过程中不断地予以解决。如此周而复始，“瓜熟蒂落”的一刻必将如期而至。

第四步：锁定胜果。

如果一切顺利的话，当销售顾问走到这一步的时候，生意应该已经十拿九稳了。也就是说，在销售顾问锲而不舍的努力之下，顾客心中的疑惑应该已经解开，不会再成为行动的障碍了。

但即便如此，有一个动作还是要做的，那就是收官，锁定胜果。

具体方法如下：

“怎么样先生？关于 ×× 问题，您心中还有什么疑问吗？”

“怎么样先生？您还有没有新的问题？”

…………

通过这样的话术，让顾客将整个商谈的过程在脑海里重新回味一遍——我的问题解决了吗？我还有没有新的问题？

如果顾客给你的回答是爽利而肯定的，你将大功告成，可以在内心深处好好地得意一下，结结实实地爽一把；反之，如果顾客的回答是否定的，抑或仅仅残存着一些小小的犹豫，都将意味着成功与你还有一定的距离，你还需要再接再厉。

下面，用一个案例将这四个步骤形象地展示一下，大家不妨一起找找感觉。

顾客：你们这车是不错，可就是有点儿贵……

（顾客尽管口吐不满，却依稀有些恋恋不舍的感觉。）

销售顾问：是吗？您觉得这个价位接受起来稍微有些难度是吗？

（重复顾客的话，获取点头率。）

顾客：是，觉得价格是高了点儿……

（顾客表示认可。）

销售顾问：既然这样，那是否方便问一下您到底看上了这款车的哪些方面呢？既然您如此关注这款车，肯定有什么地方吸引了您对吧？

（“开放式提问法”与“粘贴式提问法”并用，直奔顾客核心需求而去。）

顾客：当然有。你们这款车内部空间大，坐七八个人都没问题。我们家人口多，就想买辆宽敞点儿的车。

（顾客如实作答，道出了自己的核心信息。）

销售顾问：是吗？那是否方便问一下您家里有几口人呢？

（“粘贴式提问法”，再一次直取顾客的核心信息。）

顾客：六口人。两个老人、我和我媳妇儿，还有两个上小学的孩子。

（再一次得偿所愿，顺利得到顾客的核心信息。）

销售顾问：呵呵，是个大家庭呢！三代同堂，其乐融融，想想就让人羡慕！这一大家子要是出趟门，那可真是一件大事儿呢！

（先采取奉承话术获取顾客的信任；再顺势转移话题，诱使顾客自己说出关键不满，亦即核心需求所在。）

顾客：可不是！刚好我们全家人都喜欢旅游，一出去玩儿就是两三天。现在的座驾实在是太小了，车里塞六个人就跟个闷罐子似的，要多憋屈有多憋屈！到哪儿都玩儿不痛快！

（果真，顾客几乎是迫不及待地说出了自己的不满，将核心需求和盘托出。）

销售顾问：能理解。这么一大家子人出去玩儿，车要是小了那可真是太受罪了！

（销售顾问强掩心中狂喜，再一次迎合、确认了顾客的核心利益。）

顾客：是，所以我才想着换一辆大点儿的车。

（顾客愉快地成全了销售顾问的确认行为。）

销售顾问：那您还真是有眼光，我们这车是七人座的车，刚好能让您全家人都坐得舒服！估计要把这车买回去，您家里人肯定会满意吧？

（用迎合话术顺势推出自己的商品，再一次用“粘贴式提问法”确认顾客的核心需求。）

顾客：那是。尤其是俩孩子，一准儿会乐疯的！呵呵，他们一直嚷嚷着要换新车，都闹腾了大半年了！

（顾客再一次成全销售顾问的确认行为，并捎带着提供了更多的核心信息。）

销售顾问：能想象得出来。而且孩子们发育得很快，两三年的工夫体型就和大人差不多了，那个时候对车的内部空间要求会更高的。

（销售顾问从顾客提供的新信息当中挖掘出更多的核心需求，并顺水推舟提示给顾客。）

顾客：可不是吗，我也是担心这个。孩子们的个头天天见长，买什么都得打出点儿富余，更何况是车呢！

（顾客立刻表示认同。）

销售顾问：听您这么一说，我就更能理解为什么您会对我们这款车如此感兴趣了。这款车和您以及您的家庭真的是绝配！当然，七座车一般来说车型都会大一些，所以在某些指标，如油耗和价位方面要稍微高一些。这也是很自然的事情，相信能得到您的理解！

（在气氛已经接近完美的情况下，销售顾问不失时机地自暴其短，试图一举获得顾客的谅解。）

顾客：是，你说的也有道理。那句话怎么说的来着？“鱼与熊掌，不可兼得”！

（顾客轻松地表示了理解，这意味着他心中的疙瘩已经解开了。）

销售顾问：您真是个明白人，一点就透。和您这样的人打交道就是痛快！对了，除了价位方面，您还有没有其他的问题？

（用奉承话术再一次拉近彼此的心理距离，然后果断出手，锁定胜局。）

顾客：没问题了，让你这么一解释就全想通了。我回去把你刚才说的话跟家里人再说一遍，这两天就过来提车！

（顾客此时的反应，绝对是发自内心的。）

销售顾问：您先别急着提车，我还要再给您一个小建议，或者说是小惊喜。您不妨稍微再等两天，我们店下周三要搞一次团购活动，只要您参加那个活动，购车费用就可以再节省两万多块钱！

（又是一个强化信任、锁定胜果的“意外之举”。销售顾问的技巧已臻化境。）

顾客：是吗？那可是真合算！真是太谢谢你了！那咱们就下周

三见！

（显然，这是一个“超出需求”的举动，顾客的感受已经从“满意”进化成“感激”了。）

销售顾问：好的，下周三见！这期间有什么事情我会随时打电话与您沟通的。

（销售顾问滴水不漏，即便是收官阶段也绝不放过任何一个细小的环节。）

顾客：呵呵，那就多谢了！今儿我算没白来！

（在顾客的心目中，此时的销售顾问已经成了不折不扣的“自己人”。）

小结：只要钱揣在顾客的兜里，顾客就是“战”不得的，谁“战”谁死。

所以，你需要掌握的第 41 个心理学妙招就是：巧用“四步成交法”，不战而屈人之兵。

第四节　让顾客变“话痨”

顾客说得越多，你就越主动。

“四步成交法”的第一步，就是做个“彻头彻尾的倾听者”。

千万不要小看这个“听”的动作，它远远没有那么简单。不夸张地说，至少九成以上的销售顾问都不会“听”，因此无法有效地从顾客嘴里套出最具价值的核心信息。

道理很简单。只要你“听”了，顾客就会原封不动地将心里话全部倒给你吗？

这可不一定。别忘了，在顾客对你的戒心彻底消除之前，你们之间还是一种单纯的“敌我关系”。在这一心理背景下，顾客不可能轻易地将心里的秘密全都告诉你。因为过早地亮出自己的底牌，有可能使他们在之后的谈判中陷于被动地位，让销售顾问牵着鼻子走。顾客才没那么傻，他们知道如何捍卫自己的利益。

所以“听”看似简单，里面却大有学问。销售顾问一定要在“听”的过程中下一番功夫，想方设法让顾客亮出自己的底牌，一举掌握商谈的主导权。

而要做到这一点，秘诀只有一个，那就是——让顾客变“话痨”。

俗话说“言多必失”。只要你能成功地使顾客变成话痨，打开他们的话匣子，就不愁对方不将自己的心事彻底倒出来。

那么，如何才能成功地使顾客变成话痨呢？

我在上一节中说过，如果有个人对你和你说的话表现出极大的兴趣，你就会产生巨大的成就感，迅速亢奋起来，变成一个彻头彻尾的话痨。

看见了吗？要想把顾客变成话痨，你需要做的事情异常单纯——对顾客这个人以及顾客说的话表现出极大的兴趣。

千万不要小看这一点，尽管它很单纯，却绝对不简单。

让我们想象一下：

假设你是个销售顾问，正在口若悬河地向顾客推销某一款车。可是忽然之间你发现对方尽管好像在听，脸上却挂着一副格外心不在焉的神情；或者干脆嘴上应承着，眼睛却时不时地瞟向别处。

这时候，你会有什么感觉？

相信你一定会意兴阑珊，甚至会感到几分愤怒，觉得自己没有得到应有的尊重。

你会这么想，顾客也会这么想。

所以，如果你仅仅在听，却没有让顾客充分感受到听的动作里所蕴含的诚意，那么，你的这种“听”，就是典型的“为听而听”，起不到任何应有的作用。

话说到这里，我们就很容易理解为什么这个世界上“销售天才”是如此之少了。

理由很简单，因为天下没有几个人真正过了“听”这一关。

他们要不就是完全不知道“听”为何物，满脑子装的都是“说”；要不就是虽然知道“听”为何物，却不知道“如何听”，没能掌握高超的“听技”。

把这件事情反过来理解也成立——任何一个掌握了“听技”的善听之人，都必然是不世出的“销售天才”。

所以，如果你也想成为一个善听之人，那就从今天开始端正态度，好好地研究一下“听”这个课题吧！

那么，如何才能掌握高超的“听技”呢？

主要有四个方面的诀窍：

1. 目光的交流；

2. 适时地点头；

3. 适时地迎合；

4. 恰到好处的笔记。

在后面几节文章中，我将对这四个诀窍一一进行详细说明，相信一定会给大家带来许多有益的灵感。

小结：“为听而听”没有意义，顾客要的是“听”里面的诚意。

所以，你需要掌握的第 42 个心理学妙招就是：掌握高超的“听技”，让顾客切实感受到你的诚意，从而自觉自愿地将自己变成一个“话痨”。

第五节　千万不要忘记“眼睛会说话”

把“无意识的眼睛”变成“有意识的眼睛”。

虽然我反复强调了在谈判初期做到“彻头彻尾的倾听”的重要性，但这并不意味着销售顾问没有说话的权利。事实上，在整个倾听的过程中销售顾问一点儿都没闲着，几乎无时无刻不在“说话”。只不过“说话”的部位不是嘴，而是销售顾问的眼睛。

没错，地球人都知道人类的眼睛是一种“会说话”的器官，甚至在很多情况下，传递“语言”信息的功能比嘴巴更强大。

眼睛可以传递的语言信息实在是太丰富了，作为职业销售人员的销售顾问怎么可以轻易放过！

但现在的问题在于，绝大多数时候人们通过眼睛释放语言信息都是被动的、下意识的，很少有人会主动自觉地磨炼和利用眼睛的语言功能，只有一个群体除外——演员。

打个比方，你在商场里见到一位站台捞金的影视明星，一定会流露出崇拜、迷恋甚至是疯狂的眼神，但是如果在超市买菜时见到一位老大妈，再让你做出同样的表情就是一件极为困难的事情。

但职业演员可以毫不费力地做到这一点，因为他们经历过大量训练和实践的打磨，已经“百炼成钢”了。

所以，同为职业人士的销售顾问大可借鉴演员的做法，通过积极的训练和实践，将无意识的眼神变成有意识的眼神，让眼睛这扇心灵的窗户充分为自己的买卖服务。

那么，在销售的现场，我们应该如何利用眼睛的语言功能呢？

请看一个例子：

假设你是一位顾客，正在向对面的销售顾问提出一连串的问题，但是发现他的眼睛很不老实，总是在东张西望。你会有什么感觉？

答案很清楚：你会觉得对方很没有诚意，根本没有认真倾听。

可是这未必是事实。不信你可以问销售顾问：“我刚才都说了什么？”相信他一定会准确无误地回答你，以此证明他确实认真倾听了。

所以，问题的关键不在于他听没听，而在于他的眼睛向你传递的信息是“他没有听”。

可见，眼睛的语言功能有多么强大。而这种强大全来自于人们对眼睛传递的信息所具有的高度敏感性。

没错，别说你的嘴巴完全处于一种休眠状态，即便你的嘴巴火力全开，人们也更愿意相信你的眼睛，而不是你的嘴巴。

所谓“你的眼睛出卖了你的心”，就是这个道理。眼睛既然可以出卖心，当然也可以出卖嘴巴。没有什么可以和眼睛的威力与魅力相提并论。

那么，在与顾客商谈的时候，我们应该如何控制自己的眼神呢？

很简单，一句话而已：正确掌握与顾客对视的分寸。

打个比方。许多人都认为与人对话时目光应该尽量直视对方的眼睛，因为只有这样才会让对方觉得你是在认真倾听，对方才会有一种安心和受重视的感觉。

事实上，这种看法未必正确。

没错，适度的直视确实会给对方带来一种被重视的感觉，但过度的直视则不然，反而会给对方带来某种压迫感，让对方感觉非常不适。说得夸张点儿，过度的直视会给人一种咄咄逼人的感觉，而这样的感觉无异于一种冒犯甚至是侵犯。

如果你不信，不妨找个同事做一下实验。让他在你说话的时候自始至终地注视着你的眼睛，看看你自己会有什么感觉。

那位说了：你这么说不对。谁让你用那么凌厉的眼神直视对方了？你的眼神不能变温柔点儿啊？

这句话听起来很对，如果实际操练一下，弊端就显现出来了。

你同样可以找个同事来做实验。看看在你说话的时候，如果这位同事一直用一种温柔的眼神直视你的眼睛，你会有什么感觉？

如果我没有猜错，你会觉得更别扭，身上的鸡皮疙瘩会起得更多，甭管这位同事是同性还是异性。

所以，直视没有错，问题是不要过度。

国外有个心理学家通过一系列实验，得出了这样的结论：人们可以轻松承受的对视时间是四秒钟。也就是说，只要超过四秒钟，对视就会让人不轻松了。因此，交流中正确的对视方法应该是这样的：对视四秒钟，然后将目光暂时移向别处；然后再对视，再转移……如此周而复始，一直到沟通结束。

那位又说了：好的，“对视”的分寸我算基本掌握了，可对“转移视线”的分寸拿捏，又应该如何操作呢？我总不能东张西望吧？你不是说这样做是自寻死路吗？

这是一个好问题。下面我们就重点说说“转移视线”的技巧。

1. 多看对方眼睛的周边部位。

适当扩大视线的范围，尽量避免长时间直视对方的眼睛，可以让对方感到更舒适。

2. 维持一个稳定的视线范围。

你的视线范围要相对稳定。尽量做到左右对称、上下平衡。斜视对方、侧视对方、上下打量对方都是极其不礼貌的行为，会激起顾客的强烈反感情绪。

特别值得注意的是，许多人都有斜视、侧视、上下打量人的毛病，而且这些毛病都是下意识的，自己可能完全没有注意到。现在的问题是，这些行为顾客会注意到，而且对此极其敏感。所以，销售顾问有意识地进行训练，同时主动寻求同事的提醒与帮助以克服这些毛病，绝对是必要的。

3. 让顾客感受到你的“心”。

千万别把顾客当傻子，无论你的技巧有多高超，只要顾客感觉不到你的心，那一切就都白忙活了。不要试图挑战顾客感性的敏锐度，你的心在与不在，顾客第一时间就能感觉到。

其实，做到交心并不难。中国人有句话，叫作“宾至如归”。即便是普通客人到你家串门，你都会感到很高兴，何况是上门给你送钱、让你过好日子的衣食父母呢？

小结：眼睛是心灵的窗户——这句话说的人多，用的人少。

所以，你需要掌握的第 43 个心理学妙招就是：向演员学习，主动锻炼并灵活运用自己的“眼技”。

第六节　点头与附和

用点头与附和的方式鼓励顾客说下去。

要想成功地将顾客变成话痨，除了需要掌握高超的“眼技”之外，还有两项重要的技能万万不可忽略。

这两项技能就是：“点头技”与“附和技”。

我们想象一下这样的场面：

你是一位顾客，正对着销售顾问滔滔不绝，“痛说革命家史”，而这位销售顾问仿佛被你的话深深地吸引，极其入迷地倾听着。但见他不时地点着头，听到高潮处还会发出一两句类似于“是吗”“是啊”“真的吗”“太棒了”“那可真是太可惜了”的附和声，你会有什么感觉？

相信你的答案一定是：感觉很爽。

就像找到了知音一样，在这位销售顾问面前，你的灵感一定会如长江之水一般滔滔不绝。这话匣子一旦打开，就别想再合上了。

可见“点头技”与“附和技”有多么厉害！

下面，我们就分析一下这两种技能。

先说说“点头技”。

人们之所以对点头这一几乎是不经意的举动有如此强烈的反应，是因为这种举动蕴含了人们渴望得到的一连串重要信息——我对你的话很感兴趣；我急于知道下面你会说什么；我在非常认真地倾听，希望你能继续说下去。

也就是说，点头这一动作最大的功能在于提供鼓励——你很棒，你完全可以，所以请继续！

别忘了，并不是所有的顾客都拥有良好的口才，闷葫芦似的、不自信的顾客同样大有人在。因此，来自销售顾问的鼓励对于这样的顾客十分重要。他们只有得到外力的帮助，才有可能真正敞开心扉，将心里话倒出来。

但是，如果你以为只要点点头就一定能取得理想的效果，这就未免太天真了。千万不要小看点头这样的小动作，里面可做的文章还真不少。

这里，向大家介绍两个关于点头的小技巧。

技巧一：多一些点头的花样儿。

点头不能太机械、太僵化，那会给对方留下一种不自然的感觉。一定要多琢磨出一些花样来，根据现场情况的不同灵活地加以应用。

打个比方。在对方强调重点的时候可以慢一些、幅度大一些，在对方渐入佳境、愈说愈兴奋的高潮阶段，则可以频繁一些、快一些、幅度小一些等等。

技巧二：迎合对方的声音和肢体语言。

顾客说话时的声音（音调、音量、语速等）以及肢体语言（面部表情、手势等）是千变万化的。因此，你的点头动作也必须随时做出调整，以便顺应这些变化。

打个比方。当顾客语速极慢、完全处于热身阶段时，显然你频繁、快速地点头是不合时宜的；反之，当顾客语速极快、已然渐入佳境时，你却依然不紧不慢、四平八稳地点着头，这显然也是一种典型的“状况外”表现。

再说说“附和技”。附和主要有以下两种形式。

第一，单纯附和。

顾名思义，就是对顾客的话单纯地做附和的反应。

“是”“对”“没错”“可不是吗”“是啊”“那可太悬了”等，都属于单纯附和。

这种附和是一种最常见的方式。唯一的要点是切忌“重复过多”。如果你的附和词过于重复、单一，就会让对方产生一种“没诚意”的感觉，导致前功尽弃。

打个比方。假设你跟一个人说话，而对方的附和词永远是两个字“没错”，相信你一定会觉得特没劲、特无聊，感觉对方完全是在敷衍你。所以，“己所不欲，勿施于人”，你在附和别人的时候，也一定要多玩儿一些花样儿，千万不能太重复、太单调。

一个好的办法是，相同的附和词绝不要连续重复三遍以上，一小时以上的对话中附和词的品种一定不要少于十个。尤为关键的是，即便是相同的附和词，在不同的语境和现场氛围下，也可以用不同的表达方式去呈现。打个比方，在热身阶段时，你的附和词可以是一个低音量的“是啊？”但是，当对话进行到高潮阶段时，这种附和词完全可以变成一个高音量的“是——啊？！”

总之，变化尽量多一些，而且这种变化与顾客的情绪起伏完全合拍，你就能很好地掌控局势，收获最佳战果。

第二，推测附和。

这种附和方式稍微难一些，因为需要对顾客的情绪反应进行“推测”。

打个比方，顾客并没有通过语言表现喜悦的情绪，但是你从对方的语气中感受到了这种喜悦，就可以大胆地附和一声：“呵呵，您一定高兴坏了吧？”又或者，即便顾客没有明确表现出他的失望情绪，但是你从他的话语中感受到了这种情绪的存在，也可以善解人意地来一句：“您一定感到特失望吧？”

总之，顾客的情绪未必会通过语言明确地表现出来，或者更进一步说，顾客的情绪九成以上都不会通过语言明确地予以表现。这就意味着在绝大多数时候，我们的销售顾问需要表现得“有眼力见儿”一些，必须主动揣摩顾客的情绪，并能够及时予以迎合。这样的迎合将被视为一种“善解人意”的表现，受到顾客的热烈欢迎。

不过，这种迎合方式也有风险。

我在前面曾经举过一个例子——一个销售顾问对一位差点儿撞上展厅玻璃的顾客说：“把您吓坏了吧？”

尽管销售顾问的本意也是想“善解人意”来着，但这种不合时宜的附和方式最终激怒了顾客。

可见，“揣测顾客的情绪”可不是一件简单的事，一旦弄巧成拙，就容易造成“偷鸡不成蚀把米”的尴尬局面。

所以，这绝对是一门需要情商的功夫。而这种情商，显然需要我们在日常生活中刻苦磨炼。

小结：点头与附和很重要，却绝不简单。

所以，你需要掌握的第 44 个心理学妙招就是：培养高度的情商，为你的点头和附和增加一些花样儿。

第七节　巧用笔记

“笔记”既是一种姿态，也是一种记忆，一个线索。

我们在前面说过，即便你能成功地让顾客变成话痨，也未必能准确地抓住顾客的核心需求。因为顾客的话范围太广、数量太大，有时还会东一榔头西一棒子，哪儿也不挨着，甚至前后矛盾、完全无法自圆其说，让人一头雾水、摸不着头脑……总之，来自顾客的信息量太大、太庞杂，也太过凌乱，如果不采取必要的措施，销售顾问将很难跟上顾客的节奏，更别说做出清晰的梳理与理性的判断了。

那么，采取什么样的措施才能有效避免这种混乱局面的发生呢？

简单！只要你养成“对顾客的话做记录”的好习惯，就能达到这个目的。

现在的许多汽车销售公司都会要求销售顾问填一个表格，将每次商谈的要点记录下来，以便有效地跟进、督促销售顾问的商谈进程。这个制度非常好，但也有一个现实问题，那就是绝大部分销售顾问采取的都是一种“事后记录”的方式，也就是说，在商谈结束后凭借自己的记忆做记录，而这种方法是非常之不靠谱的。

道理很简单。无论你的记忆力有多好，也不可能将动辄长达数小时的商谈内容全部靠脑子记下来。更何况顾客传递的信息往往极为庞杂和凌乱，即便你认为自己抓住了重点，这些所谓的“重点”也很有可能是错的，或至少没那么重要，而真正重要的信息早已被你错过了。

所以，“事后记录”是不靠谱儿的，要想对顾客传递的信息进行最完整、最准确的判断，只有“事中记录”，也就是对顾客的话进行“即时记录”，这才是唯一可行的办法。

在商谈过程中进行即时记录的时候，需要注意以下几个要点。

要点一：不要记录整段话，只记录“关键词”。

记录的文字太多，一来会妨碍注意力的连贯性，让你没有时间完整地倾听顾客的话，从而错过许多关键信息；二来过于庞大的文字量也会增加你的工作难度，不利于你梳理关键信息。

所以，切记不要记录整段话，只需记录一些片断式的关键词就可以了。

举一个例子。

> 顾客：我们家人口多，内部空间小的车不考虑……不过要搁过去，我绝对会买轿跑车，那玩意儿开着多过瘾啊！又酷又刺激！……你们这车我挺喜欢，看着好像不比轿跑车差，确实够酷！就是不知道开出去是什么感觉，上了高速提速快不快……

怎么样？是不是有点儿晕头转向，不知道这位顾客到底想说什么、想要什么？

你有这种感觉很正常。因为也许顾客自己都不知道到底想说点儿什么，到底想要点儿什么。

不过，这只是事情的表象罢了，其实顾客已经将他的核心需求表述得非常完整了。

这个核心需求就是：他个人喜欢“又酷又刺激”的车，而现实不允许他这么做，他得为家人着想，买一辆内部空间大一些的车。

所以，只要你能综合考虑这两个看似互相矛盾的要素，为他挑选一台“又酷又刺激”，同时内部空间又足够大的车，基本上你就可以顺利拿下这位顾客。

当然，世界上没有那么完美的事，同时满足顾客所有的需要是不现实的。但即便不能“完美满足”，“相对满足”却是可以做到的。只要你付出足够的智慧与努力，你就至少可以为顾客找到一个最大公约数。

那么，在这个案例中，销售顾问应该如何做即时记录呢？

简单！首先，既然顾客说的话前后矛盾、缺乏内在逻辑，那就先不要急于做出判断。不妨把判断的程序放到顾客离开之后再进行，此时此刻你需要做的，就是单纯地做记录，为之后的判断留下客观的参考依据。

然后，你只需挑几个关键词，如“家里人多”“喜欢轿跑车”“对 ×× 车感兴趣”等，把它们如实地记录下来就行。

要点二：随意敷衍。

如果你随便拿一张废纸，在它的背面潦草地做记录，显然这是一种对顾客不够尊重的行为。不要跟我讲“环保意识”“爱护地球”之类的话，这些东西与顾客的感受无关，与顾客的尊严更没有一毛钱关系。

你至少要准备一个像样儿的笔记本，而且这件事绝对妨碍不到你“爱护地球”的价值观。

要点三：字迹要大一些，不要太潦草。

如果你辛辛苦苦写了一大堆，到最后自己都弄不明白到底写了点儿什么，那恐怕用脑袋撞墙也于事无补了。

那位说了：我觉得你这个方法特笨！做记录干吗啊？至于搞得那么麻烦吗？用手机把商谈的过程都录下来不就得了？

坦白说，这确实是一个好办法。在前面的文章中我也曾经推荐过这样的做法。

但是也有个小小的区别。

显然，如果你想对自己的话术技巧做研究，这样的方法绝对是可行的，甚至可以说是唯一有效的；但是，如果你的目的是挖出顾客的核心需求从而提高成交率，这样做显然成本就太高了。

道理很简单。以话术研究为目的的录音练习没必要每天做。一般来说，一周一次，顶多两三次，就能达到很好的效果。但商谈不同，商谈每天都会进行，如果都用录音的方式操作成本就太高了，不但极耗时间，运作起来也非常麻烦。所以，对于一项日常工作来说，还是做记录的方式更现实也更便捷。

况且，当着顾客的面做记录还有一个极大的好处，那就是“讨顾客欢心”。

假设你是一位顾客，在你滔滔不绝地“痛说革命家史”的时候，对面的销售顾问不但认真倾听，时不时地点点头并附和两句，还拿个本子不时地记录着什么，你会有什么感觉？

相信你一定会产生一种“大人物”般的良好感觉，从而下定决心将自己的“话痨本色”进行到底了。

这一招非常灵。有许多人甚至用这种方式忽悠自己的上司——哪怕一边听上司讲话，一边在笔记本上画着机器猫，却一点儿都不会妨碍到上司良好的自我感觉。

当然，我们的销售顾问犯不着这么做，他们做记录的目的归根结底还是为自己的生意和成交率服务的。

不过，这做记录的“衍生效果”，则完全可以拿来一用。

小结：“做记录”是为了给自己提供一个路标，告诉自己到“成交”那一站应该怎么走。

所以，你需要掌握的第 45 个心理学妙招就是：找一个本子，把顾客话语中的关键词记录下来。

第八节 把话说清楚

把话说清楚，是基础中的基础。

如果你问我，对于一个“销售天才”而言，最基本也是最重要的素质是什么？

我的回答一定是：简单！五个字而已，那就是“把话说清楚”。

没错，不用怀疑你的耳朵。也许出乎许多人的意料，在销售这个凭嘴皮子吃饭的世界里，居然绝大部分从业人员都做不到这一点。

那么，如何才能把话说清楚呢？

这里面的要点实在是太多了，本书也涉及了这方面的许多内容，大家不妨在反复阅读的过程中细细品味一下。在这里，只针对两个方面的内容重点强调一下。

要点一：尽量多采用“倒叙式”话术。

顾名思义，这个话术的重点在于：先亮出论点，再提供论据。

一般来说，“倒叙式”话术比“正叙式”话术更容易给顾客造成一个深刻的印象，更有利于顾客对信息的整体把握。尤其是对汽车这样一种超专业、产品说明超晦涩难懂的商品而言，“倒叙式”话术的效果就更加明显了。因为顾客往往是外行，如果你采取“正叙”的方式，从列举一大堆专业、难懂的论据入手进行说明，顾客一定会一头雾水、不明就里。所以，只有采用“倒叙”方式，先亮出论点，给顾客造成一个鲜明的印象，在顾客的脑子里预先留下一个兴奋点，然后再剥茧抽丝地予以详细解释，顾客才更容易理解与接受。

举两个例子。

案例一：

> 销售顾问甲：我们这车的最小转弯半径才 ×× 米，车身灵活度绝对出类拔萃；而且和一般的麦弗逊式悬挂不同，我们这车的悬挂系统还添加了一道副梁，车体稳定性和操控性都有大幅提高。所以我们这车最大的优点就是两个字：好开！操控性绝对没得挑，既灵巧又稳定！

案例二：

> 销售顾问乙：我们这车最大的优点就是两个字：好开！操控性绝对没得挑，既灵巧又稳定！之所以这么说，有两个方面的原因：首先，我们这车的最小转弯半径才 ×× 米，车身灵活度绝对出类拔萃；其次，和一般的麦弗逊式悬挂不同，我们这车的悬挂系统还添加了一道副梁，车体稳定性和操控性都有大幅提高。

如果你是一位顾客，这两位销售顾问的产品说明哪一个更胜一筹，更容易被你理解与接受？请你自己做一个判断。

要点二：尽量多采用“归纳式”话术。

这个话术的重点在于：要向顾客提供“成品”信息，而不是“半成品”

信息。

一般来说，顾客最不擅长使用的就是“归纳式”话术，他们往往倾向于想到哪里说到哪里，向销售顾问提供的信息非常庞杂而凌乱。也就是说，顾客提供的信息常常是“半成品”，需要我们的销售顾问去做“成品化”加工处理，亦即对顾客提供的信息进行分析、总结与归纳。但是，同样的话术显然不适合销售顾问使用。如果你向顾客提供的信息太过庞杂与凌乱，顾客才不会有那份耐心去替你完成“成品化”加工程序，他们唯一会做的事情就是将所有这些“半成品”信息直接扔进垃圾箱，然后毫不犹豫地弃你而去。

从某种意义上讲，销售这一行就是保姆行业。如果你是一位保姆，显然你不能将成人的饭食不经任何处理就直接塞到一个牙都没有长全的婴儿嘴里。正确的做法应该是：将成人饭食捣碎之后再喂给婴儿，因为只有这样婴儿才能顺利地消化吸收。

那么，“归纳式”话术的要诀是什么呢？

简单！四个字而已：分门别类。

同样的一段话，泛泛地说与分门别类地说，效果是截然不同的。

请看两个案例。

案例一：

销售顾问甲：我们这款车的发动机是最新型的 ×× 发动机，马力数比老款至少提升了 30%；而且我们这车的轮胎采用了最新型的直径 ×× 厘米的轮毂，就算在高速上飙到两百迈，车身的稳定性也特别棒，一点儿也感觉不到摇晃；此外，我们这车的内饰和座椅款式还能够向厂家定制，这在同级别的竞争车型中可是独一份儿，是我们最大的竞争优势！

案例二：

销售顾问乙：我们这款车的竞争优势主要有三个：第一，采用了最新型的 ×× 发动机，马力数比老款至少提升了 30%；第二，采用了最新型的直径 ×× 厘米的轮毂，就算在高速上飙到两百迈，车身的稳定性也特别棒，一点儿也感觉不到摇晃；第三，内饰和座椅款式还能够向厂家定制，这在同级别的竞争车型中可是独一份儿，是我们最大的竞争优势。

很显然，案例一中销售顾问甲的话术是现实世界中最常见的一个版本。我们有太多的销售顾问都极其钟爱并已经习惯于采用这样的话术。说白了，这种话术的核心哲学还是那两个字：炫耀。也就是说，太多的销售顾问对于顾客的立场毫不介意，他们习惯于完全沉浸在自己的世界当中，“过嘴瘾”的欲望太强了。

与之相比，案例二中的销售顾问乙则采用了一种完全不同的话术技巧。他将所有的信息分门别类，以顾客极易接受的方式提供给对方。既然顾客能够很轻易地接受，那么自然也会很容易地记住。让顾客记住你说的话、理解你说的话，只有做到这一点，你的话才没有白说。

可见，只有案例二中的销售顾问，才真正称得上“把话说清楚”了。

看见了吧，“把话说清楚”真的不是一件简单的事！

从案例二当中，我们也可以学到一些“分门别类”的技巧。最简单的技巧就是，多用一些数字。比方说，“这里面有三个方面的要点”“我想强调两个方面的内容”等等。但是很显然，最好不要超过三个方面。如果要点过多，即便你费尽心思归纳总结出来，顾客也不可能跟得上你的节奏，说了也等于白说。

那位说了：这个办法不现实。如果销售顾问需要强调的重点信息确实很多，区区两三条根本就打不住，那又该怎么办？难不成全都忽略不计？

我的回答是肯定的。一般情况下，甭管销售顾问希望传递的重要信息数量有多么庞大，都没有必要将它们全部传递出去，只需要挑两三个最重要的信息传递就行。

道理很简单。所谓“重要”，往往是销售顾问自己的理解，顾客却未必买账。尽管销售顾问认为重要的东西对于顾客也许真的很重要，但误判的概率也是很大的。而之所以销售顾问会发生误判，最根本的原因还是商谈的质量太低，销售顾问没有能够在最大程度上挖掘或至少接近顾客最根本、最核心的需求。这句话反过来理解也成立：销售顾问付出的努力越多，商谈的效率和质量越高，在他们眼中呈现的顾客的核心需求就会越少、越清晰，常常只有一两个而已。

这其实就是一个剥茧抽丝的原理：你剥得越深、抽得越狠，最后真正能剩下的东西也就没有多少了。

所以，如果你总是觉得意犹未尽，似乎还有许许多多的话要跟顾客说，那只能说明你的销售技巧太差，或者你的销售还远远没有到收官的阶段。

不过必须承认，在销售过程的初期，也许“信息的大量传递”是一件“可以有”的事。但是没有关系，你只需这样做就可以了：把你想要传递的信息分成几个部分，每个部分的信息量不要超过三个，然后将这些部分机动地分散到整个商谈过程中去。这样做就可以有效地规避顾客“消化不良”现象的发生。但还是那句话：在整个商谈过程中，你需要传递的核心信息一定要越来越少才行。直到“无话可说”的状态，你的生意才能真正水到渠成、瓜熟蒂落。

小结：只有“把话说清楚”，你的话才不会白说。

所以，你需要掌握的第 46 个心理学妙招就是：采用“倒叙式”和“归纳式”话术，让顾客在最大程度上弄明白你到底想说什么。

第七章
做一个聪明的“雕虫小技达人”
——给你支上几着

终于接近尾声了。

迄今为止，我们已经分门别类、系统地学习了许多招数。但是，由于种种原因，一些不那么系统不那么“有章法”的招数却没有被吸收进来，成为遗珠之憾。

所以，我特意挑选了几颗最具代表性的“遗珠”，将它们汇聚到一起单独成章，介绍给大家。

向大家保证一点：所有这些“遗珠”都是货真价实的、拿来就能使的招数。大家阅读之后不妨在工作现场实际操练一下，看看效果如何。

说到操练，这可是一项无比重要的基本功。

销售的世界里永远都有“天才”与“蠢材”之分，而“是否刻苦操练”是一个极其重要的分水岭。

千万不要以为“销售天才”都是天生的，没有人知道他们在私底下流了多少辛勤的汗水。

所谓“台上一分钟，台下十年功”，说的就是这个道理。

那些懒于操练，只知道凭借小聪明和程咬金“三板斧”式的功夫混世界的主儿，永远都是销售业界的鸡肋，不可能成为真正的“销售天才”。

所以，如果你不想成为这样的人，如果你对成为“销售天才”这件事儿还有那么一点点发自内心的憧憬与向往的话，那么听我的——多多操练，永远不会有错。

第一节 战胜竞争对手的“楔子战术”

把楔子打进顾客的心里，他就是“你的人”了。

做过木匠的人都知道，楔子是个好东西。

只要往家具的某个空隙中打进一个楔子，家具就能变得更坚固结实也更耐用。

在我们的日常生活当中，这种“楔子现象”也可谓无所不在。

打个比方。你偶尔在网上听到了一首上学时常听的老歌，记忆就会立刻飘向遥远的学生时代，许多熟悉的画面会在你的眼前一一浮现，让你神往甚至唏嘘不已。不只是一首老歌，也许一本旧书、一张老照片都会起到同样的效果。在这些案例里，老歌、旧书和老照片就是一个个楔子，将现在的你与过去的回忆、过去的心情紧紧地黏合到一起，让你不禁心潮起伏，感慨万千起来。

这个“楔子原理”，完全可以用在我们的销售实践当中。

举个例子。如果顾客家里养着宠物，那么很显然小猫小狗的话题就可以成为一个楔子。你与顾客的每次见面，都可以涉及这方面的话题，甚至干脆以这个话题作为开场白也没有关系。只要你将这个楔子贯穿到底，也就是说，在与顾客的商谈过程中自始至终都有意识地拿这个话题说事儿，你们之间的关系一定能够迅速地“铁”起来，效果非常明显。

同样的道理，如果顾客喜欢外文歌曲，或者喜欢某个篮球明星，你也可以如法炮制，自始至终牢牢地掌控他的兴奋点，积极主动地左右他的情感投入方式以及情绪走向，一样可以达到相同的目的。

注意，这里面的关键点在于“反复”。既然你好不容易找到了顾客的一个兴奋点与情感寄托对象，蜻蜓点水般地一带而过显然是不划算的，一定要不断地触及才能真正降服顾客的心。

以此类推，我们还可以找到许多其他的楔子，而所有这些楔子都与顾客的感性诉求方式有关。

举几个例子。

案例一：听觉楔子。

销售顾问：不知道您是否注意到了我们A车的一个小特点，那就是车门关闭时的声音特别小特别轻柔，几乎可以忽略不计。我这就给您试一下……怎么样？是不是感觉特别安静特别舒服？您可以和B车（竞争车型）比较一下，那款车关门的动静绝对不会这么小吧？

（通过“听觉楔子”，唤醒顾客对于B车声音的回忆。）

案例二：触觉楔子。

销售顾问：我们A车最大的一个特点，就是提速时车体特别稳定，即便把油门儿踩到底您也几乎感觉不到车体的晃动。不信您可以试一下……怎么样？是不是有一种特别稳特别轻盈的感觉？您不妨和B车比较一下，那款车如果油门儿踩到底的话，一定不会有这么平顺的感觉吧？

（通过“触觉楔子”，唤醒顾客对于B车稳定性的回忆。）

案例三：视觉楔子。

销售顾问：我们A车的视野非常好。因为新款和老款不一样，风挡玻璃的形状以及A柱的尺寸和位置都做了相应的调整。您可以试一下……怎么样？几乎没有死角吧？您不妨和B车比较一下，那款车的A柱太粗，形成了一个明显的视觉死角，在这一点上的区别还是非常明显的。

（通过“视觉楔子”，唤醒顾客对于B车视野的回忆。）

案例四：嗅觉楔子。

销售顾问：我们A车的座椅尽管是真皮的，但是都经过特殊的加工处理，几乎没有什么异味。您可以坐进来试一试……怎么样？

是不是没有什么气味？您不妨和B车比较一下，那款车的真皮座椅是否有异味，异味大不大？

（通过“嗅觉楔子”，唤醒顾客对于B车气味的回忆。）

必须说明一点，就像我在前面反复强调的那样，踩同行不是一个高明的招数。

所以，这一招的使用一定要慎重，要特别注意两个要点：

要点一：切忌言辞过分。

点到即止，千万不要言辞过分，否则很容易激起顾客的反感和警惕心理，让你得不偿失。

要点二：切忌过早使用。

千万不要一开场就用这招，一定要等到商谈进行到一定程度，你与顾客之间已经建立起基本的信任关系时再用，只有这样才能确保此招的效果。

小结：楔子很重要。找到了楔子，就等于找到了制胜法宝。

所以，你需要掌握的第47个心理学妙招就是：诉诸顾客的感性需求，将一个个楔子打进他们的心里。

第二节 用正面气场俘获顾客的心

人为地制造一个正面气场，然后诱使顾客“跳”进去。

迄今为止，太多的话题都与“话术”有关，这一次，让我们稍微破一下例，转移一下视线，将关注的焦点放在“商谈环境”上面。

问：一般来说，与顾客的商谈都在哪里进行？

答：公司，或者是公司的展厅，或者是公司的贵宾室。总之，商谈都会在公司里进行。

问："公司"这一环境所拥有的气场，是正面气场还是负面气场?

这个问题稍微有些难度，需要好好想一想。

不过，相信你如果有足够的勇气，片刻的犹豫之后一定会给我一个诚实而靠谱儿的答案：总的来说，公司这一商谈环境所拥有的气场是负面的。

没错，在公司里商谈，每一个人都会变得很负面：顾客会变得异常警惕且极富攻击性；销售顾问也会烦躁不堪，动辄陷入与顾客正面博弈的怪圈而无法自拔。

就好像两只公鸡，平时待在鸡舍里大家都是好哥们儿，可一旦被扔进斗鸡场里，就会立马变得好斗而嗜血，不拼个你死我活绝不善罢甘休。

这个时候，显然你冲着斗鸡场高喊"嘴下留情！友谊第一比赛第二啊！"是没有用的。因为对于两只杀红了眼的公鸡而言，这个世界上压根儿就不存在"友谊"二字，沸腾在大家血液里的都是"比赛"甚至是"战争"。

可见，环境的影响实在是太大了，鸡舍这个私人化的环境和斗鸡场这个公开的环境所拥有的气场绝对有着本质的不同。一个充满了"人性"（或许应该叫"鸡性"），另一个则充满了"兽性"；一个充满了和谐，另一个则充满了对立。

许多公司也许是意识到了这一点，想尽一切办法做了补救。他们试图通过为顾客营造一个更高质量的软硬环境，比如，使用更高级、更舒适的沙发，摆放更多的绿色植物，提供更多品种的饮料糖果，播放更优美动听的背景音乐等，来人为地制造一种"宾至如归"的感觉，从而在最大程度上消除顾客的对立心理，让商谈可以在一种更友好的氛围中进行。

坦白说，这样的努力不能说完全无用。一个更加美好的公司环境显然对顾客是有吸引力的。但是，这种吸引力远远不足以缴顾客的械，让顾客心甘情愿地放弃自己的防线和敌对立场。

所以，顾客的立场只与环境的性质有关，而与环境的质量无关。

还拿公鸡举例子。显然一个更高级、更奢华的斗鸡场不可能减弱公鸡们的斗志，相反有可能让它们更加如鱼得水，变得更加嗜血、更加好斗。

在这种情况下，公鸡的斗志只与斗鸡场这一环境本身有关，而与斗鸡场是否高档无关。

因此，为了降低顾客的斗志、弱化他们的对立情绪，唯一的办法就是：换一个环境。

既然公司是一个充满了负面气场的环境，那就不妨彻底离开公司，将商谈放到另外一种场所——一种更私人化、更和谐的场所里进行。

在西方国家，请顾客吃顿饭，邀请顾客欣赏音乐会、打高尔夫球，甚至陪伴顾客进行一次私人化的海外旅行，这些都是非常常见的销售手段。

中国的销售顾问由于条件有限，未必能走得这么远。但是没有关系，仍然有许多办法可以帮助我们达到这个目的。

邀请顾客打高尔夫有困难，请顾客撮一顿应该没有任何问题。

我认识一个卖奥迪车的女性销售顾问，此女每年用在请顾客吃饭上的花销据说达到十几万元！听到这个数字千万别咋舌，因为还有一个数字更惊人：此女每年的税后纯收入都在 50 万元以上！

许多人都觉得不可思议，不知道此女有什么魔法能够获得比同事多出几倍甚至十几倍的收入。其实答案非常简单：饭桌上的谈判与公司里的谈判性质绝对不一样。前者顾客把你当“自己人”，后者顾客把你当“敌人”。你自己算算，这成交率的差距得有多大！

当然，此女业绩的突出表现不应该仅仅归功于“请客吃饭”，相信她在其他方面也一定有着过人之处。但正因为如此，一方面身怀绝技，一方面又能在一个相对友好、相对和谐的氛围中发挥这些绝技，这“一加一”的效果，相信就会远远“大于二”了。

当然，如果你销售的品牌档次较低，即便成功地搞定了生意，一辆车撑死也就能挣个几十元钱，很显然请顾客吃饭就是一个不划算的买卖。

但也没必要灰心，再给你支一着。

这一招更绝，它能让你在身处公司的情况下“离开”公司。

简单点儿说，就是人虽然在公司待着，心却飞出了公司。

具体的操作方式就是：在公司内部营造正面气场。

这样的方法我们介绍过很多，但每一个似乎都与话术有关。比如，和顾客套近乎，寻找（或者杜撰）与顾客的相似之处，等等。这些话术很有效，但也有一个小小的缺点，那就是不好掌握分寸。稍有偏差或过火之处就会让人觉得特别假、特别刻意，从而引起顾客的警惕与反感。

很多时候，与“语言”相比，也许“行动”更能说明问题。

就像对女孩子。没错，每一个女孩子都有耳朵根子软的毛病，都喜欢听甜言蜜语；但是如果你只会说甜言蜜语，而不能拿出任何实际行动的话，纵使你的嘴上抹了蜜，女孩子也会毫不犹豫地离你而去。反之，即便嘴笨到堪称木讷的男孩子，只要持之以恒默默地付出行动，也会深深打动女孩子的心，最终成功抱得美人归。

所谓“说一万句话，不如做一件事”，就是这个道理。

所以，如果我们在行动上多下下功夫，也许就能取得事半功倍的奇效。

那么，我们应该如何行动呢？

教你一个小秘诀。

准备一些道具，一些特殊的道具。这里的关键在于：这些道具必须是你自己准备的，而且必须与顾客有关。从这个意义上讲，这些道具必须具备“唯一性”。

打个比方，在某次对话中顾客不经意地透露出一个信息：他小的时候特别爱吃“大白兔”奶糖，每次几乎都是吃到快恶心、呕吐时才能停嘴。那么你需要做的事情就是：去商场买半斤这种奶糖，下次与顾客见面时当面送给他。

尽管吃糖只是顾客童年的一个美好回忆，他现在也许已经对糖果完全不感兴趣了，没有关系，你要的不是让他把这些糖吃下去，而是让他“感动”于你的诚意。

别舍不得花钱，半斤奶糖换一辆车绝对划算，真正占大便宜的是你。

但是，切记不要借花献佛，拿公司准备好的糖果应付差事。一定要明白，“你准备的”和“公司准备的”完全是两码事，前者是唯一，所以会带来感动；而后者是大家随意，和你本人的诚意没有一毛钱关系，顾客即便吃了糖果也不会对你说半个“谢”字。

再举一个例子。

顾客第一次来店里时，手里拿了一瓶绿茶饮料。

那么，你需要做的是：到大街上买一瓶同品牌的绿茶，在顾客下次来店时当面送给他喝。

也许他出于客气会婉拒你的好意，又或许他并不十分喜欢这种茶，那天只不过碰巧随手买了一瓶而已。不过这些都不要紧。还是那句话，你要的不是让他喝掉那瓶茶，而是要他的感动。相信我，这个感动他一定会给你的。任何一个人对如此细心体贴的举动都不可能产生恶感。他一定会感到意外，而这种意外一定会带来感动。

这一招最大的优点在于——它真的很“便利”。只要你与顾客见面的时间超过十分钟，或者见面的次数超过一次，你总能找到一两个这样的点。

剩下的事情，就交给你自己做了。

小结：环境的气场效应真的很重要，可以从根本上左右商谈的效果以及成交率的高低。

所以，你需要掌握的第 48 个心理学妙招就是：略施小计，用一个个小道具俘获顾客的心，彻底改变不利的环境气场。

第三节　“比喻话术”的妙处

“比喻”最大的好处在于，只要它一登场，所有的枯燥都会立刻变得生动起来。

自打上小学的时候起，所有的作文老师都会告诉我们一件事：写作时要多用比喻的手法，这样就能让文章变得更加生动有趣。

写文章如此，说话亦如此。

多采用“比喻话术”，所有的枯燥都会立马变得生动起来。

我在本书中也曾多次举过比喻话术的例子。其中比较典型的是一位销售顾问通过“防弹衣”的比喻，在不刺伤顾客自尊心的前提下，机智地纠正了他“钢板儿薄就意味着不安全”的误解。

那么，比喻话术都有哪些具体的表现形式呢？让我们仔细梳理一下。

1. 个人体验。

顾名思义，就是你或者你的亲人、朋友、同事等身边的人曾经体验过的事情，以及从这些体验中获得的具体感觉。

以这些要素做比喻，会极大地提升你说的话所具有的可信度，并能够增加顾客的临场感，让他更容易对你的话做出判断和决策。

举两个例子。

案例一（平铺直叙式话术）：

> 销售顾问甲：我们这车的油门儿特给力、提速性特好，从发动到飙到一百迈只需要区区七秒钟！

案例二（比喻话术）：

> 销售顾问乙：我们这车的油门儿特给力、提速性特好，昨天我们一同事开出去试了一下，好家伙，从发动到飙到一百迈只用了区区七秒钟！

与平铺直叙的销售顾问甲相比，采用比喻话术的销售顾问乙在说服力方面明显要技高一筹。尽管两个人说的完全是一件事，但是拿“我们一同事”昨天的亲身体验来讲，顾客的临场感会更强，也会更投入。

2. 名人效应。

顾名思义，就是某个名人经历过的事情以及从这些经历中得到的体验。

举两个例子。

案例一（平铺直叙式话术）：

> 销售顾问甲：我们这款车操控性好，内部空间又大，非常适合家庭使用！

案例二（比喻话术）：

> 销售顾问乙：我们这款车是举世闻名的保姆车，美国巨星 ×× 和香港天王 ×× 家里开的都是这款车！

但是，名人效应的使用一定要慎重，必须“看人下菜碟”，千万不能盲目乱用。因为有许多人对所谓的名人不感冒，抑或对某一个特定的名人不感冒，所以如果使用不当反而会引起顾客的反感。

3. 拟人法。

顾名思义，就是通过“把死的东西说活”来增强语言的生动性。

举两个例子。

案例一（平铺直叙式话术）：

销售顾问甲：我们这款车的座椅采用了人体工学方面的大量最新科技成果，坐上去特别舒服，就算连续驾驶一整天都不觉得累！

案例二（比喻话术）：

销售顾问乙：我们这款车的座椅采用了人体工学方面的大量最新科技成果，您坐上去之后会发现座椅是一个有生命的活物，会在不知不觉当中把您的身体包裹起来，然后调整到一个最舒服的位置。这种感觉非常神奇，您不妨亲自坐上来试一下！

小结：语言是死的，人是活的。所以，人可以赋予语言生命。

所以，你需要掌握的第 49 个心理学妙招就是：多用比喻话术，让你的语言“活”起来。

第四节　帮助顾客把“不一定”变成“一定”

“不一定”是“一定”的，“一定”却往往是“不一定”的。

让我们重新回到销售这件事的本质上来。

举个例子。

你走进一家超市，准备买一包食盐。

一般情况下，你会怎么做？以什么作为购买的依据？

也许你会说，以价格为依据，买最便宜的。

好吧，我们假设最便宜的食盐一元钱一包，重量是 ×× 克。

这是否意味着你可以顺利地买走一包盐呢？

未必。你会发现超市里一元钱一包，同样是 ×× 克的食盐至少有 20 种。

接下来你应该怎么做？

也许你会说，买名牌盐。

但你又会发现，所有这 20 种食盐的品牌其实都差不多，都似曾相识，却完全谈不上名牌与否。你又会怎么做？

也许你会说，买加碘的盐。

好的。可是你又会发现这 20 种食盐当中，至少有 15 种都是加碘盐，你怎么办？

…………

呵呵，也许是我太矫情了。其实事情根本没那么复杂，因为十有八九你会这样：甭管三七二十一，随便拿一包盐就走。

就这么简单。因为在现实生活中极少有人真会为一包盐反复盘算、多重权衡，迟迟拿不定主意。

我们可以看到，尽管人们去超市买东西总会大包小包满载而归，但是即便人们知道自己需要什么，却往往不知道具体“该买哪个”；又或者即便没有需要，也会由于某个因素（比如说特别便宜）而大量地购买。正因为如此我们发现了一个有趣的现象：其实商品的广告、品牌之类的东西对销售的促进作用是极其有限的。只要超市多推出几个特价专柜，就会立马人满为患。大家会争先恐后地购买，管它什么品牌、广告抑或自己是否真有需要！

这件事说明了什么？

说明了现代社会中关于销售的一个至关重要的真理，那就是：也许在现实世界里，“需求”在很大程度上是一个极其虚幻的东西。你以为有需求，其实却未必，或者至少这种需求远远没有你以为的那么明确、那么强烈。

也许有人会说：你说得也太绝对了！你拿超市举例子，怎么能得出普遍性的结论？别忘了，超市里的东西十有八九是靠顾客的“冲动购买”销售出去的，这根本就不具备普遍性！不信你买辆汽车或者买套房子试试，看看你敢不敢“冲动购买”！

坦白说，上面的话非常精辟，却并非无懈可击。

没错，房子、汽车等昂贵商品的销售不太可能完全通过“冲动购买”来促成，但这并不意味着没有“冲动购买”的要素存在。如果你实在难以接受“冲动”两个字的话，我可以再换一个词“感情”——在昂贵商品的销售方面，“感情购买”这一要素是极其重要的，有些时候甚至是唯一的要素。

这么说，有以下两方面的原因。

其一，一个极其吊诡的心理学现象是：当一个事情过于重要、过于不容有失的时候，人们往往会异常轻率地做决定抑或改变决定。

形象点儿说，一个东西千好万好，可仅仅因为一个几乎可以忽略不计的小小瑕疵，我们就会轻易地将其抛弃。

同理，一个东西千坏万坏，可仅仅因为一个几乎可以忽略不计的小小闪光点，我们就会轻易地将它收入囊中。

举一个真实的事例。我有一个同学，和他的媳妇儿辛辛苦苦地攒了十几年的钱，千挑万选才买了一套房子。小两口儿那叫一个兴奋啊，恨不得把这个好消息第一时间告诉全世界。令人意外的是，还没等所有的亲朋好友来得及送上最真挚的祝福，他们已经决定将这套房子退掉了！

众人大惑不解，赶忙询问缘由。而这个缘由也简单到令人震惊的程度：仅仅是他媳妇儿觉得浴室的建筑结构不合理，让她觉得别扭。

这样的现象之所以会发生，其实道理也很简单。

正因为昂贵，正因为重要，正因为不容有失，人们才表现得越发患得患失，任何一个小小不言的优缺点都会在他们的脑海中被无限放大，这种感觉会发展到神经质的程度，让他们在一瞬间做出决定抑或在一瞬间推翻某个决定。

这就是“感情购买”的本质。

而这种本质，其实和本节开头那个买盐案例并无任何区别。

其二，选择太多且同质化的选择太多。

我们这个时代是一个物质极为丰富的时代，选择太多而且重点是同质化的选择太多，往往让我们不知道如何选择。所以，只能自作聪明地“鸡蛋里挑骨头”，然后做出某些选择，或者放弃某些选择。

这些选择抑或被我们放弃的选择，其理由往往并不像我们自己想象的那般强大与明确。这些理由往往是可变的，甚至是多变的。

打个比方。就拿那对退掉房子的小夫妻来说，假设他们历尽千辛万苦终于找到一套价格合适，浴室的建筑结构也相当合理的新房子，但是不出一个月他们依然有可能将那套房子退掉。因为尽管浴室无可挑剔了，厨房却会出问题；抑或即便厨房没问题，阳台也会有问题……总之，在这对小夫妻的心目中，“十全十美”是一个几乎不可能实现的梦想。而任何一种瑕疵，对于这对几乎倾尽所有、耗时十几年才终于拥有了买房能力的小两口儿来说，都绝对是无法容忍、不可接受的。

对于这对小夫妻而言，需求也许就是——十全十美，而这种需求是虚幻的，几乎无限接近于“没有需求”。

这种心理依然可以和买盐案例做比较。买盐的时候，人们的心里只想着一件事——买好的盐就行。而这个“好的盐”的想法，其实就等于“没标准”“没需求”。因为没有人知道自己买回家的盐是否真是“好的盐”，抑或用什么样的标准去衡量这个事儿。

买房子是这样，买车其实也是这样。

因为单位离家远，所以现在有买车的需要了。——真的是这样吗？如果真是这样，迄今为止的十几年通勤生活你都是怎么过来的？难道不是坐公交、骑自行车过来的吗？为什么以前可以，现在就不可以了呢？

因为总得去外地，所以想买一辆大排量的车。——真的是这样吗？迄今为止你开着 QQ（奇瑞汽车旗下的一款家用轿车）去北京不照样顺风顺水，完全没有任何障碍吗？

还是有辆车购物更方便。——真的是这样吗？恐怕事情的真相是：即便隔壁的老太太步行就能走到的超市，你也会开车去吧？

…………

还不止这些。假设你买了一辆车，理由是：“最大马力可以达到多少多少匹”“最高速度可以达到多少多少迈”“最小转弯半径可以达到多少多少米”“从零到一百迈的提速时间可以达到多少多少秒”……

好了，我承认这些都是促成你购买这辆车的重要诱因，可现在的问题是，这些“极限指标”对你是否真有意义？在日常驾驶中这些“极限功能”你是否真的会用到？

所以，别再矫情了，其实你自己都没彻底弄清楚你“为什么”要买一辆车，你的需求完全是模糊不清的，你只不过是凭感觉（或感情）在做决策而已。

当然，你也许会跟我说这一切都源于“面子”。这个我认可，但是“面子购买”是一种典型的“感情购买”方式，它与理性无关，只与感性有关。

退一万步讲，即便这里面有不少理性的成分，然而感性的成分也绝对不会少，甚至往往会超过理性。道理就这么简单！

现在有一个非常重要的问题。

“感性需求”与“理性需求”最大的区别就在于：后者在很大程度上是“一定”的，而前者在很大程度上是“不一定”的。

考虑到现实生活中“感性需求”的普遍性与其庞大的规模，这份“不一定”的存在对我们的销售顾问而言，实在是太重要了。它既是巨大的障碍与烦恼，也是巨大的机会。

所以，聪明的销售顾问应该做的就是：将计就计、顺水推舟，使出浑身解数影响顾客的“感性需求”，将所有的“不一定”变成“一定”。这样你的生意就将顺风顺水。

举一个例子：

顾客：我经常去外地出差，所以想挑一辆排量大一点儿的车，最好是SUV，你们这车排量太小了，不适合我……不过，我挺喜欢你们这车的造型，线条流畅又有个性，确实不赖，挺酷的……

销售顾问：呵呵，谢谢您的赏识。是否方便问一下，您一般都去哪里出差呢？

顾客：北京。一个礼拜跑八趟，所以得买辆马力足的车！

销售顾问：是吗？要是北京的话，离咱们这儿也就三百多公里吧？这样的距离其实用不着太大马力，我们这车的马力数就足够了。不瞒您说，别看我们这车的排量稍微小一些，也有××马力呢！在高速上飙个一百五六十迈一点儿问题都没有！

顾客：可我前两天看上的一款车特别牛，据说最高能飙到三百来迈呢！

销售顾问：那我能否问您一个问题？

顾客：请说。

销售顾问：您在高速上开得最快的一次，是多少迈？

顾客：也就二百多吧，好家伙，那叫一风驰电掣！即便我这个开了十几年车的老司机手里都有汗了！

销售顾问：就是嘛！所以说，三百多迈尽管说起来非常牛，但一般轻易开不到那个速度。您去北京毕竟是出差，是为了工作，所以一般来说有个一百五六十迈就足够了，您说是吗？

顾客：嗯，说的有道理……

销售顾问：再说了，车开得太快毕竟不太安全。速度这东西还是够用就行了，没有必要过度追求。一来用不上，二来又要多花钱，其实并不划算。

顾客：嗯，也是……

销售顾问：而且您刚才也说了对我们这款车的造型感兴趣。其实我觉得您特别有眼光，一看就是一个“阅车无数”的人。我们这款车的最大特点就是老司机买的多。只有真正懂车的人才知道什么样的车开出去真正有范儿！不像那些初次买车的年轻人，买车就跟买手机似的，一切都凭感觉，喜欢随大溜，完全没有自己独特的见解。

顾客：呵呵，那是，我多少年了，要是连这点儿功力都没有练出来，还怎么跟社会上混啊！

在这个案例中，很显然顾客的需求是模糊的、感性的，充满了“不一定”。所以，销售顾问就紧紧抓住这些“不一定”，巧妙地施加影响，将其一步步地推向了“一定”。

无论这位销售顾问最后能否成功拿下这笔买卖，起码他的战术是完全对头的。

下面，让我们来仔细地分析这个案例：

顾客：我经常去外地出差，所以想挑一辆排量大一点儿的车，最好是 SUV，你们这车排量太小了，不适合我……不过，我挺喜欢你们这车的造型，线条流畅又有个性，确实不赖，挺酷的……

（顾客的话传递了两个信息。第一，他对于大排量车的认识是模糊的，这一点不能够视为需求和利益。第二，很显然他潜意识里也觉得这个需求不太靠谱儿，所以才会特地跑过来看另一款车。因为这款车有一点十分吸引他——造型，而这一点，也许才是个真实的需求。）

销售顾问：呵呵，谢谢您的赏识。是否方便问一下，您一般都去哪里出差呢？

（用“粘贴式提问法”获取顾客的核心需求。）

顾客：北京。一个礼拜跑八趟，所以得买辆马力足的车！

销售顾问：是吗？要是北京的话，离咱们这儿也就三百多公里吧？这样的距离其实用不着太大马力，我们这车的马力数就足够了。不瞒您说，别看我们这车的排量稍微小一些，也有 ×× 马力呢！在高速上飙个一百五六十迈一点儿问题都没有！

顾客：可我前两天看上的一款车特别牛，据说最高能飙到三百来迈呢！

销售顾问：那我能否问您一个问题？

顾客：请说。

销售顾问：您在高速上开得最快的一次，是多少迈？

（再一次用“粘贴式提问法”询问顾客的核心需求。）

顾客：也就二百多吧，好家伙，那叫一风驰电掣！即便我这个开了十几年车的老司机手里都有汗了！

（果不其然，顾客在毫无防备的情况下异常爽快地说出了自己的核心需求。）

销售顾问：就是嘛！所以说，三百多迈尽管说起来非常牛，但一般轻易开不到那个速度。您去北京毕竟是出差，是为了工作，所以一般来说有个一百五六十迈就足够了，您说是吗？

（顺水推舟，纠正顾客的错误认知，帮助顾客明确自己的核心需求。）

顾客：嗯，说的有道理……

销售顾问：再说了，车开得太快毕竟不太安全。速度这东西还是够用就行了，没有必要过度追求。一来用不上，二来又要多花钱，其实并不划算。

（运用“安全”这个话题，进一步颠覆顾客对于“速度”的认知，促使他转移视线。）

顾客：嗯，也是……

销售顾问：而且您刚才也说了对我们这款车的造型感兴趣。其实我觉得您特别有眼光，一看就是一个“阅车无数”的人。我们这款车的最大特点就是老司机买的多。只有真正懂车的人才知道什么样的车开出去真正有范儿！不像那些初次买车的年轻人，买车就跟买手机似的，一切都凭感觉，喜欢随大溜，完全没有自己独特的见解。

（采用奉承话术，强化顾客对于“造型”的感性认知，使其进一步将关注的重点转移到自己的商品上来。）

顾客：呵呵，那是，我多少年了，要是连这点儿功力都没有练出来，还怎么跟社会上混啊！

（显然顾客对于这种话术十分受用，非常愿意针对“造型”这个新话题展开新一轮的对话。）

小结：对于销售顾问而言，顾客身上所有的“不一定”都是机会。

所以，你需要掌握的第 50 个心理学妙招就是：利用顾客举棋不定、患得患失的心理，施加强大的影响，将所有的“不一定”变成“一定”；又或者，将所有的“一定”变成“不一定”，然后再变成“一定”。

第五节　温故而知新

过去的购买习惯，一定会影响到未来的购买行为。

一般来说，尽管存在着一些变数，但人们的购买心理与购买习惯大体上是固定的，有些习惯甚至有可能伴随人的一生。

打个比方。相当多的人恐怕都有一个习惯，那就是甭管买什么，“样品”和“最后一件”绝对不会买。因为他们认为，样品意味着太多的人试用过，而最后一件则意味着是被别人挑剩下的。尽管事实未必如此，但是这种心理反应很难被克服。越是喜欢的东西，越是想买的东西，在这种情况下反而越是让这些人却步。

有意思的是，还有一些人刚好相反，他们就爱买“样品”和“最后一件”。因为可以有借口逼老板打更大的折扣。而且在这些人眼里，能拿来做样品的肯定都是一等一的货色，因为没有哪个老板会傻到用二流货色招揽生意。所以，“买样品”绝对是一个性价比颇高的好选择。

不仅如此，许多人在挑选商品时总会有一些自己特别关注的重点，只要这些重点不达标，多好、多牛的商品也入不了他们的法眼；反之，只要这些重点达标，多次、多孬的商品也不妨碍他们慷慨解囊。

打个比方。有许多人买衣服时永远不会太在意款式，而对衣料的品种和质地格外吹毛求疵；而有些人正相反，甭管什么料子，只要款式好就会毫不犹豫地拿下。

对别的商品是这样，对汽车也是这样。

一般来说，甭管顾客这么些年来买了多少辆车，汽车的品质上了多少个档次，总有一些最基本的要素是不会改变的。而且重点在于，这些基本要素有时甚至连顾客自己都未必能够意识到——他们也许认为自己的购买心理已经发生了巨大的改变，其实却“万变不离其宗”，根底上的基本要素还是一脉相承的。

所以，只要我们的销售顾问能够成功地刺探出顾客过往的消费行为中存在的某些核心信息，那么就很容易通过复制和强化这些核心信息，促使顾客做出相同的购买行为。

举几个例子。

案例一：

销售顾问：您今天是开 ×× 车来的吧？我刚才在停车场看到您的车了。

顾客：是，是这样。我是开 ×× 车来的。

销售顾问：方便问一下您这车买了几年了？

顾客：七八年了！都成老爷车了。

销售顾问：是吗？真没看出来。我还以为顶多买了两三年呢，看起来特别新！看来您真是个会保养车的人！

顾客：呵呵，您过奖了。哪儿有那么夸张，我这车好多部件都不灵了，三天两头出状况，所以才考虑换辆车。

销售顾问：我说的是真心话，您的车让谁看也不相信是开了七八年的车，确实保养得非常好。对了，方便问一下当时为什么选了这款车吗？

顾客：这款车的掀背式造型我特喜欢，觉得挺酷的！

销售顾问：哦，是这样。您真有眼光，我也特喜欢掀背车，确实很帅气！那这款车还有其他让您喜欢的地方吗？

顾客：除了造型，这车的提速感也不错，在高速上很少被人超车！

销售顾问：呵呵，那就难怪您会选这款车了，外形帅，操控性又好，换了我也会买这款车的！

（话术分析：通过这段对话，销售顾问至少掌握了两个关于这位顾客消费习惯的重要信息：他喜欢外形酷、提速好的车。那么，接下来的商谈只要沿着这个思路走下去，应该不会发生大的偏差。）

案例二：

销售顾问：您今天是开××车来的吧？我刚才在停车场看到您的车了。

顾客：是，是这样。我是开××车来的。

销售顾问：那方便问一下您当时为什么选了这款车吗？

顾客：后备厢大，能装不少东西。

销售顾问：那方便问一下一般都装些什么东西呢？

顾客：咳，那可就多了去了！帐篷、渔具、一家子的吃喝住用……总之是应有尽有，在车上过日子都没问题！

销售顾问：是吗？呵呵，那可是和一间移动房屋有一拼了！不过听您这么说，您和您的家人应该都是旅游爱好者吧？

顾客：是，我们全家都喜欢旅游！

销售顾问：方便问一下您家里有几口人吗？

顾客：算上我六口人。

销售顾问：呵呵，那可真是一个大家庭了。这么一大家子人出门旅游确实需要一辆宽敞点儿的车。这么说来您肯定对大排量、大空间的车感兴趣了？

顾客：是，我换了两次车，每次都挑大号的买。这不，随着孩子的个头儿越来越高，现在的座驾又不灵光了，还得买辆更大的车！不过……

销售顾问：不过什么？

顾客：车大一些是方便，可就是太费油。好家伙，这两年的油费够买一辆新车了！

销售顾问：可不是吗，大排量的车本身车体就重，再加上六个人的负荷，油耗肯定低不了。

顾客：是，这个东西确实很头疼……

销售顾问：不过您今天算是来对了。我们这儿刚好有一款车，我觉得特适合您。您看看这款车，排量只有1.6升，比您现在2.0升的座驾油耗低了不少。您也许觉得有些不可思议，我们这车居然是七座车！您可以坐上去感受一下，内部空间绝对不比您现在的爱车小！

顾客：可不是吗，这车是挺宽敞，真想不到居然会是1.6升的排量！

销售顾问：还不止这些。您看啊，只要您将后排座椅这么一折、一拉，再一推……您看看，就能完全放平，这样一来整个车的后部就都成后备厢了。别说出去旅游，就算搬个家什么的也没问题！

顾客：嘿嘿，是不错，构思挺巧妙的……

销售顾问：不过，这种操作方法有个小缺点，您把最后排的座椅放倒之后，这车就成了五人座了，坐六个人恐怕要稍微吃力一些。

顾客：没关系，毕竟不是六个成年人，家里还有俩孩子呢，应该没问题！

销售顾问：是吗？那可真是太理想了！这么说来，这款车简直就是为您量身定做的！

（话术分析：从顾客的购车经验来看，一直以来他所看重的要素只有两个：空间大、省油。那么，顺着这个思路往下谈，不可能没有斩获。）

小结：一个人过去喜欢做什么事，现在十有八九还是会做这些事。

所以，你需要掌握的第51个心理学妙招就是：从顾客过去的购买经验中寻找灵感，刺激他主动复制相同的购买行为。

第六节 刺激顾客的“感觉”

光靠“说”没有用，要让顾客自己去“感觉”。

在前面的文章中，我们曾经举过几个通过刺激顾客的感觉，“兵不血刃”地战胜竞争对手的例子。

在这里，我们再系统论述一下感觉的重要性以及刺激顾客感觉的若干要领。

为什么对于销售而言，感觉是至关重要的？

因为人类的语言所能够达到的效果是有限的，有些事情光靠说没有用，必须让顾客自己感觉一下，才能彻底征服他们的心。

所谓“百闻不如一见”，就是这个意思。

所以，我才会在本书中一再强调试乘试驾的重要意义——不让顾客亲自驾驶一下，你就算把嘴皮子磨破了，顾客也不可能真正了解你的车到底是怎么一回事。

那么，除了试乘试驾之外，还有哪些环节可以有效刺激顾客的感觉呢？

这样的环节有很多，甚至可以说数不胜数，关键看你是不是个有心人，能不能够敏锐地把握住。

举几个例子。

1. 刺激顾客的视觉。

案例一：

销售顾问：我们这款车的车头设计灵感来源于雄狮。您站在侧前方看一下……车灯就是狮子的眼睛，进气格栅就是狮子的嘴。怎么样？像不像一个狮子头？

案例二：

销售顾问：我们这款车的仪表盘是典型的复古英伦范儿。您可以看一下……怎么样？是不是有一种特古典、特别致的感觉？

2. 刺激顾客的听觉。

案例一：

销售顾问：我们这款车的吸音功能特别好。您可以踩一下油门儿试试……怎么样？是不是几乎听不到发动机的声音？

案例二：

销售顾问：我们这款车的风阻系数特别小，在高速上开几乎听不到风的噪声。您把车窗关上，踩一下油门儿试试……怎么样？能听到风的声音吗？

3. 刺激顾客的触觉。

案例一：

销售顾问：我们这车的仪表盘采用的是桃木结构，而且和其他品牌的车不同，我们这款车用的不是桃木贴纸，而是实打实的桃木。不信您可以摸摸看……怎么样？是不是有一种特自然、特舒服的感觉？

案例二：

销售顾问：我们这车的喷漆技术是现今世界上最先进的技术，而且漆料都是天然的植物漆料，基本上没怎么使用化学添加剂。不信您可以摸摸看……是不是有一种特平滑、特纯粹的感觉？

4. 刺激顾客的嗅觉。

案例一：

销售顾问：我们这车是上午刚到的车，还嘎嘎新呢！不信您可以进来闻闻……怎么样？是不是还残留着工厂生产线的一些味道？

案例二：

销售顾问：我们这车采用世界上最先进的发动机技术，不充分燃烧的概率非常低。即便是烧 93 号油排出的废气量也非常小。这样，我找个同事帮咱们踩一下油门儿，咱们可以一起感受一下……怎么样？是不是几乎没有汽油味儿？

小结：“是骡子是马，拉出来遛遛”，不让顾客亲自感觉一下，你的商品再好也没有用。

所以，你需要掌握的第 52 个心理学妙招就是：平时要加强练习，尽量把用语言表述的内容和人的感知系统结合起来。

第七节　不做“一锤子买卖”

销售这行的终极技巧是“乘凉”而不是“栽树”。

已经购置了私家车的朋友恐怕都会有这样的经验：在你买车之前，销售顾问一天给你打八个电话，能把你活活烦死；可是一旦你掏钱把车买回了家，你放心，这些曾经热情似火的销售顾问一准儿会摇身一变，态度立马冷却下来，一万年都不会再搭理你。顶天儿了在需要保养的时候给你去个不痛不痒、例行公事般的电话提醒一下而已。

这就是典型的“一锤子买卖”现象：买之前顾客是大爷，买之后顾客就成了孙子。

坦白说，销售顾问的这种行为有它相对“合理”的地方：和你打交道的过程耗费了他们大量的心血，总算搞定买卖拿到了钱，他们当然会毫不犹豫地弃你而去，另结新欢。这就好像高考一样。高考对于绝大部分考生而言都是一场不折不扣的噩梦，是给他们带来痛苦记忆的人生体验，因此，好不容易熬过了高考，还有谁会待见那些曾经让自己如此不堪的教科书和复习资料呢？把它们通通扔进垃圾箱才是一种真正“符合人性”的反应。

没错，对于销售顾问而言，已经成交的顾客在很大程度上也是一个噩梦。除了顾客“掏钱”和自己“挣钱”那一刻的成就感以及随之而来的片刻欢愉之外，对这些顾客及其相关的商谈经历和记忆，销售顾问都不再有什么可以留恋的。“忽视”和“忘却”是销售顾问自我疗伤的唯一选择。何况生意已经成交，至少从短期来看这些顾客已然没有利用价值。继续与这些人保持藕断丝连的关系，显然对于销售顾问而言是一件无意义的事。

所以我们说，销售这个行业是残酷的。因为销售的过程永远都是由百分之九十九的痛苦和百分之一的欢愉组成的，而从事销售行业的人要在“绝对的”痛苦和“相对的”欢愉之间循环往复、终其一生。

至少在中国，销售这个行业一直都是一个短命的行业，一直拥有最高的人员流失率与淘汰率。从本质上来说，就是上述原因。

然而，事情的真相是这样吗？

很显然，这个世界上确实存在着“销售天才”。这些人似乎总是能够不费吹灰之力就为自己“攫取”到最大利益。那么就“销售天才”这一特殊群体而言，他们在销售过程中体验到的，肯定更多的是欢愉和快感，而不是痛苦。

下面的问题是：他们是如何做到这一点的？

除了拥有本书介绍的一系列销售秘诀之外，他们身上还有一个重要特质，那就是：他们从来不做“一锤子买卖”。

不可否认，无论你的技巧多么高超，销售这件事的本质都与“痛苦”二字有关。当你绞尽脑汁、煞费苦心地琢磨与实施这些技巧的时候，其实你就已经感受到了某种痛苦和煎熬，只不过由于你的精力高度集中，痛苦的感觉在一定程度上被遮蔽了而已。

不过正因如此，聪明的“销售天才”们没有采用常规的“抛弃已成交客户”的办法来减轻痛苦，而是反其道而行之，通过“拥抱已成交客户”的办法从根本上消灭了，至少无限接近于消灭了销售工作中的痛苦。

这是一个悖论，也是一条真理。

“抛弃已成交客户”固然可以短时间内止痛，但是销售顾问接下来要面对的依然是一轮又一轮无穷无尽的痛苦；而“拥抱已成交客户”虽然短时间内可能会唤醒销售顾问的痛苦回忆，但是从中长期来看，却是彻底消灭痛苦的唯一王道。

这就好像两个晒得要死的人，迫不及待想有一片纳凉的树荫。其中一个人栽了一棵小树苗，却发现树荫太小根本遮不住自己，于是乎不停地栽下去，可是最后栽了一百多棵树，也没得到一片足以容身的纳凉之地，最后只能活活热死；另一个人则不同，他栽了几棵树苗，然后持之以恒地施肥、浇灌，最后这几棵树苗全部长成了参天大树，让他可以一辈子坐享其成，舒舒服服地在树底下纳凉。

在这个比喻当中，显然“植树”是一个痛苦的过程，而“纳凉”是一件令人愉悦的事，那么减少乃至消灭痛苦的唯一办法就是：尽量少种树、多纳凉。

就这么简单。

种树如此，销售亦如此。

如果你想减少痛苦、增加愉悦，那就要尽量降低与新顾客打交道的概率，增加与老顾客沟通的频率。因为“开拓新顾客”是一个“种树”的过程，而“与老顾客起腻”才是一种“乘凉”的行为。

如果你总是“种树”而忘记“乘凉”，那么你一万年也成不了“销售天才”，永远都是一个不折不扣的销售蠢材。

不仅如此，在“种树”和“乘凉”的关系上，还有另一个极其重要的心理学现象往往为我们所忽视。这就是：其实顾客非常愿意你把他们当成乘凉的大树，或者说得更直白一些，顾客在这方面具有极大的需求，迫切地需要你去满足他们。

道理很简单。往往越是昂贵的商品，越是利害攸关的商品，顾客在购买过程中越要煞费苦心、牵肠挂肚、戕害无数脑细胞。也就是说，与销售顾问完全一样，这一购买过程对于顾客而言也是一种极其痛苦的体验，如有可能，他们决不愿意再次体验这样的痛苦。

所以，每一个顾客的内心深处都有一种强烈的渴求：寻找一个内部的、靠谱的、值得信赖的人，然后将未来所有的购买行为全部托付给这个人，从而最大限度地减少痛苦的心理体验。

这就是机会，巨大的机会！

这样的机会要是不加以充分利用，简直是对自己智商巨大的侮辱！

所以我们可以看到，“销售天才”们在这个行业中往往越做越轻松，他们的办公室总是被络绎不绝的回头客挤爆，即便足不出户也能潇洒地赚得大把银子；而销售蠢材们则是越做越艰难，他们总是需要不停地开拓新客户——刚开始时可能还会因为有点儿新鲜感和热乎劲儿保持一定的闯劲儿和干劲儿，到后来却会越干越疲沓，越干越懒惰，越干越灰心……不到一年半载就会沦落到混日子的地步，或者干脆卷铺盖走人。

那位说了：你说的道理我也懂。谁不知道回头客重要？可现在的问题是我们哪儿有时间啊！你想想，我们每天至少要接待五六个（拨）新客户，这一个月下来就是好几百号人，每个月要打的业务电话得有好几千个！我们又不是超人，精力毕竟有限，光应付新客户就够我们受了，哪儿有精力关照老客户啊！再说了，你自己也说“种大树乘凉”是一个花工夫的事情，在老客户身上产生效益绝对需要时间，可这段等待的时间我们怎么办？难不成活活饿死？不在新客户身上使劲儿怎么行啊！

这段话很靠谱儿，也很接地气，值得好好回答。

从根本上讲，这里有一个悖论：“新客户”与“老客户”在某种意义上是一种对立关系。顾前则顾不了后，顾后则顾不了前。

所以，如果你死抱着这个逻辑不放，到最后哪个也顾不好，甚至是顾不上。

也许正因为如此，许多销售顾问才会无可奈何地选择了顾一头，采用了“喜新厌旧”的方式。

这正是我想重点批驳的谬误。

简而言之，为了减少销售过程中的痛苦，尽快放弃“种树”，走到“乘凉”的正轨上来，我们的销售顾问必须痛下决心，尽量放弃一些新客户，把更多的精力放到老客户身上来。非如此不能跳出“只种树不乘凉”的怪圈。

不要担心这种“放弃”会让你没饭吃。道理很简单，“已成交客户”的数量与你的销售履历是一种“正相关”的关系。具体说，当你还是一个新人的时候，你的老客户一定不会很多，你当然要将大部分精力放在新客户身上；但是随着从业时间越来越长，你逐渐变成了一个老手，老客户自然会越来越多，这个时候你就完全有条件将更多精力放在老客户身上了。所以说，你的精力分配和调整其实是一个循序渐进的过程，并不会发生得太突然太直接，让你猝不及防，以致时不常地饿肚子。这样的担心实属多余。

好了，话说到这里，相信我们已经可以达成共识。下面的问题就是：如何做？

其实做法是一个最容易解决的问题，区区几句话就能说清楚。

我们已经反复强调了一点：对于汽车这种商品，顾客是绝对的外行，至少相对于你是这样。你才是真正的专家，是顾客的“顾问”。

尤其在中国，绝大部分购车者都是第一次接触这种商品，而这种商品的昂贵以及利害攸关性又会让顾客诚惶诚恐、如履薄冰。顾客这种心理在购车后甚至比购车前体现得更为鲜明、突出。

因此，我可以一句话说死：如果说购车前来自你的电话会让顾客厌烦不已、不胜其扰，那么购车后来自你的任何一个电话都会让顾客心生好感，甚至求之不得。

所以，你只需要这样做：简单想象一下一个完全不懂车的人在使用过程中会有哪些烦恼与担忧，然后隔三岔五地打电话针对这些问题问候一下对方就行。

相信我，这样的电话你打得越多，顾客就越信赖你，甚至是依赖你，在不知不觉中，他们就离不开你了。这样做固然会增加你的工作量，但效果也是极为惊人的：顾客今后所有的买卖，甚至他们的亲朋好友今后所有的买卖，就都属于你一个人了。

想想你曾经做过的事——在购买前彻底烦死顾客，在购买后彻底冷落顾客，难道你没有一种恍如隔世的感觉吗？

改变，就从现在开始。

小结：“种树”不是为了卖苦力，而是为了“乘凉”。

所以，你需要掌握的第 53 个心理学妙招就是：痛下决心，从今天开始冷落新客户、讨好老客户。

第八节　善用 SSI

SSI 其实很简单，因为它无处不在。它就在你的身边，就在你的眼前，在你随便伸伸手就能触碰到的地方。

一直以来，“顾客就是上帝”这句话令我非常反感。

很显然，这句话把顾客神格化了，而这样反倒是对顾客人格的藐视。

道理很简单。恐怕所有被这句话洗脑以及所有试图用这句话给别人洗脑的人，从未在内心深处真正相信过这句话——在信誓旦旦地将这句话挂在嘴边的时候，也许他们的心里正充满着鄙夷与不屑一顾。而这样一种状态，别说对“上帝”，恐怕连对人最起码的尊重都谈不上。

但是，与之相反，“顾客是衣食父母”这句话是完全靠谱儿的。没有顾客就没有饭吃，这是一个简单易懂的道理，也是一种非常接地气的价值观。

因此，无论怎么说，“让顾客满意”都是一个硬指标，是销售这个行业最基本的门槛。

所以，SSI 这个名词便应运而生，成了所有销售行业的一个终极追求。

所谓 SSI，就是“客户满意度”的意思，或者再说得具体点，是“与销售过程有关的客户满意度”，即顾客从你的手里买东西，到底是买得开心，还是买得郁闷。现如今，每一个销售企业和销售人员都在绞尽脑汁地与这个概念打交道。令人遗憾的是，尽管这个 SSI 比“顾客就是上帝”的概念更靠谱儿、更接地气，却依然难逃流于形式的命运，在实际操作过程中常常会成为一个空洞的口号。

那么，我们应该如何理解 SSI 的真意，又如何才能在实际工作中真正地落实好这个概念呢？

让我们从 SSI 与销售这种行为之间的本质联系入手，去做一次深刻的剖析。

一、SSI 是一切“高效”销售行为的源泉与出发点。

销售，顾名思义就是把东西卖出去。而没有 SSI，就不能卖出东西了吗？答案显然是否定的。在现实生活中，我们每个人都体验过“即使不满意，也不得不买”的不愉快的消费经历。因为即使没有 SSI，我们也可能因为以下几个要素而不得不消费：

1. 某种你需要的东西，只有那里有，别的地方没有。

2. 某种你需要的东西，尽管很多地方都有，但所有地方的服务质量都差不多，没有让你特别满意的地方，因此只能将就。

3. 因为某个地方某种商品的价格非常便宜，所以即使那里的服务很差，你也能勉强忍受。

4. 因为你已经在某个地方买了某种东西（买的时候也许他们的服务很好、很热情），所以即使后来发现售后服务很差（买完以后对方就变脸了，态度迅速变得冷淡），你也已经上了贼船，没有其他的办法，只能将就。

当然，可能还会有其他的情况。但事情的本质是一样的，那就是店家的销售行为“没有从根本上认识到SSI的正确性”“没有发自内心地落实SSI的诚意”或者干脆就是“为了销售而伪装出来的伪SSI”的表现。而这样的行为有着以下几个弊端，它们将妨碍销售成为一种高效行为：

1. 造成“一锤子买卖”现象。顾客上当只上一回，下次绝不再来。

2. “好事不出门，坏事传千里”，一个不满意的顾客会把他的不满传给十个人，而且是一传十、十传百，最后形成一个极坏的口碑，彻底砸了你的牌子，使你成千上万的广告费化为泡影，最终断绝你的生路。

所以，不追求SSI的销售，是一种短命的销售行为，绝对无异于慢性自杀。

反之，真诚地对待、切实地落实SSI的销售行为，则会产生与上述现象完全相反的效果，它会帮助你树立品牌、获得良好的口碑，让每个顾客都给你带来十个新顾客，让你的生意在没有投入太多广告费的情况下也能越做越大，是为“长命”的销售行为，也即高效的销售行为。

最后，小声地告诉你一个小秘密（千万别告诉别人），大多数人别看嘴上口口声声地强调SSI，实际上根本就没做到。所以，只要你做到了，你就有了在竞争中战胜他们的先天优势与秘密法宝。

二、“化敌为友”是落实SSI、实现高效销售的关键点。

但是，SSI说来简单，实行起来真的很难。因为从心理学角度来讲，说得夸张一点，SSI这种提法本身就存在着先天的、深刻的矛盾。道理很简单：“卖”的人要尽量多获利，而“买”的人则不愿意对方这样。就是说买卖双方都希望自己少付出、多获得。这就产生了买卖双方之间最根本的矛盾。在这种根本性矛盾的驱使下，买卖双方很容易形成一种天然的敌对关系，彼此把对方视为敌人，都想战胜对方。这就极易形成一种买方“攻”、卖方“守”的局面，以及一种针锋相对、步步为营、杀气腾腾的氛围。

正因如此，大家有了一个心照不宣的默契：尽管我们在口头上强调所谓的“双赢”，但是在实际销售过程中，买卖双方的心理体验往往是痛苦的，甚至是一种精神上的折磨，毫无快乐可言。因此，买卖双方都会使出浑身解数，以求尽快使对方屈服，从而尽早结束这个痛苦而折磨的过程。

现实中，真正的SSI往往很难完全实现，原因就在这里。

平心而论，这种“敌对关系”在很大程度上是一种必然，是很难回避的，尤其容易出现在具有“即时购买”或“冲动购买”特征的单价较低的商品上。

比如说，我们在商铺里买衬衣，往往就是五六分钟的事情，是一个相对单纯的讨价还价的过程。没有人会花上大量时间，反复地去（店铺）、反复地谈，最终用一个月的时间决定是否购买这件衬衣。但是，以汽车为代表的大宗消费品的消费模式则有着本质的不同。大宗消费品因为价格高昂、使用时间长，因此，这些消费品的消费模式从根本上讲不大可能是一种“即时消费”或“冲动消费”，而应是一种“理性消费”，即消费者会拿出很长的时间，甚至是几年的时间去反复衡量、比较、挑选，最终才决定是否购买以及到底要买哪一个。这就为汽车销售行业的销售人员提供了一个避免与消费者产生“敌对关系”的绝佳的空间。

所以，汽车销售行业的销售人员才有“顾问”的头衔。而销售“顾问”和销售“员”最大的区别就在于此。就是说，销售顾问手里有SSI这把武器，他们有充分的时间和空间把买卖双方的“敌对关系”转化为“朋友关系”，从而使买卖双方在很大程度上摆脱商谈过程中的痛苦体验，让商谈过程变成一种愉快的经历。

实现这一点最大的窍门在于：先不要忙着推销商品，而是要把“自己”推销出去。不要急于把顾客当作“送钱给你的人”，而要先把顾客当作一个普通的“人”来看待。暂时避开你的商品，压抑住想把商品卖给对方的冲动，用你出色的观察力与高人一筹的情商去和每一个“人”打交道，使他们能够为你的魅力所吸引、所折服，最终能够信任你并和你交朋友。

你还要动用你的洞察力与情商去发掘顾客作为一个普通人的种种需

要（也许是和你所卖的商品毫无关联的需要，比如说生活中甚至是情感上的某种需要），然后设法满足他的这种需要，使客户惊喜于你的细心、你的关心、你的情意，从而在情感上欠你一笔账——放心，他会想着偿还的。

一旦你与客户之间建立起了这种关系，买卖就会成为一件顺理成章、水到渠成的事。

告诉你一个重要的心理学秘密：如果你和客户之间只能维持一种最原始的买卖关系，也就是上面提到过的“敌对关系”的话，顾客会拼命砍价的。因为每个人都有虚荣心，在这种情况下，比别人买的东西便宜对于顾客来讲是一种成就，一种光荣；反之，比别人买的东西贵则是一种没本事的表现，是一种屈辱的体验。（所以我们才会为一件事感到纳闷儿——为什么买得起价值几十万元的汽车的顾客，却往往愿意花上一个下午甚至几个星期的时间，就为了再便宜一两千元钱和你纠缠不休？）相反，如果你能和客户真正地成为朋友，乃至成为哥们儿，让他欠足了你的人情，他就不会那么狠命地跟你砍价了。何止如此，他甚至有可能主动给你提价。道理很简单。除了个别“杀熟”的人之外，一般人认为，对那些有恩于自己的朋友或兄弟拼命地砍价，是一种小气的、忘恩负义的行为；而主动提价则是一种知恩图报的、有义气的、大度的表现。而且，他还会把自己认识的所有人介绍给你，帮你做生意。第一是因为他信任你，第二还是为了义气，因为他要报答你。这样做会让他觉得自己很帅。

这就是超经典的“有钱难买我乐意”的心理学现象。其本质也是一种“虚荣心”。

这样的顾客，才是为你实现附加值最大化的顾客，而能否尽量多地培养这样的顾客，全看你能否发自内心地把 SSI 当回事儿。

总之，人都是有虚荣心的，虚荣心既能促使你的客户拼命地跟你砍价，也能促使你的客户大大方方地对你让（提）价。关键看你能不能激发出客户“有钱难买我乐意”的虚荣心理。这里面的窍门就是：先别急着谈商品，更别急着谈价，尝试一下先与他交朋友，重要的是让他欠你的人情。只要你能做到这一点，你在交易过程中的痛苦指数就会直线下降，而愉快指数则会直线上升。而且我还要告诉你一个小秘密：这样做，成交的速度不一定慢，相反有可能会更快。这就是所谓“欲擒故纵”的道理。

三、“真诚”的重要性。

上面的道理，说出来大家应该很容易理解。但是，你可能会说，这些东西在现实生活中真的很难实现，因为没有人会有那么大的精力去对每一个人都付出真挚的情感。这毕竟只是一个生意、一个买卖，很多时候“装”一下、走走过场也就可以了。

必须承认，你的这种想法好像很务实。在现实世界中恐怕大多数人都是这么做的，你这么想似乎也没有什么不对。但我还是要告诉你，你是错的。道理很简单：“装”出来的东西和“真诚”的东西之间最大的区别就在于——前者是不可持续的，而后者相反。

道理很简单：“装”出来的东西由于是假的，所以绝无可能是一种愉快的心理体验。也就是说，“装”是一个痛苦的过程，你的本能会驱使你尽快结束这种痛苦，因而是不可持续的。而“真诚”则不然，由于它是发自内心的，是一种自然的心理过程，所以往往是一个愉快的心理过程，而这一本质也决定了它的可持续性。

这是一个心理学范畴的概念。

所以，我们在现实世界中经常可以发现这样一种现象：很多销售顾问在遇到难缠的顾客时，常常会自我安慰——我就把他当成钞票好了。尤其是一些经验丰富的老销售顾问会经常性地采用这种心理暗示法来为自己减压。

严格说来，在我们的生活中总会遇到种种问题，这种阿Q式的“精神胜利法”有时是必要的。但是，此法用得太多就会造成一种麻木不仁。由于销售顾问的这种麻木是建立在一种破罐破摔、自暴自弃式的消极心态上的，它会直接带来对顾客的冷落与怠慢，从而严重影响SSI的效果。所以我们经常发现那些对顾客比较冷淡的人，往往是从业时间相对较长、从业经验相对丰富的老销售顾问。

总之：“装”出来的东西和“真诚”的东西最大的区别在于：

1. 是否具有可持续性。

2. 是痛苦的、逐渐麻木的过程，还是自然的、愉快的过程。

告诉你一个小秘密：

销售顾问是一个可以做到七十岁的职业。关键看你能不能愉快地工作。很多从业时间长的老销售顾问正是因为积累了太多的痛苦与麻木，最终变得异常疲沓与疲惫，从而选择离开销售顾问这个岗位。所以坊间有这样的说法：销售顾问天生就是一个流动性大的岗位。这就是不能够愉快工作的最终后果。

只要你能做到真诚而不装，或者至少你尝试着在一定程度上做到这一点，你的愉快指数就会直线上升，你就能够在这个岗位上多待很长时间。甚至于你的整个职业生涯都是有可能停留在这个职位上的，你完全有可能在这个职位上实现你职业人生的所有理想。不信的话，看看人家乔·吉拉德！

四、SSI 要从小事做起，从细节做起。

说起 SSI，很多新人都会感到有些茫然，甚至很多老员工也会有些不得要领。其实 SSI 真的不是一个多么吓人的高端名词。它真的很简单：越是眼前的小事，越是细节，就越能很好地实现 SSI。从现在开始，你就可以轻松地在身边找到实现 SSI 的很多漂亮的小事例，而不用经过什么高深的教育与培训。

试着想象一下：下雨了，你打着伞走出去把顾客接到展厅；顾客淋湿了，给他递上擦脸毛巾，再递上一杯开水；顾客穿的衣服很漂亮，就真诚地夸夸他“很帅气”；顾客无意中透露出遇到了什么麻烦，就主动地关心询问，积极地为他想办法……这样的事例与细节在日常生活中无处不在。关键看你是不是个有心人，抑或有没有强烈的意愿成为这种有心人。

五、要有目的、有意识地训练。从现在做起，从一点一滴做起。

你也许会说，我还年轻，等我再长几岁，生活经验自然会更丰富，观察力会更敏锐，那时就水到渠成了。可我要告诉你，天底下没有绝对水到渠成的东西，所有的东西都是需要学、需要练的，只是快慢不同而已。没有哪家公司会有那么大的耐性花上几年时间等待你“自然”成熟，所以你必须从现在开始就有意识、有目的地训练自己。

你一定要注意累积生活基础，培养广泛兴趣。

在很多时候，你的生活阅历与知识都不一定需要“专”（销售必需的专业知识除外），但一定要“博”。这是做好一个销售顾问的基础。

第一，学会关心他人，提升 EQ（情商）水准。

关心他人是一件再简单不过的事情，但绝对需要有意识地培养。现在开始尝试一下：在你的同事不舒服的时候，主动摸一下他（她）的额头，轻轻地叮嘱或问候一句；当他（她）趴在桌子上或离开办公室的时候，在他（她）的桌上悄悄放上几粒药片；在你的同事有急事出去的时候，悄悄地替他（她）收拾好凌乱的桌面……这些小事每时每刻都会发生，只要你轻轻地伸出手，就能轻松地敛来一大堆。

第二，学点儿心理学。

任何一种销售工作，都是和人打交道的工作。而和人打交道，就离不开心理学。任何一个想做销售工作，却拒绝学习、研究心理学的人，都无异于“瞎子摸象”。

销售顾问研究心理学有两个层面的意义：

首先，可以通过研究顾客心理促使销售目标顺利达成。

其次，可以通过研究、分析销售行为与销售过程中的心理学要素，提升自身的愉快指数，降低痛苦指数。

总之，你自身愉快指数的重要性表现在：

1. 可以让你更加喜欢销售顾问这个职业（而不是仅仅因为看重这个职业的高收入而勉强为之），从而延长你的从业时间。

2. 愉悦这种心情是可以传染的。当你的愉悦传染给你的客户时，你会发现实现 SSI 是一件很轻松的事情，甚至可以说是信手拈来。只要轻松实现了 SSI，你的业务表现和你荷包的厚度的变化，就不用我多说了。

六、塑造自身的人格魅力，使自己成为一个有吸引力的人。

相信我，只要你能做好眼前的每一件小事，关注眼前的每一个细节，你就会成为一个有着非凡人格魅力的人，但关键是要坚持。

别人能做到的事情你也能轻松做到，可为什么你总是没有别人那样的好人缘儿呢？就是因为你没有做到这两个字——坚持。

小结： SSI 是你成长为一个战无不胜的“销售之王”的历程当中最重要的武器之一，一定要好好珍惜它！

所以，你需要掌握的第 54 个心理学妙招就是：从日常小事做起，培养高度的情商，彻底拿下 SSI！

第八章
完全销售法
——通往“完美销售”的王道

终于迎来了尾声。

迄今为止，我们已经领略了许许多多的“技法”和“心法”，相信让大家初步理解了细节对于销售这个行业的重要性。但是，由于划分方法以及描述方式过于细致入微，也许还难以让大家对所有这些销售技法与心法产生一个清晰而完整的认识。

那么，在本书即将“收官”的时候，我们不妨来做一个总结。

我将本书中介绍的所有方法，高度概括为一个词——完全销售法。

所谓“完全销售”，就是指所有的销售机会都不放过，所有的销售机会都能成交，亦即“成交率百分之百”的意思。

我知道你在想什么，没关系，先不要急于下结论，还是看完了再说。

好了，接下来就让我们一面回想着书中的那些技法与心法，一面走进“完全销售法”的世界吧！

第一节　引子

绝对不是忽悠你——卖汽车可以和卖白菜一样容易。

成交率！！成交率！！成交率对于汽车销售行业而言，是最让人爱恨交加的一个名词。想想吧，当你花了大把的真金白银做广告或市场推广，好不容易把客人都“忽悠”到你的店里来，如果你的销售顾问不争气，以很低的成交率把客人差不多都赶跑了，你成千上万的广告费则无异于都打了水漂，仅仅便宜了那些广告公司。

不过，你的销售顾问也许会比你更郁闷，毕竟多卖车就能多挣钱，他们又何尝不想大幅度提高成交率！但是卖汽车不比卖白菜，“来一个客户就可以成交一辆车”无异于痴人说梦，提高成交率哪里只是嘴上说说那么简单！

那么，让我告诉你，我知道一个方法，叫作“完全销售法”，或者叫作“完美销售法”，可以让你“来一个客户就成交一辆车”，甚至于“来一个客户成交两辆或更多的车”，就是说这套方法能让你真正步入“卖汽车比卖白菜还容易”的境界，使你的成交率达到百分之百甚至百分之二百！你信吗？（别笑！严肃点儿！我可是认真的，没有跟你开玩笑！）

第二节　两个前提

把所有东西卖给所有人，是销售的终极境界。

前提一：重新审视一下你眼前的人——“来店客户”的彻底解剖。

俗话说，“捡进篮子里的都是菜”。理论上，只要有人走进了你的店，他们就应该立刻成为你的囊中之物，因为他们都有可能成为你的客户，都有可能促使你成交。不要小看这一点，这可是“完美销售法”最根本的理论依据。

好了，现在让我们分析一下进店客户的众生相，解释一下“进入你店门的人都有可能为你带来一辆甚至两辆车的生意”这个命题的理论基础。

1. 请相信我，走进你店门的人至少有百分之九十以上都是对汽车这种商品，而且是对你销售的这种品牌汽车感兴趣的。基本上不会有人本来想打酱油，却闯进了一家汽车 4S 店（除非他是打酱油的途中顺便逛逛，即使这样也足以证明他对你卖的车感兴趣）。当然有一种可能，本来想买“宝马”的人，因为看不懂或没留意“丰田标”而闯进了一家丰田 4S 店。（即使是这种情况，也至少证明他对汽车这种商品感兴趣，只不过对你的品牌没兴趣而已。而这绝对有可能为你提供一个大展身手的好机会，让你利用自己的能力促使他改变兴趣。）

2. 还有一种可能，有个人躲进了你的店，就是为了避避雨或乘乘凉，本来并没打算看车。

3. 还有另一种可能，有个人进了你的店，就是为了借卫生间使使，本来也没打算看车。

当然，还会有一些其他的可能，在这里不再一一赘述。但是，无论如何，上述第二条以下的可能性总体来说绝无可能超过百分之十。也就是说百分之九十以上的可能性都是第一种。

前提二：重新审视一下你眼前的商品——世界上存在十全十美的东西吗？

问你一个问题：世界上存在十全十美的汽车吗？

也许你会不假思索地大声告诉我："有啊！劳斯莱斯！法拉利！多酷啊！"

请你先别急，听我告诉你这两种车的一个最大缺点：它们太贵了。而且，如果你还允许我继续跟你抬抬杠，我还会告诉你："一年就生产那么几辆车，维修起来多不方便啊！关键零部件还得从国外运过来。"当然，如果我想鸡蛋里挑骨头，我还能对它们说出一大堆缺点，总之能彻底颠覆你的观感，让你觉得这两个世界公认的"汽车之王"简直一无是处。

好的，下一个问题：世界上存在"一无是处"的汽车吗？

你也许会轻松地举出几个你一直以来不屑一顾的国产车品牌，但让我告诉你一个最大的优点：它们便宜。它们在不那么好的口碑下依然能够维持不错的销量，就足以证明它们绝不是一无是处。如果你不服气，我还可以一口气说出 50 个它们的优点，直到让你觉得它们比起某些世界知名的品牌来也毫不逊色为止。

你也许会很不满，大声地反驳我："你举的这些例子也忒极端了点儿，现实生活中哪有这么多极端的例子啊！"

太好了！恭喜你，你找到窍门了！既然这么极端的例子都有成立的可能，那么远不是这么极端的，也就是你眼前要销售的商品，绝对是大有机会的！

好了，如果你能认可这两个简单到幼稚的大前提，我们就找到了共同语言，可以向着"完美销售"之路出发了。

第三节　销售"顾问"的本职与本能

智商与情商是销售的永恒法宝。

别忘了，你是一名卖汽车这种大件商品的销售顾问。你和一般的销售员可不一样，你是"销售员之王"，所以你身上一定得有一些特殊的本事，甚至是本能。

我们经常这样形容一个口才极佳的人——“这个人真能说，能把死人说活了”。这句话实际上是褒扬中略带贬斥的意思。但是，它却有可能成为销售顾问最重要的素质之一。

只要你认可了我上一节所说的两个大前提，我们至少在两件事上已经达成了共识：第一，几乎所有进店的客人都对你所卖的车感兴趣；第二，无论他对别人的车的兴趣是否大过对你的车的兴趣，你都有充分的空间找到你自己的车的优点与别人的车的缺点，因此，你就有充分的空间与时间（拜汽车是一种“大件”所赐，消费者从选择到实际购买往往要用很长的时间）实现大翻盘，让你的车在顾客心目中占有绝对优势。

做到这些，需要你有敏锐而深刻的观察力、敏捷的思维与丰富多彩的语言技巧。

只要你做到了这些，理论上你接触到的所有客户都会从你这里买车，或即使这次不从你这里买，下次换车时也会找到你。也就是说你将可以达到百分之百的成交率。

不过，这才是“完美销售法”的一半含义。

忘了吗？我曾经在前面说到，“完美销售法”可以为你带来百分之二百甚至更高的成交率！如何才能做到这一点呢？

因为你有 SSI 这个武器，只要充分理解并能切实实现 SSI，你就能够成功地把自己推销出去，成为一个战无不胜的“销售之王”。你非凡的人格魅力会吸引大量的客户不停地为你提供生意机会，你会得到大量的高附加值客户，因此你的成交率何止百分之二百，理论上可以做到无限大。

第四节　通往"完美销售"之路

先做完美的人，再走完美的路。

让我们按照下面这些步骤，共同迈上"完美销售"之路。

步骤一：让顾客多待一会儿。

当客户走进你的店门，想方设法让他（她）多待一会儿。尽量延长你们的沟通时间，是你的当务之急。因为客户待的时间越长，与你沟通的时间就会越长，你就可以利用这个时间尽可能迅速地缩短你们之间的心理距离，让他（她）对你的商品感兴趣，更重要的是，让他（她）对你的"人"感兴趣，对你这个人产生深刻的印象。这可是你所有销售行为最根本的出发点，千万不可小觑。

那么，如何才能让客户多待一会儿呢？告诉你几个小窍门。

窍门一：尽量离展厅大门远一些。

人在什么情况下容易动"走"的念头？离门近的情况下。因此，在最短的时间内尽量把客户往展厅的深处领，是一个窍门。也许你会说，展车放在了离门近的地方，我有什么办法？记住，你要在销售的过程中，不露声色、自然而然地把顾客领向展厅深处，比如说展厅内的客户洽谈区。如果是引领客户到展厅的沙发区，也要尽可能选择远离展厅大门的沙发落座。当然，如果你的话术足够棒，能够把顾客请到二楼的贵宾室或客户洽谈室，效果就更理想了。

窍门二：请顾客坐下来。

人在什么时候容易"话长"？坐下来说的时候。如果站着说话，顾客很容易动"走"的念头。所以邀请顾客坐下来既是一种礼貌，也是把时间拉长的好方法。如果再给顾客点上一支烟、倒上一杯茶，他的话会更长。而且告诉你一个心理学小秘密：你的沙发越是柔软舒适，一屁股陷进去，人就越是懒得动了，话不可能不长。

窍门三：寻找话题。

记住，你不是在谈恋爱，没有时间玩儿朦胧。你是一个伶牙俐齿、反应敏捷的销售顾问，你必须在最短的时间内把自己推销出去，让对方对你产生深刻的印象。所以你必须有敏锐的洞察力，迅速发现话题，拉近你与顾客之间的心理距离。

这种话题是无所不在的（而且往往可以自然而然地脱离开你要卖的商品）。每一个走进展厅的顾客对于你而言都有着无数的话题，从头到脚都是话题，就看你是否有足够的观察力去发掘。比如说：进来的客户穿着体面，开着一辆高档轿车，你可以不失时机地询问他从事的职业，并且夸赞他年轻有为，事业成功；如果进来的顾客带着一个小孩儿，你可以夸赞这个孩子真是聪明伶俐，不像他这个年龄段的孩子。你还可以有很多其他的话题：你可以说刚进来的顾客看着很面熟，她的长相或言行举止很像你老家的表姐，让你备感亲切；你可以说你二叔以前开的车和客户开来的车一模一样，并大赞这种车的好处；你可以说顾客的手机恰恰是你梦寐以求的手机，你早就准备攒够了钱自己也买一个……总之，你会有无数的机会与你的客户套近乎，让他觉得你对他的一切都非常感兴趣、非常看重，而不仅仅是把他看成一个“送钱给你的客人”。他就会自然而然地萌发对你的兴趣，乐于与你沟通你们“共同感兴趣”的话题，从而最大可能地消除你们之间的陌生感，并拉近心理距离。

俗话说“礼多人不怪”，谁都喜欢被夸、被奉承、被关心、被重视的感觉，只要掌握好一定的分寸，别太夸张、太突兀、太肉麻就好。

甭管你有多强的个性，只要你从事的是销售这一行，就应该嘴甜一点儿、会来事儿一点儿、有眼力见儿一点儿。当然，始终不要忘掉“真诚”。

说了这么多，你可能会觉得我说的话有几分道理。那么，让我们观察一下自己平时都是怎么“待客”的吧！

销售顾问甲（很有可能就是你自己哦！）看到一组客户走进展厅，便迎了上去，然后递名片、介绍车、站着聊一会儿，顾客要走了，他就把顾客送出去，挥挥手说再见。前后加起来总共耗时不到五分钟。

这个场面你是否很熟悉？你可知道自己浪费掉的是什么吗？

步骤二：学点儿心理学，扬长避短、欲擒故纵，追求“老鼠扳倒大象”的效果。

告诉你一个地球人都明白却往往容易忽视的心理学常识：越是大件，越是贵重商品，买的人越“善变”。他们的意志远不如你想象的那么坚定，甚至远远不如他们自己想象的那般坚定。原因很简单：因为这个大件太贵了，几乎要用掉一个家庭的所有积蓄，所以它对于这个家庭而言实在是太重要了，容不得半点儿闪失。而顾客这种想法越牢固，越会产生患得患失、举棋不定的心理。这固然会带来汽车这种商品成交慢的缺陷，同时也给了汽车业的销售人员一个非常大的时间和空间上的机会——只要顾客还没交钱，一切就皆有可能。

举一个真实的例子。我见过这样一个卖本田雅阁的销售顾问，平时他是一个不起眼、不喜欢张扬的人，所以在展厅里值班时，那些看起来成交概率大的“好”（高质量）客户往往轮不到他，只能捡一些别的销售顾问不屑于接待的“烂”（低质量）客户，但是令人惊奇的是，他的销售量并不低，成交率更是名列前茅。有一天，他做了一件匪夷所思的奇事（后来这件事在很长时间里都为同事们津津乐道，奉为经典）。在他们广州本田店的马路斜对过是一家大众 4S 店，有一天一个顾客拿着现金去大众店提帕萨特，因为嫌等红灯太久所以顺便到他们本田店里逛逛，结果和这个销售顾问聊上了。两个小时以后，这位顾客居然把现金留在了本田店，提了一辆雅阁回家，连已经交给大众店的定金都放弃了。大家都很惊奇，问他是怎么做到的。他说，也没什么特别的，那位顾客尽管在意油耗（此点往往是日本车的优势），却又喜欢动力强的车（此点往往是德国车的优势）。他只是想方设法强化了油耗在顾客心中的分量，改变了这一要素在顾客心中的“排序”而已。

人都有这种心态：对于昂贵的、事关重大的东西，哪怕顾客是经过几年的时间才最终下的决心，在真要交钱的一刹那，也会犹豫一下，会不自觉地涌起一个想法——最后再看一眼别的，万一呢？就是这个“万一呢”让他们变得极其脆弱，无法忍受他们选中的商品出现哪怕一点点新的瑕疵。如果你能为他们找到这样的新瑕疵，并适时地强调它，他们自以为牢固的堤坝就会轻易地被你摧毁。

但是在这个过程当中，一定要高度注意一个细节：不要轻易否定顾客的看法。我们的销售顾问往往会轻易而粗暴地否定顾客的看法，强迫对方接受自己的观点，这样做常常是致命的。

打个比方，假设一位顾客说 A 车（竞争对手的车）好，我们的销售顾问往往就会本能地予以反击，迅速罗列出一大堆 A 车的不好和 B 车（自己的车）的好来迫使顾客接受自己的观点。这样做是不行的，因为人都有自尊心，都不喜欢被别人否定，否定顾客的想法会轻易地激怒他，反而更坚定他认为自己正确心理。（还是举前面的例子，一个顾客虽然在你的面前夸 A 车，但他毕竟现在走进的是你的店。也许他是为了进一步确认自己买 A 车这个决定的正确性，最后再到你这里来寻找 B 车的一些缺点，好让自己的心理获得平衡。但顾客的这种行为已经从一个侧面反映出他还是有一点点的犹疑不决，怕 A 车可能存在他以前完全没有意识到的缺点。也就是说，他这次来，实际上也有着向你求助的意思，期待你能给他一个明确的结果，尽管这种心理也许他自己都没有意识到。）所以，正确的做法应该是：首先肯定顾客的想法（他考察了这么长时间，不可能没有一点儿正确性），甚至夸赞他“眼光独到”。但是，就像我前面提到的“世界上没有十全十美的商品，也没有一无是处的商品”一样，只要你细心地观察顾客，敏锐地发现甚至挖掘出连他自己都没有意识到的“需要”，你总会找到他选中的商品中“不适合”他的地方，也总会寻找到你的商品中“适合”他的地方。剩下的事情就不用我多说了：用欲擒故纵的方法，并扬长避短，把适合的地方与不适合的地方适当地强化一下就可以了。

之所以说“适当地强化”，是指不要急于毕其功于一役。有些东西可以慢慢来。你可以在以后的顾客回访与追踪中不停地肯定他的想法的正确性，但要“不经意”地提一下你为他担心的不适合他的细节。请放心，你肯定他的判断的话语（说白了就是一种奉承）他基本上是听不进去的，他更在乎的是你“不经意间”提到的不适合他的瑕疵，而且他自己会帮你不断地放大这些瑕疵直至最终推翻他一度以为已经板上钉钉的判断。这就是“老鼠扳倒大象”的道理，是一个典型的心理学现象。

这正说明了一个心理学的小常识：不管外表多强悍的人，其实都有他脆弱的一面，而且他的这种“强悍”表现得越强烈，也就意味着他脆弱的一面越不堪一击。如果你悍然从正面发起攻击，去和他强悍的一面叫板，你获胜的概率将极低，而且其过程艰难、痛苦无比。反之，聪明人的做法应该是：巧妙地避开他强悍的一面，去寻找他脆弱的一面。然后，你需要做的不一定是立即给他致命一击，你只需时不时地轻轻“挠”他一下，无须多日，他一度坚不可摧的堤坝就会轰然倒塌。

举一个例子。有一位王先生，身高 1.88 米，28 岁就经营着一家公司，可谓年轻有为、帅气逼人。一天，一身皮装的王先生来到店里看车。他告诉你他看中了 A 车（某款时尚轿跑车，你们的竞争车型），而且过几天就要提车，今天只是过来“随便看看”。你第一时间夸他有眼光：“A 车确实适合您！您这么帅，开 A 车绝对酷毙了！”但随后，你若有所思地跟他讲，“A 车的流线感、潮流感确实和您特匹配，但是美中不足的是车身有点儿低，您这么高的个儿，似乎有点儿憋屈。”你又接着说，“A 车是很潮，开出去玩儿或约会什么的肯定帅呆了。但是，您这么年轻有为，又经营着公司，商务谈判的场合肯定会很多。作为商务用车，A 车似乎不如我们 B 车（某款沉稳大气的商务用车）有派头。”

这时候，你发现王先生也显露出了若有所思的神态，于是赶紧趁热打铁：“B 车虽说不如 A 车潮，但开出去玩儿也不掉价啊！而且商务谈判时开 B 车更适合您，这样，就等于扩展了您的用车范围不是吗？您要是买了 A 车，商务谈判时还得再借一辆车，好不容易新买的车用途那么窄，不合算啊！”

经过一番沟通，你送走了王先生。在以后的回访电话中，你依然不时地夸奖他的判断“A 车确实和您挺配的”，但也时不时“不经意”地跟他说“我还是觉得 A 车车身太矮，您这么高的个儿坐着太憋屈”“还是 B 车的使用范围更广一些”。

经过你这样一段时间的“追踪捣乱”，王先生再去看 A 车的时候总会发现，只要他一坐进车里，就会不自觉地感到腿伸不开，这种感觉在脑海里总是挥之不去。渐渐地他会对 A 车兴味索然，而最终在你这里提走 B 车。

或者，他最终依然决定提 A 车，这也不要紧，你可以对他说：“恭喜您下了决定！您开 A 车确实很帅。我认识他们店的销售经理，我再帮您说说，争取再给您便宜一点儿，打一个更大的折扣。”可以想象，本来没在你这里提车，他多少会有一点儿过意不去，而你不但没介意，相反还这样主动帮他，这会让他对你心存感激。你可以通过这种方式和他交个朋友，让他欠你一个人情。我可以向你保证，只要你成功地给他留下了一个深刻的印象，你曾经说过的话他会记住的。以后每当他开着 A 车出去的时候，他一定总会感到腿伸不开，怎么放都别扭，这种感觉会在脑海里挥之不去。他多少会产生一些悔意，后悔当时没听你的劝告买 B 车，所以，他在换车或买第二辆车的时候十有八九会想到你，会来买你的车；又或者他会把他的体验告诉他的朋友和亲戚，介绍他们来你这里买车，以弥补心理上的落差，从而成为你的忠实客户。

记住，你没有必要把汽车身上的两万多个零件和一千多个优点跟每一个顾客都一一介绍一遍。没人想了解这些东西，即便你说了他们也听不进去。其实，你只需通过敏锐的观察力，抓住几个要害就足矣了。而这些“要害”，往往并不一定是多重要的地方，可能只是一些小细节，就足以一招致命。

当然，需要特别强调的是：利用顾客这种患得患失的心理促使成交，归根结底还是要从“顾客利益最大化”的角度出发，为满足顾客的需求着想。也就是说，这实际上依然是一个非常真诚的过程，而不是所谓的忽悠。前提是，你要坚信你的产品是可以满足顾客的某种需求的，只是这种需求甚至顾客自己还没有意识到，需要你帮助他挖掘出来。这是你的天职，所以你不是一个普通的销售员，而是一个销售顾问。因为你是顾客的“顾问”，所以你就应该是一个真正的专家，能够从顾客的角度考虑问题，为他个人量身定做他所需要的服务。只有这样顾客才会信任你、依赖你，把他的“大事”心甘情愿、放心地交给你。

为你的职业感到自豪吧！

步骤三：不要挑客户，力争做到“极限”销售。

第一，汽车销售行业是一个需要“极限意识”的行业。

汽车是一种单价高昂的贵重商品，因此汽车销售行业是一个容不得任何“差不离”“大概其”的所谓“概率意识”的行业。任何从你的“概率意识”中漏掉的机会，哪怕这些机会只意味着一辆车的销售，就是几万、几十万甚至上百万销售额的潜在损失。因此，卖汽车不比卖别的东西，它需要你自始至终保持高度集中的注意力并付出你全部的精力，也就是说，需要你具备一种“极限意识”。

第二，珍惜每一个客户信息与卖车机会。

1. 留下每一个客户的信息。

我曾经接受过一个有着几十年汽车销售经验的台湾资深专家的培训。他有一个很新鲜的观点让我至今记忆犹新。大意是说，如果有一个人能够把所有进入销售店的人（包括只是上厕所或者来乘凉的人）的信息，给我一个不差地记录下来，我愿意每月出一万元雇他做我的前台接待。

你也许会哑然失笑：“这太夸张了吧？我们那里前台接待可是工资最低的，一个月一两千而已。”

那么，让我问你一个问题：你觉得一个销售店每天漏掉 3 个客户信息是件“大事儿”吗？

或者换一个问法：你所在的销售店每天漏记几个客户信息？你觉得有人在意吗？

你也许会不假思索地回答：“我们店每天至少能有四五十组客户进店呢！每天漏掉三五个信息很平常，没人会介意！”

让我告诉你，我前面说的那位台湾专家的店，每天只有二三十组客户进店，但他们要求客户信息要 100% 记录下来，少一个立刻罚款 50 元。

知道为什么这么做吗？

让我们一起做一道小学水平的数学题：

假设一家销售店每天少记录 3 个客户信息，平均一个月要流失掉 90 个信息，按照汽车销售行业经营最差劲的经销店的成交率 10% 来计算，就意味着每个月这家店将少卖 9 辆车，每年少卖 108 辆车。一辆车平均价（销售店各种车型的平均价）按照 15 万元计算，每年少完成 1620 万元的销售额。

这是个什么概念！ 1620 万啊！就这样从手指缝中轻轻松松地“溜”掉了。

你也许会说：“不是每个客户都愿意留下信息的，他不告诉我我有什么办法？！”

那我要问问你：你是干什么的，你是销售顾问吗？你的话术在哪里？你的沟通能力在哪里？

实际上，我在前面已经告诉了你很多留下客户信息的小窍门：留客户在店里多待一会儿；寻找话题迅速拉近你们之间的心理距离……只要你能做到这些，你至少可以有十个机会毫不费力地获取客户信息。

2. 不要轻易“判断”客户。

很多销售顾问，尤其是老销售顾问喜欢判断客户。某些老销售顾问由于有着多年的从业经验，判断客户的能力甚至达到了炉火纯青、出神入化的地步。我就认识一位女性销售顾问，她当时已经有近七年的从业经验了。她有一种神奇的本领——从顾客开来的车的车牌号甚至是顾客拿的包、拿包的姿势，就能迅速判断出这个客户是否会买车。她判断客户的准确率也是惊人的高，不愧是老资格的销售顾问，基本上可以达到七成左右。

那么好，现在问题来了。假设某位销售顾问的业绩是平均每月销售 2 辆车，收入是 1200 元（基本工资 600 元，每辆车提成收入 300 元）。这就意味着，如果他每月能多卖一辆车，就能增加 300 元的收入，你觉得这多出的 300 元他会在乎吗？

相信你会不假思索地回答我：当然，如果每月只能挣 1000 多元的话，这多出的 300 元可不是个小数目，他怎会不在乎？！

好，下面是另一个问题。如果某个销售顾问平均每个月能卖 15 辆车，收入是 5000 元左右。还是假设每辆车提成 300 元，那么对于这个销售顾问来说，每月再多卖一辆车多挣 300 元，是否会有吸引力呢？

你恐怕会犹豫了：5000 元和 5300 元实在差别不大，他未必会在乎。

恭喜你答对了。一般人都会有这种心理。

那么再让我们算一个账，如果一个店有 10 个销售顾问，每个人每月都少卖一辆车，一个月就是 10 辆，一年就会少卖 120 辆车。

120 辆是个什么概念？可能是一个店两个月的销售量啊！

听到这个数你可能会觉得挺吓人。但是我告诉你，每个销售顾问每月少卖一辆车非常平常，而且绝对“不显山不露水”，没人会真正介意。

因为每个人都在“判断”客户。先不说各人判断的准确率有不同，就算大家的准确率都很高，都能达到七成以上，那么剩下的三成客户信息将被生生地浪费掉，它所造成的损失何止是每人每月一辆车？！

所以再重申一遍：汽车销售无小事。每一个销售机会都格外重要，需要格外珍惜。千万不要“判断”客户，因为不管你的本领有多高，在你“判断”客户的瞬间，“极限意识”就会从你心中溜走，你就已经在错失宝贵的销售机会了。

还是举前面的例子，不妨换个角度思考。对于月收入 5000 元的销售顾问而言，每个月再多挣 300 元也许不重要，但如果把每个月的 300 元攒起来，年底一次性发 3600 元奖金给他，相信他就不会觉得少了。所以，问题的要害一目了然：即便是小钱，积攒多了也是一个吓人的数字！

老销售顾问为什么让人又爱又恨？爱的是他们卖的车多，恨的是他们浪费掉的机会也多。只要他们肯放弃所谓的“判断客户的经验”（也就是说放弃他们心中固守的，已然驾轻就熟、操作自如的“概率意识”），他们多卖车的概率也会远高于其他人。

3. 和你较较真儿。

还记得我前面说过的进店客户众生相吗？为了看车而来的客户固然重要，即使不是专门来看车的，比如说仅仅是进来上个厕所或者乘乘凉，这样的人买你车的概率是零吗？答案显然是否定的。只要你主动出击，没兴趣的人也会被你勾出兴趣来。或者他至少有可能记住你和你的车，等他的朋友或亲戚有买车计划时，他会推荐你的。

我曾经见过很多销售顾问，他们平均每人每天顶多能接待四五组客户（还是比较忙的时候），而且绝大多数情况下都会在 10 分钟内便结束战斗。这就意味着他们大多数时间都是自由的，经常连续几个小时在展厅里百无聊赖地干站着，或者与同事聊聊天打发时间。这我就纳了闷儿了：反正你都闲到这份儿上了，为什么不可以陪着哪怕只是来乘乘凉或上上厕所的人多说几句话呢？与其与同事聊天解闷儿，不如陪他们聊聊天儿、解解闷儿，也许还能聊出几辆车的销售业绩呢！

还是那句话——“捡到篮子里的都是菜”。你们费了那么大的劲儿，花了那么多的钱才把人“忽悠”到店里来，千万别浪费了！

第三，忘掉客户的“级别”吧！

“客户分级”，顾名思义，就是把客户买车的概率分出三六九等，然后概率大的先招呼，概率小的后招呼。它的本意是为了提高效率，让销售顾问“合理”分配资源。但它把概率意识放在核心位置的瞬间，就已经犯下了一个致命的错误，那就是，没有哪个客户走进你的展厅，会在脑门儿上贴着

“我是 ×× 级的客户”的标签。客户的分级，归根结底还是通过销售顾问个人的“判断”来决定的。而无论是老销售顾问还是新手，在判断顾客时都必然带入很多主观性的因素，因此就必然会存在很大的发生偏差的可能性（这一点，在老销售顾问身上往往体现得更明显。正因为新手缺乏经验，所以他们往往不敢擅自判断客户的级别，反而能够做到对所有的客户一视同仁）。而这种偏差往往意味着机会的丧失，因此常常是致命的。

同时，人是这个世界上最复杂的生物。没有人能够彻底预知到别人会怎么想、怎么做。无论你的判断、分析能力有多强，你的线索与证据有多丰富，你也绝无可能彻底读懂人心的复杂。所以，不要试图与人的复杂性对抗，你的胜算很小。（即便你是一个阅人无数、经验丰富的人，即便你的判断准确率能够达到百分之八十，难不成你要如此轻易地放弃剩下的百分之二十的机会吗？！）

我曾经见过很多这样的销售顾问，淡季的时候他们的客户信息很少，业绩也很不好，他们经常喟叹：“这个月真是不卖车啊！”可是，让人无语的是，哪怕手上只有可怜的五个客户信息，他们也会“认真”地将这些客户分出级别，并将级别较低的客户打入冷宫，只去追踪回访级别较高的客户。若这样的销售顾问能够不停地卖车，才是真正的奇迹。

相信做过销售顾问的人都会有这样的经验：你以为级别很高的客户没来提车，你本来不抱多大希望的客户倒提车了。而且由于你没有认真跟进后者，他们往往从你的同事那里提了车，让你十分郁闷。

你偶尔还会发现：明明昨天说好了今天就会来交钱提车的客户，今天却没来，而且打电话也不接，变得杳无音信。你可能很纳闷，但谜底也许真的很简单。昨天他那么说，是因为你的热情推销让他实在盛情难却，明明不感兴趣却不好意思表现出来，所以只能用那种说法从你那里脱身。而你却欢天喜地地把他列入了“最高级别客户”的名单里，天真地以为他真的会回来成就你的生意。

所以，送你一句忠告：忘掉客户的级别吧！对所有客户都付出真心去认真地跟进吧！只要你这样做，即使是昨天忽悠过你的客户都有可能被你的诚意打动，有一天会介绍一个朋友或亲戚到你这里买车的。相信我，天道酬勤，你所付出的任何努力都不会白白浪费掉！

第四，不要让“当月意识”束缚住你的手脚。

1. 跳出“当月成交”的心理障碍。

因为每个月都会有任务，业绩和收入都是按当月计算的，所以，一般来说销售顾问会本能地把“当月成交概率大”的客户放到一个优先顺位去跟进。这在某种意义上说是顺理成章的事情，但是这样做也有一个致命的缺点，就是容易导致销售顾问急功近利，只顾追求眼前的成交可能而忽略乃至放弃未来的成交可能。

2. 只有忘记“当月”和客户“分级”，才能让你每个月都拥有大量的“最高级”客户。

你也许会在某个月感叹当月的高级别客户太少，对这个月的业绩和自己的收入持悲观态度。可是你想过没有，一方面你有着“当月成交”的心理束缚，另一方面又把客户分了等级，这才是导致你每个月都缺少这种高级别客户的最重要原因！别忘了，“分级”是按照当月成交概率大小来确定的，这也就意味着，当月成交概率小的客户，你的跟进会适当延后，而这种延后往往意味着冷落与失去。“当月”和“分级”就像两堵厚厚的墙，阻止了你对高级别客户的积累，迫使你每个月都只能把眼前的客户资源开发殆尽，涸泽而渔、顾此失彼，从而造成了捉襟见肘的局面。只要你推倒这两堵墙，尝试一下活水养鱼的方法。每时每刻都认真地去追踪你的每一位客户，不管他是上个月的客户还是上上个月的客户，你就会每时每刻地为你的下个月乃至下下个月创造出大量的高级别客户。这也就意味着，你每个月，不，也许是每一天都会拥有充足的高级别客户资源，而不用担心市场是多么不景气。因为你的资源在很大程度上是你自己坚持不懈、有意识地“培养”出来的，所以就可以最大限度地与市场变化脱钩。你就会成为一个在任何时候都不愁饭吃、游刃有余的超级销售顾问。

但是，有一点需要特别强调一下，无论当月成交概率多小的客户，信息跟进的频率都应大体平均，注意时间间隔不宜过长。因为人的感觉与记忆随着时间的推移会迅速淡化，所以不论你对自己初次见面时给对方留下了深刻印象这件事有多自信，都要经常性地与他保持联系（哪怕仅仅是打个电话问候一下，完全不谈生意）。否则，他会迅速地把你遗忘，因为你毕竟不是他的家人。

那么，绝大部分销售顾问的现状是什么呢？急功近利导致他们往往一边喟叹市场之不景气、高级别客户之少，一边又不停地放弃了大量的客户信息，因为这些都是当月或至少是近期成交概率小的客户信息。

当然，当市场特别不景气的时候，实在没辙的他们也会不情愿地从布满蜘蛛网的客户信息记录本里扒拉出几个“老皇历信息”打打电话，但是由于相隔太久，这些信息的价值早已经大打折扣。

听说过“狗熊掰棒子”的故事吗？千万别学狗熊。

步骤四：跳出“价格战”的泥沼。

很多销售顾问在接待客户的时候，总是尽最大的可能迅速把话题引到价格上来，以求快速成交。但是欲速则不达，他们往往发现，一旦将话题引到价格上来，就会立即陷入一个泥潭，想拔都拔不出来。所以，为了避开这个泥潭，一定要把价格谈判尽量往后拖，你应该先充分运用自己的情商和话术技巧拉近与客户的心理距离，等他欠足了你的人情后再说价格的事儿。这样谈起来就会事半功倍，舒服得多。

如果由于种种原因，你不慎过早地与你的客户陷入了“价格拉锯战”的话，一定要以丰富的话术技巧，及时地跳出这个话题，先把价格的事情搁置起来。因为“价格拉锯战”是一种折磨人的“神经战”，一般来说你的客户也会很痛苦，所以只要你的话术得当，他应该会配合你的。等你们酝酿足了谈价格的氛围后，再谈也不迟。

我们经常可以看到这样的场面：在一家销售店的展厅里，有几个销售顾问，也许还有销售经理，正满头大汗、焦头烂额地与顾客谈判价格。要命的是，这群人缠斗在一起说来说去就那么几句话，反反复复，不停地拉锯。真让人忍不住想上前问上一句：既然怎么说也是车轱辘话了，何不合理地中断一下，暂时换个轻松点儿的话题？

再送你一个价格谈判时绝对用得着的小窍门：要尽量以“百元单位”逐次地谈，而不要动辄“成千上万”地谈。有的销售顾问为了促使对方尽快成交，动辄就大幅度地让价。但是你的“大幅度”往往会吓坏客户，会让他觉得你的利润简直就是无底洞，反而会让他迟疑，再一次拖延成交的时间。

很多客户上来就会单刀直入，逼你就范：“你跟我交个‘实底儿’，到底能优惠多少？”这个时候，你一定要沉住气，千万不能乱了方寸。只要你按照“百元”单位谈，到最后你甚至可以这样告诉他：“真的不能再降了，要不这样吧，成交这辆车有200元的提成，我不要了，再给您优惠200元吧。”客户就会觉得也许你真的已经站在悬崖边儿上，没有任何回旋的余地了，这样他就会相对容易地认同这个价就是“底儿”，反而会较快地与你成交。

在很多情况下，顽强地“挺价”要比轻易地“让价”更能促使客户尽快与你成交。记住：凡事欲速则不达。

步骤五：提高“独立成交”的能力是提高成交率和缩短成交时间的先决条件。

在销售谈判的过程中，我们经常可以看到这样的场面：某个销售顾问和客户没谈多久，就主动（或在客户的要求下）对客户说：“好吧，您稍等一下，我去请示一下我们经理。”更有甚者，他们往往会在客户的要求下（或自己主动）把销售经理直接从办公室里“拉”出来和客户谈判。

销售顾问经常把上司拉到谈判过程中来，是有原因的。一个想法是他们希望通过上司的出面，或至少通过转达上司的意思，促使客户尽快成交。因为销售顾问认为上司比他经验丰富，权力又大，当然会比他自己更有说服客户成交的资本。另一个想法则略微有些不仗义：因为与客户谈判是一个太辛苦、太耗神儿的工作，所以赶紧把客户甩给上司，自己好尽早脱身以便坐享其成。

甭管是上述两种原因中的哪一种，抑或是两者都有，有一个最本质的问题似乎被大家忽略了，那就是：只要你的上司出面，就一定会加快你成交的速度吗？答案往往是否定的。甚至有可能恰恰相反：上司的介入，尤其是过早、过于轻率的介入，往往会妨碍你的成交（这可能会出乎大多数人的意料）。

原因其实也不复杂。不管是在客户的要求下还是你自己主动提出的，只要你的上司介入了，就等于给了客户一些强烈的暗示。首先你等于明确地告诉了他“你和你的上司掌握的交易条件是不一样的”，更重要的是，他明白了一件重要的事，或者说掌握了一个治你的法宝：你是可以做出让步，而且是“较大的”让步的。只要让他明白了这一点，你放心，他是绝对不会就此打住的。相反，由于他抓住了你的弱点（让上司介入就等于暴露了你的弱点，明确告诉客户你的交易能力与掌握的交易条件是非常有限的。他会立刻明白：跟你谈毫无意义），他会不停地、变本加厉地要挟你，往墙角里逼你，会毫不费力地把你逼到公司所允许的交易条件的底线，甚至胁迫你低于这个底线成交。这时你会发现：你曾寄予厚望的上司往往比你还要狼狈还要尴尬，让你的客户穷追猛打，几乎毫无还手之力。

事情到此还没完。更要命的是，你还会惊讶地发现，只要你把你的部门经理请出来，就等于让你的客户打开了一个巨大的豁口，他往往不会止步于此，而会乘胜追击。他很快就不再满足于只和部门经理说事儿，而进一步提出要见你们的总经理，甚至是董事长。而你往往发现自己很难拒绝客户这样的要求，谁让你当初那么利索地就把你的部门经理“请”出来了呢？

“千里之堤，溃于蚁穴”，只要对方在这里打开一个豁口，你就会顷刻间一败涂地。

反之，如果你竭尽全力自己完成完整的成交过程，就会有效地避开上述不利的状况，至少会让客户肯定你的谈判能力与谈判资格，愿意把你当成谈判对手。这样反而会尽快促成他在你这里成交。

当然，不是说上司就绝对不可以介入你的谈判过程（现实生活里存在着万不得已上司不得不介入的情况），而是说一定要做到两点：第一，上司的介入一定不能太早，你要尽量延长独立谈判的时间；第二，如果你实在需要上司的协助，一定要尽量做到不向客户透露那是上司的意思，而要让客户相信那是你自己的意思，保持你在客户心目中独立成交立场的完整性。（比如说，当你实在需要向上司请示时，你可以找个“去拿东西”之类的借口，暂时离开座位，然后悄悄地溜到上司那里请示一下，得到具体指示后再回到谈判桌前即可。）

不到万不得已，绝不要轻易地让上司介入你的生意，因为上司的介入，尤其是过早的介入，就意味着你的战略从一开始就露出败象。你等于把你的命门主动呈现在对方面前，让对方抓住你的弱点对你穷追猛打。这还算好的，更坏的结果是：你的客户可能干脆就越过你，不再和你认真说事儿，因为你“没资格”，和你说也是浪费时间，从而让你全面陷入被动。这样做不但不能促使客户尽快成交，反而会大大拖延成交的时间，降低成交的可能性。

记住：卖车是你自己的生意，你有义务自己搞定它。

步骤六：微笑吧！

国外有人做过一个有趣的实验：任何一个服务行业的企业，只要它的员工经常性地微笑，这个企业的成交率就至少比做不到这一点的企业高出百分之三十。先不说这个数字是否准确，我们换位思考一下，不管你买什么东西，如果有两个商家同时卖一种东西，你是找向你不停微笑的商家买呢，还是找对你绷着脸的商家买？

这个问题近乎弱智。因为你的答案不可能是后者，除非你是受虐狂。

所以，你应该明白微笑的威力了吧？

也许你会说："这么简单的道理，地球人都明白！"

但我要告诉你，放眼你的四周，能真正做到这一点的真是凤毛麟角，这真是一个可悲的现实。

我们人类最可悲的一件事是：我们往往能够很容易地理解一件事，甚至于发自内心地接受一件事，但要命的是，我们根本做不到。

不过，换个角度考虑一下，你也许会豁然开朗：既然绝大多数人都做不到，而这件事又这么简单，你又何妨认真地"做"一下试试呢？只要你做到了，你顷刻间就会拥有一个打败你所有竞争对手的最锋利的武器，何乐而不为呢？

所以，从现在开始，尝试着露出你迷人的微笑吧！

你会惊异地发现奇迹每天都会在你身上发生，而且会在你毫不费力的情况下发生！

不过请记住一点：令人愉悦的微笑一般是需要训练的。如果是装出来的笑和牵强的笑，反而会让人感到尴尬与难堪。不过，作为一个职业人士，你必须具备这个能力，所以必须强迫自己接受这样的训练。

步骤七：实现"客户价值最大化"与"客户附加值最大化"的良性互动。

实现"客户价值最大化"的窍门是：尽量为客户的利益着想。

实现"客户附加值最大化"的窍门是：尽量让客户为你的利益着想。

实现前者是实现后者的绝对必要前提。

而做到所有这些的关键是：你要有本事暂时脱离开你的商品，想方设法先把你自己推销出去，从而让你的客户信任你、依赖你。

你还有一个秘密武器，就是 SSI。

步骤八：成就自己成为“完美销售顾问”。

所以，在你去追求完美销售行为之前，你绝对有必要先着力打造一下你自己这个最重要的“商品”，创立你自己这个最重要的“品牌”。也就是说，先让自己成为一个完美的销售顾问。只要你能做到这一点，你就具备了点石成金的魔力，不管推销什么商品，你都能游刃有余、无往不利。

先成为完美销售顾问，再去追求完美销售行为。

步骤九：总结——通往“完美销售”之路。

好了，现在让我们做一下总结。

首先，你要确信：所有走进你的店门的人都是对你的车感兴趣的。深刻地明白了这一点，一切就好办了。当然，他对你的车感兴趣的同时也会对别人的车感兴趣，甚至更感兴趣。不过不要紧，因为你还确认了另外一个重要的事实：世界上既没有十全十美的车，也不存在一无是处的车。这就意味着别人的车也有缺点，你的车也有优点。

别管眼前的顾客对谁的车更感兴趣，他现在走进的毕竟是你的店，而且撞见的是你这个人——这个“销售之王”，这个他命中注定要从其手里买车的人。一切好戏都将从此上演，因为你们今天的相遇绝对是命运的安排，一切都掌控在你的手里。你将是这出戏唯一的演员，而且也将是世界上最棒的导演。你应该做的只有一件事，那就是，尽情地挥洒你横溢的才华吧！

如果顾客对别人的车更感兴趣，你先别急着否定他的观点，不要试着激怒他。你可以夸奖他的“眼光独到”。然后你需要做的事情是：在诚恳地承认自己的车也存在缺点的基础上，用你敏锐的观察力寻找到你的车所拥有的特别“适合”他的优点；同时，在诚恳地承认他选的车确实存在优点的基础上，寻找出几个“不适合”他的缺点；最后，在“不经意间”时不时地强调一下这些“适合”与“不适合”即可。这就是你为他特别开发出的需求，为他一个人量身定做的服务。

然后，不管他最终是否在你这里提车，你都要长期与他保持联系，与他交个朋友，想方设法给他一些小感动，让他欠足你的人情。那么你放心，最终他会给你带来两辆以上的汽车销售机会。

只要你坚持不懈地实践上述方法，你的成交率就可能不只达到百分之百，而会是百分之二百乃至更高。

是为“完全销售法”，即“完美销售法”。

后记

“技”与“心”

乍一看，这似乎是一本专门教授销售人员“用计之道”的书。而实际上，在现实世界里，不只销售人员在用计，顾客也在用计，有些还是不折不扣的“诡计”。其用计功夫的高深莫测一点儿不亚于我们的销售高手。

在本书中，对于顾客的“计”与“诡计”也有许多非常生动、非常具体的细节描述。对于这一点，相信在阅读这篇后记的时候你已经充分地领教过了。

从本质上来说，销售其实就是一个博弈的过程，即所谓的“计对计”“计中计”。

但是，一个有意思的悖论是：博弈的终极理想状态，往往是“缓和博弈”乃至“消除博弈”。

这和“战争的目的是消灭战争”的道理是一样的。

因此，如果你能在博弈的过程中不断地缓和博弈的强度、弱化博弈的存在感，甚至于彻底消除博弈，毫无疑问你将更容易成为这场博弈最终的胜者。

对于销售行业来说，很显然“顾客就是上帝”是一句不折不扣的骗人鬼话，与之形成鲜明对比的是，所谓“有钱难买我乐意”的现象是绝对真实存在的，而这种境界就是上面所提到的终极理想的博弈效果的生动体现。

所以，如果你能把“顾客就是上帝”这句流传了上百年、戕害了无数潜在的“销售天才”的谬误彻底扔进历史的垃圾堆，而把“有钱难买我乐意”

这一真理当成自己新的座右铭的话，那么我就可以肯定地说：在销售这一行，你算真正入门了。

不只如此，在销售这个行业里还永远不能忘记“真诚”二字。如果说“顾客就是上帝”是一句不折不扣的谎言，那么把销售这个行业本身视作“上帝”绝对是一个真理。也就是说，只要你想从事这一行，只要你想成为这个行业里的尖子，成为这个行业的统治者，那么，你绝对需要对这个行业怀有一颗赤子之心。既然是赤子之心，这颗心里就绝对不可以掺有任何杂质。

如果你忘记了真诚，失去了这颗赤子之心，让自己彻底沉浸在“技”的世界里无法自拔，从而变成一个彻头彻尾的“匠人”（即只会炫技之人）的话，那么，在这个行业里你将注定走不远——你迟早会成为一个失败者，要摔大跟头，让自己原形毕露、狼狈不堪。

在现如今泛滥于荧屏的各种民间选秀节目中，那些大腕儿评委总喜欢对参赛选手说的一句话是：不要只顾着炫技，我们要听到你的心。

就是这个道理。

对天下的武侠迷们来说，还有一个更有说服力的例子。

让我们来玩一个有趣的游戏。

在一般的武侠小说中，以下四种人，哪一种才是真正的高手？

1. 看着不牛 ×，实际上也不牛 ×。

2. 看着挺牛 ×，实际上却不牛 ×。

3. 看着挺牛 ×，实际上也挺牛 ×。

4. 看着不牛 ×，实际上却挺牛 ×。

你如果是个真正的武侠迷，就一定会给出一个标准答案：第四种人。

如果拿金庸的经典武侠作品《射雕英雄传》里的人物举例，我们可以很容易地一一对号入座。

1. 看着不牛 ×，实际上也不牛 ×——刚开始的郭靖。

2. 看着挺牛 ×，实际上却不牛 ×——郭靖的师父江南七怪。

3. 看着挺牛 ×，实际上也挺牛 ×——梅超风。

4. 看着不牛 ×，实际上却挺牛 ×——洪七公、周伯通、后来的郭靖。

很显然，第四种人是真正的绝世高手。任何一部上档次的武侠小说都会做这样的安排。

这种安排无疑是有其内在原因的。

所以，任何一个领域的真正高手，必定是那种“绚烂之极归于平淡”的人。第一次见面，甚至连真正的菜鸟都觉得可以欺负他们一番，可是只要他们轻轻地动一下小手指头，就能立马送这些人上西天。

那么，在菜鸟变身成为高手的过程中，应该如何把握“技”与“心”的分寸呢？

很简单，用两句话解答这个问题。

第一，在成为高手之前，以“学技”为主，但切忌在此过程中人为地切割“心”。

在成长的道路上，许多年轻人都容易犯一个严重的原则性错误：他们一厢情愿地认为，只有彻底切割了“天真”（单纯的心）、学会“狡猾”，人才能迅速地“成熟老练”起来。

打个比方。许多年轻人看《三国演义》，往往只沉迷于书中所描绘的那些花样百出、无所不用其极的“钩心斗角”之术，却偏偏忽略了那些流芳百世的英雄人物肝胆相照、义薄云天、惊天地泣鬼神的人性光辉。

许多十六七岁甚至只有十四五岁的小姑娘，明明正值青春妙龄、花样年华，却偏偏要描眉画眼、穿着暴露，不惜一切代价地追求“性感”“突破”和所谓的“熟女气质”，还美其名曰“希望自己能快点儿长大”。

…………

这真是一个天大的误会。

显然这些年轻人搞错了“成熟”的定义。

何谓“成熟”？

成熟指的是“心智”的成熟，而不是“外表”的成熟。

所以，无论你的外表有多“成熟”，只要你的心智是稚嫩的，你就依然是一个不折不扣的菜鸟；反之，只要你的心智是成熟的，那么甭管你的外表有多稚嫩，你就是一个不折不扣的熟男熟女。

那么心智成熟的标志是什么？简单！两个字而已——初心。所谓“初心”，就是你的价值观、你的坚持、你活在这个世界上的理由。

无论时间如何流逝、岁月如何打磨，你若能够白璧无瑕地保持自己的初心，不让它有一点点的污损、一点点的褪色，你的人生状态就是一种完美的成熟。

就像那部大热影片《中国合伙人》中王阳说的一句话：如果额头终将刻上皱纹，你只能做到，不让皱纹刻在你的心上。

所以，想成熟没有问题，但成熟绝不代表着对单纯的彻底割舍。

否则，你将成为一个“四不像”——既没有足够的成熟，又多了许多不招人待见的鬼心眼儿、坏毛病。这样的人往往成为真正的鸡肋，在职场人生中四处碰壁，直碰得头破血流、惨不忍睹。

反之，往往一些学技不精的笨人，由于保持了一颗纯正的心，反而容易备受宠爱、左右逢源，甚至是平步青云。

因此，“技”与“心”之间的分寸感真的很重要，容不得你走错半步，一定要慎之又慎。

总之，千万不要把“技”与“心”彻底对立起来，这两样东西绝对可以共存，也必须共存。天下所有的高手都是这方面的范例。

比如那个流芳百世的诸葛亮，你能说他仅仅是一个“善耍诡计”的小人，而不是一个“鞠躬尽瘁，死而后已”的大忠臣、大丈夫吗？

第二，在成为高手之后，将你全部的精力放在“心”上。

这个时候，“技”已经彻底钻进了你的皮肤里，成为你的血液、你的DNA、你的本能，想忘也忘不了，想丢也丢不掉，所以就没有必要再在这方面耗费过多的精力了。然而，“心”的修炼历程则很长很长，也许要贯穿你的一生。你必须拿出全部的精力，以一种既放松又虔诚的心态去修炼你的“心”。

只要你能做到这一点，你就会成为武侠小说中所描绘的“第四种人”——一个真正的绝世高手。

2013年8月1日于河北石家庄